# 후쿠오카 밖에서 안으로

박훈하

비온후

후쿠오카 밖에서 안으로

글쓴이 _ 박훈하
발행일 _ 2014년 2월 28일 1판 1쇄
        2014년 8월 01일 1판 2쇄

발행처 _ 비온후
        주소 | 부산광역시 동래구 온천천로 285번길 4
        전화 | 051-645-4115
디자인 _ 김철진
표지사진 _ 이인미

ISBN 978-89-90969-84-2 03910

본 도서는 2013년 부산문화재단 학예이론도서발간지원사업의 일부지원으로 시행되었습니다.

# 후쿠오카 밖에서 안으로

박훈하

비온후

후쿠오카 너머

| 일 년이라는 공부 기회가 주어졌을 때, 두말없이 선택한 곳이
일본이었다. 시간이 지날수록 점점 속악해져만 가는 한국 현실
에 대한 해결의 실마리를 거기에서 찾을 수 있을까, 해서였다. 오
랫동안 두 나라는 증오하고 무시하는 것으로 서로의 존재를 지
우려 애써 왔지만, 그런 부정적인 감정이야말로 존재에 대한 또 다른 확인일 터, 이
부정과 증오의 메커니즘을 긴 시간을 두고 통찰해 보면, 모범답안은 아닐지언정 반
면교사라도 만날 수 있지 않을까, 하는 심사였다.

| 과연, 일본이라는 땅은, 내가 보고 싶었던 많은 것들을 보여주었다. 오래 전 선친
이 가꾸던 화단이 거기에 있었고, 불량식품이라고 죄다 추방해버린 어린 시절의 과
자들이 버젓이 슈퍼에 진열되어 있었고, 이미 한국에선 사라진 하나미(花見) 풍습
이 여전했다. 시간이, 아주 더디게, 가고 있다는 느낌이었다. 이런 느낌은 일상에서
살짝 벗어난 외지인의 눈과 피부로 전해져 오는 것이어서 대체로 믿을 만한 것이
아니겠지만, 지금까지 살아오면서 뭐든 이전의 것들과 단절하고 부정하는 데 익숙
해 있던 몸과 마음이 촉수를 뻗어 주위의 사물들과 삽시간에 교합하는 듯한 느낌이
들었다면, 너무 과장된 표현일까?

| 아마도 그럴 것이다. 홀로 고군분투하던 도시
생활을 잠시 접고 어머니가 계신 시골집 안방에

누운 듯한 이 느낌은, 분명히 신기루이다. 거리와 가로수, 학문과 사유체계, 사회제도와 관습, 그 어느 것도 그 뿌리에서 우리 것과 맞닿아 있지 않은 게 없으니, 본류를 찾았다는 점에선 어머니의 땅이지만, 이 땅의 풍요로움이 지난 시절 우리의 식민지 수탈로부터 얻어진 것이니, 어머니의 탈을 쓴 여우라면 모를까, 정녕 어머니는 아니다. 게다가 편안함을 느끼기엔 한국은 이미 지나치게 장성해버렸고, 제 길을 홀로 가야 할 때가 되었고.

ㅣ 그럼에도 일본은 여전히 우리의 좋은 거울이다. 예쁜 내 모습을 비춰보기 위해서도 요긴하지만, 보지 않으려 하면 할수록 못생긴 부분을 더 도드라지게 보여주기 때문에라도 정직한 참조틀이다. 그건 이 두 상반된 모습이 샴쌍둥이처럼 머리만 따로일 뿐 몸뚱이는 공유하고 있고, 싫다고 부정해 버리고 싶은 상대의 것이, 궁극적으로 나의 것이기도 하기 때문이다. 시기와 경로는 다소 다르지만 한일 두 나라의 근대화 과정은 매우 닮았다. 메이지기 일본의 급속한 근대는 1960년대 한국 군사정권과 유신이라는 속도전을 공유하고, 일본이 주변국들의 식민화를 통해 부강해졌듯 한국 역시 주변국들을 후기 식민화하면서 경제부국의 반열에 들어섰다. 게다가 미국의 안보조약이라는 우산까지 함께 쓰고 있다는 사실까지. 이런 공통점으로 인해 두 나라는 상호 참조하기보다 증오와 무시로 적대해 왔지만, 근대 100여 년을 훌쩍 뛰어넘어 보면, 공유하고 참조할 많은 것들이 미래를 향해 여전히 열려 있는 것도 사실이다.

ㅣ 이 책은 두 나라 사이의 오랜 정치적이며 문화적인 길항과 그것이 시간 속에 드리운 일상에 대한 기록이다. 1년 여 후쿠오카에 머물면서, 내가 마주쳤던 미시적인

것들을, 마치 길에서 주운 숫나사 하나를 들고 기계 몸통을 찾듯, 이리저리 아귀를 맞추면서 이 땅의 사람들이 살아온 생의 무늬들을 가늠하려 노력했다. 나무의 나이테가 그렇듯, 삶의 모든 양식들은 지나온 생의 얼룩들이다. 고통만으로 생기는 것은 아니니, 그것은 시간을 견뎌 이겨내야 비로소 생성되고 남아 굳은살이 되는 것이다. 그리고 이 딱딱해진 살갗 너머로 내가 잠시 떠나왔던 땅을 천천히 반추했다. 국가라는 대중교통에 몸을 싣곤 어딘가로 매우 빠른 속도로 내달리고, 차에 탄 사람들은 하나 같이 스마트폰을 만지작거리느라 대화는커녕 어디로 가고 있는지조차 자주 잊어버리는 현해탄 너머의 땅을, 그들의 욕망을, 그리고 마침내 그들과 내가 내릴 정류장이 어디일까를 가늠하려 애썼다.

| 결국 내 시선이 가닿았던 곳은 두 곳이었다. 하나는 내가 발붙이고 있는 땅의 자치 능력과 공동체라는 영역이었고, 또 하나는 시간이라는 영역이었다. 식민지라는 뼈아픈 경험 이후 잠시 사라졌던 국가를 재건해야 한다는 성급한 마음에 우린 너무 거대한 국가를 만들고 말았다. 잔소리 심한 부모가 으레 그렇듯, 하나에서 열까지 지시하고 나무라고 꿈까지 대신 꿔 주는 탓에, 우린 스스로 생각하고 스스로 판단할 수 있는 능력을 거의 잃어 버렸다. 이웃의 배고픔도 국가를 통해 해결하려 하고, 옆집의 불량 청소년들도 경찰의 치안력에 맡겨졌다. 그 사이 우리들은 현관문을 굳게 닫고 내 가족의 안위만을 걱정하면 그만인 세상을 맞이했지만, 품안의 가족도 조각조각 파편화되어 버렸고, 또 한편으론 국가의 작고 큰 오류를 수정하고 비판할 대안 세력 역시 증발해 버렸다.

| 동네와 지역의 자치력은 개인의 무모한 이기심을 최대한 억제할 뿐 아니라 연대의 가능성을 확장함으로써 국가(권력)을 좀 더 먼 거리에서 바라볼 수 있게 한다. 나는 일본의 신사(神社)와 마츠리 등을 통해 망실된 우리의 공동체를 아프게 체감했다. 우리에게 없어서 아프기도 했지만, 없는 대가로 감당해야 할 고통이 너무 커서 아팠다. 그리고 이 아픔을 통해 우리완 비교할 수 없을 정도로 자치력을 발휘하고 있는 일본의 공동체들의 한계도 함께 보았다. 당장은 너그럽지만, 이 너그러움이 과

거 제국주의가 안겨준 선물인 것은 분명하며, 그리하여 이 선물의 유효기간이 만료되는 날, 너나 할 것 없이 국가의 사육장 안에서 투견처럼 싸워야 하는 생지옥을 모면하긴 어려울 것이라는 사실을.

| 그러므로 생의 시간을 국가의 시계 안에 내맡겨두지 않기 위해서는 노동의 초읽기를 버리고 더 멀리 바라보고 긴 시간 안에 우리의 몸과 마음을 열어야 한다. 말하자면 큐슈라는 이 땅을 밟고 지나갔던 무수한 사람, 백제 사람들과 아스카 사람들과 고려 사람들과 헤이안 사람들과 조선 사람들과 에도 사람들과, 그리고 지금의 일본 사람들의 족적을 모두 하나씩 헤아려야 하고, 이 무수한 족적 위에서만 역사로 하여금 춤을 추게 하는 일, 그것이 우리가 궁극적으로 해야 할 일이지 싶다.

| 그런 의미에서 이 책은 일본을 마냥 선망하지도 비판하려 하진 않는다. 마찬가지로 일본을 거울로 우리의 현실을 호도할 의지를 갖지도 않았다. 차라리 이 두 대극점을 통해 미래를 꿈꿀 제3의 지점을 모색하려 했다. 꿈일 뿐이어서 모색의 길이 다소 모호하고 희미하지만, 부족한 부분은 읽는 이가 채우면서 함께 같은 꿈을 꿀 수 있기를 바란다.

| 이 보잘것없는 책이 세상에 얼굴을 내밀기 위해 많은 분들이 애를 써주셨다. 우선 일본의 세이난가쿠인(西南學院)대학과 타무라(田村) 교수, 체류기간 내내 작은 일까지 신경을 써준 김도균 군, 함께 글을 읽어주고 자료수집과 교정까지 보아준 김옥선 선생과 이선영 선생, 남미영 교수와 김선애 교수, 김영준 선생, 그리고 이 책을 쓸 계기를 제공해 준 〈국제신문〉과 조봉권 차장께 감사드린다. 뿐만 아니라 사진작업을 위해 몇 차례나 큐슈까지 동행해준 이인미 선생과 출판을 허락해 준 도서출판 〈비온후〉 김철진 대표께 깊은 감사의 마음을 전한다.

황령산 자락의 연구실에서

2014년 2월

# 차
# 례

# c o n t e n t s

두 얼굴의 후쿠오카

나는 후쿠오카에서, 보이는 것과 감춰진 것 사이의 균형감각을
잃지 않고자 신경을 곤추 세워야 했다.
그랬기에 후쿠오카 공항에 도착한 첫날 맞닥뜨린
도시 경관조차 통일된 하나가 아니라
생경한 두 이미지로 분열되어 내 눈에 와 닿을 정도였다.

행복한 사람은 여행을 떠나지 않는다. 아무리 닦아도 거울이 정직하게 제 얼굴을 비춰주지 않을 때, 어두워 돌부리에 채어 까진 무릎의 쓰린 아픔보다 일어나 나아가야 할 세상의 길이 더 없이 막막할 때, 우린 자신의 거울을 고이접어 장롱 속에 넣어두고 길을 나선다. 더러 발걸음은 뒷동산을, 더러는 삶의 악머구리로 가득한 장바닥 혹은 적요에 싸인 망망대해를 향할 수도 있겠지만, 그렇다한들 그곳에서 우리가 보고자 하는 것이 바다이거나 혹은 시장일 리는 만무한법. 그러므로 뒷동산에 올라 우리가 바라보게 되는 건 오직, 이제 막 내가 떠나왔던 자리, 죄어오는 현실에 발목 잡힌 우리 자신들의 모습일 뿐이다.

후쿠오카로 떠나기 전, 나에게 후쿠오카는 두 개의 아주 다른 얼굴로 다가왔었다. 하나는 모모치의 넥서스 월드 Nexus World, 또 다른 하나는 후쿠오카 형무소. 시인 윤동주가 옥사했던 곳이기도 했던 후쿠오카 형무소는 1930년 이후 일제의 군국주의 경향이 강화되면서 조선의 저항적 노동자들을 관부연락선으로 강

애기동백이 만발한 2월 말에 싸락눈이 펑펑 쏟아지곤 했다.

모모치 넥서스월드 쪽 석양

제 송환하기 전 임시 감금했던 장소였고, 모모치와 카시이의 넥서스 월드는 도시에서의 인간다운 거주를 꿈꾸는 사람이라면 한번쯤 마음을 빼앗기곤 하는 모범적인 주거 공간이다. 이 두 공간의 상징성은 쇼비니즘에 사로잡힌 반일 열혈 애국자에게서든, 아니면 과거지사는 현해탄에 묻고 오직 빛나는 현재의 일본을 모범적 사례로 삼고자 하는 근대화주의자에게서든 피해가기 어려운 것들이다. 그것은 이 두 공간이 내뿜는 상징성 중 어느 하나만을 취하고서는 한일 양국의 얼룩진 역사를 생산적으로 이끌기 어렵기 때문에도 그러하지만, 신자유주의 이후 우리의 시대에 급속히 진행되고 있는 세계화의 본질을 제대로 헤아리기 위해서라도 이 두 공간을 두루 포용해야 하기 때문이다. 사실상 후쿠오카의 그 넉넉한 삶의 풍경이란 것도, 알고 보면 지난 세기의 제국주의의 유산에 다름 아니고, 산업 재구조화를 통해 자신의 고통을 이웃 국가에 떠넘긴 결과 얻어낸 것이기 십상이고 보면, 당장 눈에 보이는 진풍경에 눈멀고서는 그 속에 내포된 가난한 자의 눈물을 또 한번 애써 외면하는 꼴이지 않겠는가.

　그런 이유로 나는 후쿠오카에서, 보이는 것과 감춰진 것 사이의 균형감각을 잃지 않고자 신경을 곤두 세워야 했다. 그랬기에 후쿠오카 공항에 도착한 첫날 맞닥뜨린 도시 경관조차 통일된 하나가 아니라 생경한 두 이미지로 분열되어 내 눈에 와 닿을 정도였다. 그날, 낮게 깔린 하늘에선 싸락눈이 내렸고, 숙소로 이동하는 차창 너머의 시내 가로에는 긴 대궁 위의 노랗고 붉은 개양귀비의 하늘거리는 꽃잎이 겨울 삭풍을 견뎌내고 있었다. 눈과 꽃의 이 낯설고도 이질적인 조합은 이곳에서 지낼 일 년이라는 시간 내내 내 작은 일상의 자극제가 되어주었다. 말하자면 현재와 과거, 풍요와 빈곤, 그리고 중심부와 주변부라는 이 두 대척점 위에서의 위태로운 줄타기. 가능한 한 시선은 먼 곳을 향해야 하겠지만, 발끝으로 전해오는 로프의 작은 울림 또한 경원시하지 않기 위해서는 흔들리는 로프에 저항하기보다 그것이 내 몸을 타고 흘러 하나의 춤사위가 되도록 허락해야 하는 것.

그러나 한국에서의 나의 일상은 늘 로프 아래로 곤두박질치기 일쑤였다. 거친 생존의 논리는 삶의 윤리를 매양 압도하고 있었고, 세상의 변화 속도는 세상을 수락하는 내 몸의 포용력보다 더 빨리 내달렸으며, 그리고 과거의 실천은 더 이상 미래를 여는 지혜의 척도가 되어주지 못했다. 그렇게, 시선은 늘 불안한 발 끝에서만 머물고, 몸은 천천히 균형을 잃어 갔었다. 어디로든 떠나야 할 때가 왔던 것이다.

숙소는 세이난가쿠인西南學院대학 외국인 기숙사, 사와라쿠早良区 모모치 1번지. 후쿠오카 형무소와 모모치 넥서스 월드의 딱, 중간 지점이었다. 어느 쪽도 도보로 10분 거리였다. 짐을 풀고, 아이를 앞세우고, 2월 초인데도 작은 수선화가 예사롭게 피어 있는 동네의 좁은 골목들을 천천히 걸었다. 아이가 혼잣말처럼 중얼거렸다. "아빠, 여긴 언젠가 와 본 듯한 친숙한 곳이군요." 아마도 그랬을 것이다. 시인 임화가 걸었을 법한 거리이고, 미워하면서 그대로 한국에 옮기고 싶어

후쿠오카 구치소 정면. 명칭도 형무소에서 구치소로 바뀌었고, 장소도 옮겨져 예스러운 느낌은 없다. 윤동주를 추모하려면 차라리 건물 뒤편이 낫다.

했을 삶이고, 그렇게 남아 해방 후 수 십 년간 가난한 우리의 생활 속에 버젓이 버티고 있었던 삶의 질서였으니, 낯설지 않은 건 당연한 것이겠지… 이미 한국에서는 다 사라졌는데, 부르면 내 유년의 동무들이 대문을 박차고 나올듯한 이 익숙한 풍경들이 주는 절망감이라니….

낮은 지붕들 사이로 저 멀리 현해탄이 보였다.

현해탄을 건너면서 임화가 느꼈을 감회가 이런 것이었을까?

**현해탄**

이 바다 물결은
예부터 높다.

그렇지만 우리 청년들은
두려움보다 용기가 앞섰다.
산불이
어린 사슴들을
거친 들로 내몰은 게다.

대마도를 지나면
한가닥 수평선 밖엔 티끌 한 점 안 보인다.
이곳에 태평양 바다 거센 물결과
남진(南進)해 온 대륙의 북풍이 마주친다.

몽블랑보다도 더 높은 파도,
비와 바람과 안개와 그름과 번개와,
아세아(亞細亞)의 하늘엔 별빛마저 흐리고,
가끔 반도엔 붉은 신호등이 내어 걸린다.

아무러기로 청년들이
평안이나 행복을 구하여,
이 바다 험한 물결 위에 올랐겠는가?

첫 번 항로에 담배를 피우고,
둘쨋번 항로엔 연애를 배우고,
그 다음 항로엔 돈맛을 익힌 것은,
하나도 우리 청년이 아니었다.

청년들은 늘
희망을 안고 건너가,
결의를 가지고 돌아왔다.
그들은 느티나무 아래 전설과,
그윽한 시골 냇가 자장가 속에
장다리 오르듯 자라났다.
(후략)

교토 도시샤대학 내 윤동주 시비 앞 필자

## 윤동주와 후쿠오카 형무소

윤동주 시집 『하늘과 바람과 별과 詩』. 몇 년 전 중국 연변에 갔을 때 산 흑룡강출판사 판.

1941년 연희전문학교 졸업 기념으로 시 19편을 엮어 시집 『하늘과 바람과 별과 시』를 이양하 선생과 정병욱에게 한 권씩 증정했다. 원래 시집 제목은 병든 사회를 치유한다는 의미로 『병원』이라 했지만, 「서시」를 쓴 후, 제목을 지금과 같이 바꾸었다. 1943년 7월 치안유지법 위반 혐의로 검거되어 후쿠오카 형무소에 투옥되었다가, 1945년 2월, 해방되기 여섯 달 전 옥사했다. 29세였다. 우리는 윤동주를 일러 흔히 '저항시인'이라고 부른다. 그런데 그의 시를 읽어보면, 너무 여리고 서정적이어서 도대체 저항이란 수식어가 왜 그의 시에 따라다니는지 의아스럽기만 하다. 하지만 그의 시를 두 번, 세 번 반복해서 읽다보면 알게 된다. 진정한 저항이란 함께 아파하고, 견뎌내며, 마침내 감싸 안는 것임을.

윤동주가 옥사한 후쿠오카 형무소는 1965년에 현재의 사와라구(早良區)로 이전했다. 이전의 형무소는 지금 니시공원을 중심으로 주거지역으로 변해 그 흔적을 찾기 어렵다. 내가 살던 곳에서 니시공원과 (현재의) 후쿠오카형무소는 그리 멀리 있지 않아, 윤동주를 추모하기 위해 어느 장소로 가야할지 늘 망설여지곤 했다. 형무소라는 역사적 상징성을 고려하면 이전한 지금의 구치소로 가야 할 것 같지만, 그곳에서 그의 순결한 영혼을 만날 수 있을 것 같지는 않아 종국에는 니시공원에 오르곤 했다.

지금도 많은 사람들이 윤동주의 시를 애송하고 있지만, 그 중에서도 〈십자가〉가 당시 윤동주의 세상에 대한 절망과 구원에 대한 희구를 가장 슬프고도 강렬하게 드러내고 있는 듯하다.

후쿠오카 구치소 뒷면 풍경.

## 십자가

쫓아오던 햇빛인데
지금 교회당 꼭대기
십자가에 걸리었습니다.

첨탑(尖塔)이 저렇게도 높은데
어떻게 올라갈 수 있을까요.

종소리도 들려오지 않는데
휘파람이나 불며 서성거리다가,

괴로웠던 사나이
행복한 예수 그리스도에서처럼

십자가가 허락된다면

모가지를 드리우고
꽃처럼 피어나는 피를

어두워가는 하늘 밑에
조용히 흘리겠습니다.

도시샤대학을 방문했을 때 윤동주가 바라보았을 높은 첨탑을, 먼 거리에서 오래 바라보았다. 혹 그가 듣지 못한 종소리가 들릴까 하여.

## 후쿠오카 시민들의 「윤동주의 시를 읽는 모임」

이미 많이 알려진 바처럼 후쿠오카 현에 거주하는 시민들은 1994년 10월부터 매달 마지막 주 금요일 「윤동주의 시를 읽는 모임」을 통해 윤동주의 시를 같이 모여 읽고 있다. 이 모임은 니시오카(西岡)교수가 후쿠오카 현립대학교 교수로 부임하면서, 인근에 좋아했던 윤동주 시인이 숨진 곳이 있다는 사실을 알고 무언가 해야겠다는 생각이 들어서 시작되었단다. 이 모임은 처음 윤동주의 시를 읽는 것으로부터 시작해 한국의 소설도 읽고 있다. 시심은 이렇게 국경을 넘기도 한다.

## 넥서스 월드Nexus World

넥서스(nexus)는 'next'와 'us'를 합성해 '다음 세대에게 쾌적하고 아름
다운 도시 공간을 물려준다"는 의미를 담은 신조어다. 넥서스 월드 프로
젝트의 코디네이터 아라타 이소자키를 중심으로 건축가 마이클 그레이브
스와 스탠리 타이거맨이 설계에 참여해 1991년에 준공되었다. 후쿠오카
시는 1996년 4월 빌딩과 녹지가 잘 어우러진 시사이드 모모치(Seaside
Momochi)를 도시경관 형성지구로 지정하였다. 이 프로젝트가 의미 있는
것은 지자체와 민간의 협업을 통해 기업의 이익을 최소화하면서 가장 이상

적인 도시 공간을 창출하고자 했다는 사실이다. 현재 모
모치 지구에서는 거주 주민과 기업이 건축협정과 녹지협
정에 대한 기준을 마련해 보행자 공간과 녹지 공간을 최대
한 확보하고 있으며 이 지구의 가장 상징적인 건축물인 후
쿠오카 타워를 어디에서나 볼 수 있어야 한다는 조망권에
대한 세부 규정까지 세밀하게 마련해 놓고 있다. 공간의
점유가 사유로 치닫지 않아야 한다는 공공성에 대한 배려
인 셈이다.

넥서스월드 모모치 주거단지

## 관부연락선關釜連絡船

부산(釜山)과 시모노세키(下關)사이를 오가던 연락선이다. 최초의 관부연
락선은 9월, 1,700톤급 이키마루(壹岐丸)였고, 그해 11월에는 쓰시마마
루(對馬丸)가 오갔다. 당시에는 부산항과 시모노세키항까지 11시간 이상
소요되었는데, 초기 관부연락선을 이용하는 사람들은 대부분 조선으로 넘
어온 일본인들이었겠지만, 1920년부터는 일본으로 건너가는 많은 수의
조선 노동자들과 유학생들이 이용했을 터이다. 관부연락선에 관한 보다
생생한 기록은 문학작품에 많이 남아 있지만, 특히 염상섭의 중편소설 〈만
세전〉에는 관부연락선 내의 풍경과, 해협을 건너는 식민지 지식인의 암담
한 내면풍경이 매우 깊이 있게 그려지고 있다.

# 작은 것들, 그러나 견고한

작고 변변찮은 것들이 공룡들의 포식으로부터
꿋꿋이 살아남았다는 것, 그리고
이 생존의 기꺼움으로 앞으로 도래할 자본의 큰 풍랑과
맞서 작고 보잘것없는 우리네 삶에 울타리가 될 유일의 것이라는 것….

밤사이 내린 비가 키 큰 차나무 잎을 깨끗이 닦아놓았다. 옅은 흙내가 올라왔다. 흙내란 기실 부지런히 움직이는 미생물의 냄새라는데, 동박새의 가벼운 녹두빛 날개짓에도 보이지 않는 그놈들의 삶의 냄새가 너풀거렸다. 작고 미미한 것들이 살아 있는 세상은 이다지 평온하다. 경쟁하듯 높아지는 아파트 빌딩이나 속도를 보장 받기 위해 더 넓어지는 가로는 느린 행복을 제공하지 않는다. 더 빨라지고 더 높아지기 위해 낮고 더딘 존재들을 가차 없이 세상 바깥으로 내몬다. 그 때문에 사라져버린 연약하고 미천한 것들. 문설주를 타고 빠르게 도망치던 도마뱀과, 어린 내 유년시절을 기억해 줄 낡은 이발소와, 엄마의 꾸지람을 피해 달아났던 축축한 뒤꼍, 그리고 학교 수업을 파한 후 어린 허기를 달래주던 교문 앞의 불량과자들. 다 사라져버린 줄 알았는데, 여기엔 버젓이 살아있었다.

누군가가 나에게 세상에서 가장 싫어하는 일 하나를 꼽으라면 두말이 필요 없이 나는 백화점이나 대형할인마켓에서의 장보기라고 대답할 참이었다. 너무 불친절하지 않으면 과장되거나 가장되었을 뿐인 친절이 장보기의 즐거움을 앗아가기 일쑤이고, 선택하는 상품이 내가 위치한 계급의 표식임을 빤히 들여다보고 있는 종업원의 눈빛이 두려운 데다, 번잡함 속에서 부딪히는 어깨며 카터 너머로 전해져 오는 무례함까지 더해지면 상황은 늘 최악이었던 탓이다. 그랬는데, 나는 이곳에서 아내와 함께 걸어서 어슬녘에 나서는 장보기가 늘 새롭고 기꺼웠다. 아내의 늦은 걸음걸이로 니시진西新시장까지는 그닥 가깝다곤 할 수 없는 거리였지만, 사뭇 차가운 봄바람 속에서 막 꽃을 피우기 시작한 꽃나무들과 저녁 이내가 빚어내는 한적하기 짝이 없는 골목길을 두런두런 세상 이야기로 채워가는 느낌은 매우 각별한 것이었다. 게다가 이 느낌은 시장에 닿아서까지도 거의 훼손되는 일이 없었다.

저녁 6시 이후로 니시진 시장거리는 차량 통행이 금지되어 걷기에 불편함이

서니 슈퍼마켓

베스킨라빈스31

없었고, 다들 가게라곤 손바닥만큼이나 작지만 책방에서부터 철물점, 어물전, 이불집, 타코야키 가게, 꽃집, 선술집, 쿠스리야薬屋까지 없는 게 없을 정도이고, 여기에 우리 같으면 '이마트' 같은 대형할인 체인점인 '서니 슈퍼마켓'이나 값비싼 '베스킨라빈스31'이 그다지 빛나지 않은 얼굴로 부끄러운 듯 재래시장통의 작은 가게들과 섞이고 어울려 나란히 서있었다. 처음엔 거대 공룡 사회로부터 온 나로서는 거대한 것과 미천한 것들이 공존하고 있는 이 풍경이 도저히 요령부득이었다. 내가 살았던 세상에선 크면 뭐든 좋은 것이었다. 대형할인마트 하나면 인근의 모든 구멍가게들이 추풍낙엽처럼 쓰러졌고, 낡고 오래된 것들은 새롭고 번쩍이는 것들의 광채에 도무지 어찌할 바를 모른 채 녹아 대기 중으로 사라져버리지 않았던가.

그 공룡들 중 하나, 서니 슈퍼마켓에 들어선다. 그러나 말만 공룡이지 우리의 그것처럼 거대하지도 화려하지도 않다. 어쩌면 다소 초라하다고 말해야 할 그곳에서 나는 내 상식을 깨는 두 가지의 상품을 본다. 하나는 노란 비파나무 열매이고, 또 하나는 작은 가내공장에서 만들어졌을 포장이 조악해 보이는 과자류들이다. 비파가 상품이 될 수 있다는 것을 안 건, 언젠가 월출산 가는 길에 들른 영암 장에서 쪼그리고 앉은 할머니의 좌판 한 귀퉁이에서 만난 것이 처음이

비파나무의 노란 열매. 남부지방에 사는 사람들에 겐 담장 너머로 비파나무를 드물지 않게 보아왔겠지만, 위쪽 사람들은 다소 생소한 나무이지 싶다. 이른 봄에 가장 먼저 꽃을 피우는 나무로 개나리나 목련을 꼽지만, 이들이 꽃을 피우기 전에 한겨울에도 꽃을 피우고 있는 놈들이 비파나무이다. 6월이 되면 완전히 익어 무화과 정도 크기의 열매가 노랗게 열린다. 열매 생김새가 악기 비파(琵琶)와 닮아서 붙여진 이름인 듯하다.

자 마지막이었는데, 그것을 슈퍼마켓의 환한 진열장에서 만나다니…. 물론 비파는 이곳 일본에서도 대중적인 과일이진 않다. 이름을 불러 줄 누군가를 기다리며 당당하게 좌대를 차지하고 있다. 이 당당함은 가내공장의 재래식 전통과자들이라고 다르지 않다. 우리에게선 국민위생이라는 명분으로 일찌감치 공식적인 경쟁에서 쫓겨나버린 불량(?)과자들이 이곳에선 메이저 제과회사의 제품들과 아예 코너를 달리하여 소비자들을 기다린다. 예컨대 센베이<sup>부채과자</sup>, 김과자, 마메<sup>콩과자</sup>, 라멘튀김과자 같은 것들.

이것들이 내 속에 아려오는 건, 오래된 것들이 잊히지 않고 여직 살아남아 있다는 고상한 복고 취미 때문만은 아니다. 그보다는, 이 작고 변변찮은 것들이 공룡들의 포식으로부터 *꿋꿋이* 살아남았다는 것, 그리고 이 생존의 기꺼움으로 앞으로 도래할 자본의 큰 풍랑과 맞서 작고 보잘것없는 우리네 삶에 울타리가 될 유일의 것이라는 것….

## 우린 왜 재래시장에 가지 않는가

뒤늦은 감이 있지만 우리 역시 2012년 4월 22일 전통시장과 골목 상권을 보호하기 위한 조치로 '유통산업발전법'을 마련했다. 전통시장을 무력화시키는 주범인 대형마트와 기업형 슈퍼마켓(SSM)을 월 2,4주 일요일에 의무 휴무하는 내용이다. 하지만 대형마트를 의무 휴업한다고 해서 전통시장이 크게 활성화되고 있는 것 같진 않다. 대형마트가 제공해 온 편이성(주차시설, 신용카드, 정찰제, 서비스 등)에 길들여진 사람들이 그것을 포기하기도 어렵거니와 이미 면대면 흥정이 야기하는 불편함을 받아들이기도 쉽지 않기 때문일 것이다. 게다가 국가의 개입이 항상 장려보다 제재에 치우치는 방식도 문제다. 제재는 기껏 공룡의 등을 긁어주는 데 머물고 말지만 장려책은 소비자로 하여금 소비의 주체가 누구인가를 일깨울 수 있기 때문이다.

## 4대 사회악 근절과 불량식품

박근혜 정부가 들어서면서 대국민 삶의 질 향상을 위해 '4대 사회악 근절'

서니 슈퍼마켓의 재래과자 매대

을 표방했다. 4대악이란 '성폭력 없는 안전한 사회', '학교폭력 없는 즐거운 학교', '가정폭력 없는 행복한 가정', '불량식품 없는 건강한 사회'이다. 새로운 정부의 출범에 맞춰 내놓은 정책치곤 지나치게 미시적인 것들이다. 정책이란 국민의 일상과 너무 가까워서도 너무 멀어서도 안 된다. 너무 추상적이면 계획과 실천이 괴리되기 십상일 테고, 너무 가깝고 구체적이면 원인과 결과를 혼동하게 된다. 게다가 성폭력, 가정폭력, 학교폭력 따윈 그 자체가 제재의 대상이 되어서는 안 된다. 현명한 정부라면 왜 이 사회에 그러한 폭력이 일상화되어 있는지를 우선적으로 자성함으로써 삶의 껍데기가 아니라 삶의 속내를 들여다보는 데 힘을 쏟아야 옳지 싶다. 불량식품은 더 말할 것도 없고.

# 일본어 교실과 오미야게 御土産

여행 다녀오면서 선물을 사오지 않으면
욕을 먹는다는 것이고,
그런 주위의 꾸지람이 아직도 무섭다는 뜻이다.

아주 오랜만에 시험을 봤다. 딸아이와 아내가 나란히 앉은 옆에서 일종의 배치고사를 치렀다. 일본어가 서투니 학교 측에서 외국인 대상의 일본어 교실이 있다고 알려줬다. 요즘 한국에도 한국어 무료 강습소가 적지 않지만 수강생 대부분이 동양인들로 채워지는 데 반해, 여긴 동양인들뿐만 아니라 서양인과 아프리카인까지 참으로 다양한 민족과 인종들이 모여 든다. 강습소는 주로 구청 내의 시민센터나 동 단위의 공민관에 배설되지만, 그렇다고 행정기관의 개입이 직접적인 것은 아니고 순수히 교육 받은 자원봉사단에 의해 운영된다. 우리가 찾아간 화요일 저녁반은 '와라와라' 구락부라는 시민센터 내 자원봉사단ボランティア이 운영하고 있었고, 그 구성원들은 주로 퇴직교사들이나 해외 파견 경험이 있는 회사원들이었다.

그런데 아마도 이 사람들은 시험이라는 것에 한국사람들이 얼마나 능통한지를 아직 모르는 모양이다. 우리 식구들의 우수한 성적에 깜박 속는다. "이 정도 성적이라면" 하고는, 우리를 각각 고급반으로 보내려 한다. 정직하게 말하자면, 딸아이라면 모를까, 나는 초급반에 갈 실력밖엔 안 된다. 그저 눈으로만 더듬듯 익힌 일본어였으니 뜻을 해득하는 것과는 달리 말하는 건 젬병이일밖에.

매주 화요일마다 1시간 반 동안 진행되는 이 수업은 아주 화기애애했다. 영어, 러시아어, 인도어, 타갈로그어, 스페인어, 불어 등이 난무하는 곳에서 배우는 일본어 또한 그 리듬과 음색에서 아주 다양하여, 중국 일본어, 러시안 일본어, 인도 일본어, 앵글로색슨 일본어 등이 다함께 빚어내는 독특한 화음은 가히 코스모폴리탄적인 것이었다. 뿐만 아니라 수업이 끝날 즈음해서 각각의 책상 위에 놓여지는 각양각색의 오미야게お土産들이라니… 어떨 때는 저 멀리 삿포로, 아오모리, 혹은 도쿄나 교토, 시코쿠 오미야게 일 때도 있고, 더러 가까운 곳이라면 나가사키나 아소, 미야자키의 오미야게가 오르기도 했다.

하카타역의 오미야게 가게. 대부분의 역 구내에는 이런 가게들이 수 십 미터씩 늘어서 있고 가게를 찾는 사람 또한 장사진을 친다.

〈오미야게〉라는 말을 굳이 우리말로 옮기자면 〈특산물〉 정도로밖에는 옮겨지지 않겠지만, 이 정도의 번역으로는 오미야게라는 말이 갖는 그 엄청난 문화적 의미의 한 편린조차 표현하지 못한다. 일본인들은 작은 여행이나 출장에도 반드시 오미야게를 챙긴다. 미야자키에 가면 키미마로 만주를, 삿포로라면 시로이코이비토 초콜릿을, 나가사키에서는 나가사키 카스텔라, 후쿠오카라면 하카타토리몬이나 명란젓을 사온다. 일종의 여행선물처럼 보이기도 하는 이 오미야게 전통은 그것을 챙겨야 하는 사람들의 범위를 고려하면 아예 요령부득이다. 대부분 먹거리 중심이니, 후쿠오카에 와서 하카타토리몬을 산다고 가정했을 때, 작은 크기의 선물 상자 하나가 최소한 천 엔 이상일 터이고, 그런 것을 자신의 가족과 회사 동료, 친지들, 이웃집, 친구들 것까지 챙기다 보면 오미야게 비용만 만 엔에서 이만 엔(현재 환율로 약 12만원에서 24만원 정도)은 예사로 넘기 마련이다. 그래서 일본사람들도 오미야게가 무서워 여행 못 간다고 우는 소리를 하기도 한다.

그러나 우는 소리를 할망정 이 전통은 지금까지 무너지지 않았고, 그리고 앞으로도 쉬 무너질 것 같지는 않다. 전후 고도성장기를 거치는 동안 일본사회는 급격히 핵가족화되었지만, 이 전통이 거의 훼손되지 않은 채로 지금에 이른 것이 이를 증명한다. 사실상 한국이나 일본의 중산층 실질소득 수준은 큰 차이가 없다. 그러니 여행 경비에 부가되는 이 오미야게의 부담은 그들로서도 만만한 것일 리가 없다. 그럼에도 이 전통이 사라지지 않고 있는 이유는, 그들의 사회에 우리로서는 이미 거의 망실된 특유의 전통적 공동체가 여전히 살아 있기 때문이다.

공동체라는 말을 어렵게 생각할 필요는 없다. 한마디로 여행 다녀오면서 선물을 사오지 않으면 욕을 먹는다는 것이고, 그런 주위의 꾸지람이 아직도 무섭다는 뜻이다. 이제 갓 고등학교에 입학했을 법한 아이가 길거리에서 담배를 피워 물고 침을 찍찍 뱉고 있을 때조차 한 마디 나무람의 말을 건넬 수 없는 우리와 달라도 한참 다른 삶의 풍경이다. 공동체의 윤리는 법보다 사회적 구속력이 강하지는 않지만, 일상에 개입하는 정도는 법보다 월등 강하고 직접적이어서, 이웃 간의 연대를 유지하는 든든한 버팀목이 된다.

그것뿐이겠는가. 손이 많이 가는 제작공정과 그 자체로는 아주 소규모일 수밖에 없는 오미야게 시장의 특성상, 거대 제과회사들의 개입은 거의 불가능하니, 이 틈새에서 지역의 작은 산업들은 또 그렇게 튼튼히 살아남는다.

사철(私鐵)이 지나가는 작은 간이역인 아소역의 오미야게 가게

## 공동체의 윤리

성석제의 『인간적이다』(하늘연못, 2010)라는 소설에 재미난
이야기가 있다. 작가가 장편소설을 써볼까 하고 고향에서도 오
지로 꼽히는 마을에 있는 먼 친척의 집을 하나 얻어 살 때의 일이
다. 그 집에서 마을 큰길까지 나가기 위해서는 차 한 대가 겨우 통
과할 수 있는 좁은 농로를 지나야 하는데 하루는 좀 급한 일이 있어 성
급하게 운전하다가 그만 차 앞바퀴가 논둑을 넘어 논에 빠지고 말았다.
작가는 평소같이 견인차를 부르려 했지만 그 시골까지 와줄 성싶지도 않
고 이러지도 저러지도 못하고 있는데 어디서 보고 있었는지 수십 명의 마
을 노인들이 몰려 나와 한마디씩 보탰다. '이 논 주인이 우리 동네에서 젤
성질이 더럽고 개떡같다', '이런 인사한테 제대로 걸리마 고마 뼈다구도 못
추린다', '그 아제가 알기 전에 자빠진 모하고 터진 논둑을 우예 해야 할낀
데···' 등등. 작가가 어찌할 바를 모르고 있자 노인들은 충고 한 마디를 해
주었다. "그래 서 있지만 말고 이장한테 주스라도 한 통 사 가지고 가서 고
맙다고 인사부터 하거래이." 또 다른 사람이, "한 십분 걸어가마 마을 공판
장이 있으이 거서 담배하고 소주도 판다. 오렌지주스로 사온나. 무가당 백
프로짜리로." 작가가 얼른 마을 공판장으로 뛰어가서 오렌지 주스 두 병에
소주도 사고, 담배도 열 갑을 사서 돌아오니, 이게 웬 걸. (······) 더 이상의
줄거리는 성석제 소설가에게 미안한 일이니 각설하고, 이런 것이 도시와
다른, 아직도 남아 있는 농촌 공동체의 산 예증이다. 농촌에 노인들만 살
고 있는 게 좀 문제긴 하지만.

## 선물 징크스

한국과 크게 다르지는 않겠지만 선물에 관한 일본인만의 금기를 열거해 보
면 재밌는 게 적지 않다. 우선 흰색을 죽음과 연결해서 생각하므로 흰 종
이로 포장하거나 흰 꽃을 선물하지 않는다는 것. 그리고 병문안 갈 때 절
대 화분을 선물로 가져가지 않는데, 그건 뿌리를 내린다는 네즈쿠(根付く)

라는 단어가 병으로 몸져눕는다는 네쓰쿠(寢付く)와 발음이 비슷하기 때문이란다.

이왕 선물 이야기가 나왔으니 하나만 더! 그럼 일본인들이 한국에 왔을 때 오미야게로 무엇을 사갈까? 김이 단연 1위다. 그런데 내 경험에 비춰보면 일본 김도 충분히 맛있는데도 김을 사가는 이유는 따로 있다. 그들이 사가는 김은 기름을 바르고 소금으로 간을 해 구운 포장 김이다. 값이 싼 이유도 있겠지만, 그들의 음식문화에 일회용 포장 김이 적절히 부응하기 때문일 터이다.

## 오렌지? 오린지!

한 나라 안에도 표준어와 방언이 공존하듯이, 영어에도 다양한 지역 영어들이 존재한다. 그리고 표준어와 방언의 관계가 다양성의 문제이지 위계의 문제가 아니듯이, 미국 영어와 영국 영어, 필리핀 영어와 인도 영어…… 사이에 우열이나 서열이 매겨질 순 없다. 한때 정부 조직 내의 한 인사가 '오렌지'라는 말은 미국인들이 알아들을 수 없으니 '오린지'로 쓰고 발음해야 한다고 말해 온 국민의 빈축을 산 적이 있었다. 호환성의 측면에서야 이 분의 발언이 틀린 것은 아니지만, 언어란 호환성만이 중요한 게 아니라 말하는 이의 인격과 존재를 구성하기 때문에 중요한 것이다. 다시 말해 힘있는 자가 쓰는 언어를 배우고 쓰는 건 호환성의 문제지만, 이 순간 지금까지 내가 써왔던 언어를 수정, 파기해야 하는 건 내 존재와 인격을 부정하는 것과 다를 바 없다는 뜻이다. 어떤 면에선 지금 이 순간에도 다양한 일본어와 다양한 한국어가 세상 어디에선가 무수히 이종교배를 거듭하면서 새롭게 탄생하고 진화하고 있기도 하다. 하물며 '서울 일본어'와 '부산 일본어'는 또 얼마나 다른가.

# 마초의 몰락, 가족의 재구성

지식은 절대로 권력이 되도록
방치해서는 안 되는 거야.
지식은 쉽게 사람들을 불러 모으지만,
그 속에 위계를 만들면 안 되고
다만 사람들 사이를 잇는
교통로가 되도록 힘써야 해.

볕이 좋은 오전, 외국인등록증을 만들기 위해 한 마장쯤 떨어진 구청에로 향했다. 증명사진이 없어 길거리의 즉석사진관에서 사진을 찍는다. 나는 마치 엑스레이를 찍듯 엄숙한 표정으로 찍었고, 아내는 남의 옷을 빌려 입긴 했지만 아무도 그 사실을 모를 거라고 스스로 다짐하고 있는 표정으로 찍었고, 딸아이 지형이는 포토제닉에 나선 여배우처럼 천연덕스럽게 찍었다. 그랬든 말든 사출구로 출력되어 나온 사진은 우리의 기대를 철저히 배반했다. 딸아이는 가출엔 성공했지만 갈 곳을 몰라 망설이는 십대의 얼굴로, 아내는 계모임에 나갔다가 가스불을 끄지 않았다는 확신이 점점 깊어가는 여인네의 표정으로, 그리고 나는 불법체류하다 길거리 심문에 급습 당한 외국인노동자처럼 깜짝 놀란 얼굴이었다. 아내와 딸아이는 이렇게 싸구려 길거리 사진부스에서 찍으니 자기들 얼굴이 이렇게 나온 거라며 계속 왕왕댔지만, 난 이 정직한 기계에 몹시도 신뢰가 갔다. 아무리 위장한들 기계의 눈까지 속일 수야 없는 거고, 정직하니 가격이 싼 것이겠지… ㅋㅋㅋ. 정직함과 가격이 반비례하는 게 자본주의의 거래 방식 아닌가.

여행도 아니고 정주를 위한 장기간의 체류는 아마도 이만큼의 긴장이 요구되는 것인가 보다. 나는 가족들의 사진을 보면서, 바야흐로 세계 내에 던져진 존재자들의 형상을 본다. 모두들 하나라고 믿곤 있겠지만, 그런 낙관적인 믿음만으론 이 낯선 환경을 돌파할 수 없을 것이라는 예감이 진하게 배어 있는, 모두들 전사들의 모습을 하고 있다. 이 순간 결혼과 함께 자연스럽게 획득되고 유지되어 온 한국식 가부장적 질서와 권위는 단번에 와해된다. 특히 나처럼 현지어에 서툴고 매사에 소극적인 가부장이라면 사정은 훨씬 심각하다. 자신들을 지켜줄 것이라곤 좀처럼 믿긴 어려우니까…….

사실상 세상의 모든 권위는 권력자 개인의 능력과는 거의 무관한 것이다. 개인의 능력은 권위를 강화할 수는 있지만 없는 걸 생성시키지는 못한다. 무능한 남편과 살고 있다고 해서 자신의 유능함만으로 그 아내가 가정의 안팎에서 쉽게 가부장적 권력을 행사하긴 어렵듯이. 그런 의미에서 권위나 권력은 지극히 문화적인 것이다. 내가 잘나서 권위를 얻는 게 아니라 나를 둘러싼 다양한 인적·물적 네트워크에 의해 호명되는 방식 안에서만 자유로운 것. 이만큼 견고하고 또 허망한 것이 권위와 권력이기 때문에, 그것을 담보하는 네트워크가 사라지면 당연히 권위 또한 단번에 소멸한다.

이른 봄의 설유화

일본에 도착하자마자 우리 가족 내에서도 권력 이동의 조짐이 보이기 시작했다. 한국에서의 모든 네트워크가 사라지자 오로지 개개인의 능력과 순발력만이 빛나기 시작했는데, 그중에서도 특히 언어능력은 가족 간의 위계를 새롭게 재편하는 결정적인 계기가 되었다. 이제 갓 스무 살을 넘긴 딸아이의 일본어 능력은 그리 신통한 것은 아니었지만, 그럭저럭 감정을 전달하는 정도는 되어 학교 사람들을 만나거나 관공서 일을 볼 때, 그리고 여행을 다닐 때 우리 가족의 대변자로 큰 손색은 없었다.

하지만 번역이라는 것이 항용 그렇듯 나의 다소 사치스럽고 섬세한 생각과 표현들은 아이라는 번역기를 거치는 순간 매번 대학 2학년 여학생의 한없이 가벼운 언어들로 뭉개지곤 했다. 가령 여행 중의 숙박지에서 당연히 있어야 할 비치물이 없을 때, 이에 대한 나의 항의성 표현은 엉뚱하게 애원의 형식으로 탈바

꿈되어 전달되기도 하고, 공들여 예의를 차린 표현도 거두절미하고 짤막한 단
문으로 요점 정리되기도 했다. 그뿐 아니라 내가 이를 지적이라도 할라치면 "그
럼, 아빠가 이야기하시지 그래요?"라고 내 말의 싹을 아예 잘라버리는 언어도
단이 일어나기도 했다.

　그럴 때마다 나는 스멀스멀 기어오르는 울화를 지그시 감추고, "야야, 지식은
절대로 권력이 되도록 방치해서는 안 되는 거야. 지식은 쉽게 사람들을 불러 모
으지만, 그 속에 위계를 만들면 안 되고 다만 사람들 사이를 잇는 교통로가 되
도록 힘써야 해."라고 젊잖게 타일러보곤 했지만, 언감생심 그런 충고가 지금과
같은 혁명적 재편기에 수용될 리가 없지 않은가. 수용은커녕 약국에서 약을 구
입해야 하거나 전화로 피자를 주문할 때, 우리는 오히려 점점 더 그 알량한 지식
에 종속되어 갈 뿐이었다.

　그 때문이었을까. 딸아이는 이 낯선 환
경에서 가장 먼저 긴장을 떨치고 예전의
여유를 되찾았고, 그 뒤를 이어 아내 역시
동네 사람들과 수다를 떨며 새로운 봄을
맞이하고 있었지만, 몰락한 가부장적 권
력은 예전의 권위를 잊지 못함으로써 홀
로 애국자가 되어가고 있었다. 그렇게 3월
은 지나가고 있었다.

저녁 햇살은 바람보다 더 멀리 매화 향을 날려보낸다.

## 한국식 스펙의 허구

어느 사회나 이 권력의 네트워크는 치밀하게 작동하지만, 이것이 한국만큼 겁나게 작동하는 사회는 드물다. 정계나 재계에서야 이 자체가 자산의 일종이라 우기면 할 말은 없지만, 평범한 시민들의 일상에도 이 그림자가 너무 짙게 드리워져 있다는 건 고민해 봐야 할 사회적인 문제다. 학연·지연·혈연 등으로 표현되는 이 무모한 동아리에 대한 한국 사회의 집착은 전적으로 역사적인 산물이다. 사원 한 명을 채용하면서 추천장 하나로 충분한 사회와 공채라는 요식행위가 불가피한 사회 사이엔 인간관계의 합리성이란 측면에서 엄청난 차이가 있다. 언뜻 보기에 후자가 모든 사람에게 기회가 균분되는 공정한 선발 방식인 것처럼 보이지만, 실상은 전혀 그렇지 않다. 전자는 신뢰와 신용을 기반으로 작용하는 사회이고 여기엔 엄격한 개인의 책임이 수반되기 마련이지만, 후자의 경우엔 구매자의 욕구에 맞는 포장술(세간에서 스펙이라 부르는)만이 과장되게 부풀려져 사람이 상품으로 변질될 뿐 아니라 책임 있는 개인이 생성될 여지가 전혀 없어 합리적인 인적 네트워크는 작동하지 못한다.

지금 한국 사회가 딱, 후자의 경우다. 급격한 근대화가 이미 존재하고 있던 전통적 인간 관계망을 철저히 부정하면서 진행되었고, 그 결과 물질적 풍요는 얻었지만 이를 유지하고 지탱할 인적 토대가 사라져버린 탓이다. 지금까지 한국사회가 이 텅 빈 관계망을 대체해 온 방식은 두 가지다. 하나는 학연·지연·혈연 등 내부 집단을 극단적으로 강화하는 방식이고, 또 다른 하나는 어떤 사적 공동체도 인정하지 않는 것을 전제한 순수 개인들의 경쟁에 의한 방식이다. 문제는 이 양극단의 방식이 홀로는 작동하지 못해 늘 뒤섞인다는 데 있다. 그리고 세상의 온갖 추문과 비리는 이 때문에 발생한다. 그럼 대안은? 당연히 공동체 회복과 책임 있는 개인을 통한 신용사회의 생성이다.

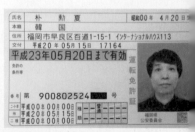

외국인등록증은 귀국하면서 반납했고
남은 건 운전면허증뿐이네….

후쿠오카에 있는 한국영사관과 후쿠오카의 명물, 야후돔(yahoo Dome). 이 야후돔은 한국의 이대호 선수가 소속된 일본 프로야구 구단 '소프트 뱅크'의 전용구장이기도 하다.

## 포장과 디자인

상품의 가격을 결정하는 데 포장이 차지하는 비중은 점점 커져 요즘은 오히려 포장이 실물을 압도한다. (캔 커피의 내용물 가격과 내용물을 담는 캔이라는 용기 값 더하기 포장에 덧씌워진 원빈의 모델료를 비교해 보라) 디자인? 그렇다. 디자인이라는 말은 경제학자조차 머리를 아프게 만든다. 누군가에게 포장은 실물의 가치를 초과하지 않는 것이어야 하지만, 또 누군가에게 실물은 디자인을 지탱하는 최소한의 필요조건일 뿐이다. 말하자면 소비의 대상은 디자인이지 실물 그 자체는 아니라는 뜻. 이 논리에 따르면 포장은 제품 가격의 부가적 요소가 아니라 본질적인 것이다. 그리고 이 지점에서 우린 알게 된다. 이 세상을, 이미지−디자인을 부차적인 것으로 이해하는 '리얼리티 세대들'과 이미지−디자인을 본질적인 것으로 이해하는 '하이퍼−리얼리티 세대들'로 구성되어 있다는 것을. 이를 간과하면 우린 늘 소모적인 진정성 논쟁만을 일삼게 된다.

하
나
미 花見

봄은 모든 인간에게 축복이고,
이를 삶의 풍요로 갈무리하는 일은
인간의 몫일 뿐이다.
그러므로 문화라는 것은 사람과 사람 사이를
절단하도록 방치해서는 아니 되고,
문명이 우리들 몸속에 심어놓은 독소를 씻어냄으로써,
모든 인간이 봄꽃에 이끌리듯,
사람 사이를 잇는 일에 기여해야 옳을 것이다.

벚나무 꽃망울이 하나 둘 터지자, 조용하던 후쿠오카가 장이 선 듯 들뜨기 시작했다. 해 지면 산사처럼 고즈넉하던 이 동네조차 술판이 저녁 늦게까지 거두어지지를 않았다. 숙소 바로 앞에 〈후쿠오카 산림관리소〉(우리 식으론 임업사업소 정도 되겠다)가 있다는 건 간판을 보고 이미 알고 있었지만, 워낙 조용한 곳이라 몇 명의 직원이 상주하는지 알 길이 없었는데, 하나미 계절이 돌아와 퇴근시간 후 술판이 벌어지자 무려 스무 명 가까운 사람들이 분홍 벚꽃을 지붕 삼아 밤늦도록 큰 소리로 이야기하고 노래했다.

돌이켜보면 어린 시절, 내 부모님들도 꽃피는 봄이 오면 공원 같은 곳으로 봄나들이를 가곤 하셨다. 찰밥하고 나물 무치고 술도 몇 병 싸는 것은 물론, 오랫동안 장롱 속에 고이 걸어둔 알록달록한 치마저고리를 곱게 차려 입고 동네아줌마들이나 계꾼들과 함께 집을 나서는 어머니의 얼굴은, 지금 생각해도 벚꽃보다 더 붉고 화사했던 듯하다. 하지만 이물스럽게도 이 기억 한편으로 이렇게 봄놀이 나온 아줌마 아저씨들의 다소 문란한 행락 행위 또한 또렷이 새겨져 있다. 춘정에 겨운 몸이 술을 만나니 누군들 지는 벚꽃마냥 흐드러지지 않았겠는가.

세월이 흘러 이제 우리 주위에서 그런 풍경을 찾기는 어려워졌지만, 지금에 와서 보니 그런 정경이 되려 그립다. 70년대부터 불어 닥친 시민의식 정화 운동으로 내남없이 손가락질하고 버려버린 풍속이지만, 새겨보면 꼭 그렇게 단칼에 베어버릴 건 아니었던 듯싶다. 이 시기 부산

늘 조용하기만 하던 이웃 산림관리소가 어느 날 저녁 무렵 웅성대기 시작하더니 술판이 벌어졌다. 화사하게 벚꽃이 피긴 했지만 아직 짙은 꽃 그늘을 만들기엔 어려 보이는 나무 밑에서…. 그렇거나 말거나 자리는 흥겹다. 꽃이 좋아서라기보다 봄이 찾아왔고 봄을 맞으라는 하나미니까.

인구는 10년 만에 배가 넘는 200만 명을 넘어섰고, 주로 농촌에서 솔가하여 이주해 왔을 이들 얼뜨기 도시민들에게 가장 소중했던 것은, 관청 따위가 아니라 바로 인적 네트워크였다. 낯선 곳에서 셋방을 구하는 일에서부터 노동력을 팔 일자리를 구하는 일, 대여섯이나 되는 자식들의 육아와 교육 문제에 이르기까지 도시에서의 삶의 요령은 대개 먼저 정착한 동향인이거나 그렇게 정착한 동네 주민들로부터 나올 수밖에 없었기 때문이다. 그런 까닭에 3월이나 4월의 첫째와 셋째 공일 중의 어느 하루는 당연히, 힘겹게 노동의 겨울을 버텨온 몸을 위로하고, 없는 살림에 팍팍해진 이웃 간의 유대를 재정비하기 위해 할애되어야 마땅했다. 공부 잘하는 아들 둔 덕에 김 씨도 한 턱, 딸자식 여의었다고 이 씨도 한 턱, 새 일 잡았다고 문간방 박 씨도 한 사발, 실직했다고 정 씨도 한 사발, 그렇게 권커니 잣거니 하는 통에 더러 흥에 겨워 춤을 추거나, 또는 타향살이 설움이 복받쳐 응석이 몸싸움이 되기도 했을 터이다.

그랬는데, 그렇게 이웃 간의 정과 몸이 부딪히던 그 자리엔, 이젠 단출해진 가족들의 봄소풍이, 돗자리와 삼겹살로 채워진다. 누가 어떤 사람과 어떤 형식의 봄나들이를 하든 봄을 흥겹게 맞아들인다는 차원에서는 다를 바 없겠지만, 이 두 형식의 유흥 사이에는 쉽게 간과해선 안 될 차이가 존재한다. 이웃 간의 고리를 끊으면서, 더욱 견고해진 가족이라는 울타리에는, 70년대 이후 바쁘게 달려온 우리 사회의 온갖 사회적 모순을 개인과 그 가정에 고스란히 떠넘긴 고통의 얼룩이 명징하게 새겨져 있다. 이웃 간의 상호부조가 증발하는 순간, 이웃은 곧 도둑이 되고 강도가 되고, 울타리는 더 높아지고, 담엔 유리조각이 박히고, 거기에 CCTV가 매달린다. 삶이 모두 그렇게 단자화 되니 모든 개인들은 더욱 외로워지고, 외로워 나선 꽃놀이에서 자리다툼이라도 일면 말다툼은 쉽게 미움과 증오의 몸싸움으로 변하기 마련이다.

함께 공부하던 일본어 문화반의
젊은 친구들과 나선 하나미

학생들의 다이코(太鼓) 공연. 우리의 난
타공연이 그렇듯 타악기 리듬에 거친 율
동을 더함으로써 전통과 현대가 잘 버무
려졌다.

큐슈대학교 국악동아리 학생들이 상춘
객들의 흥을 돋우고 있었다. 그런데 언
제 들어도 사미센과 코토의 음색은 처량
하다.

4월을 코앞에 둔 토요일 아침, 일본어교실
선생님들과 함께 벚꽃이 좋은 마이즈루舞鶴
공원으로 하나미를 갔다. 다소 이른 시간이
라 그런지 어젯밤의 취흥이 채 지워지지 않
아, 더러 술 취한 남자들이 구겨져 있는 옆에
서, 큐슈대학 국악 동아리라는 명찰을 단정
히 내건 학생들이 사미센을 조율하거나 타
이고太鼓 공연 준비를 서두르고 있었고, 군데
군데 노끈 따위로 경계를 구획해 놓은 곳은
이미 자리를 예약한 회사나 단체들의 한나
절 주흥을 기다리고 있었다.

갑자기 기시감이 밀려왔다. 남의 나라에
서 맞닥뜨리는 이 익숙한 느낌이란 무엇인
가. 아마도 예전 내 부모님에게서 본 일상적
풍경이라는 것이 그 기원에선 식민지기 일
본의 내지인內地人 풍습과 맞닿아 있으니 그
럴 만도 한 것이다. 하지만 지금에 와서 그
기원을 따져 내 것과 네 것을 분변하려 드는
태도 또한 지혜로운 건 아니니, 봄은 모든
인간에게 축복이고, 이를 삶의 풍요로 갈무리하는 일은 인간의 몫일뿐이다. 그
러므로 문화라는 것은 사람과 사람 사이를 절단하도록 방치해서는 아니 되고,
문명이 우리들 몸속에 심어놓은 독소를 씻어냄으로써, 모든 인간이 봄꽃에 이
끌리듯, 사람 사이를 잇는 일에 기여해야 옳을 것이다.

## 놀이와 정치

시민의식 정화운동은 국가 경제 재건을 위해 국민을 하나로 통합하고자 마련된 기획이었다. 삼청교육대처럼 국가가 허락한 몸(노동하는 몸)인지 아닌지를 분류하고 감금하는 적극적 통제방식에서부터 일상의 유희를 양식화해서 권장하는 소극적 계도까지 이 기획이 미치는 범위는 매우 광범위한 것이었다. 아래 기사들을 자세히 들여다보면 단순한 봄놀이 유흥조차 어떻게 정치적 의미로 변질될 수 있는지 잘 보여준다. 앞의 기사는 국민의 이름으로 노동에 대한 반대 지점에서 놀이가 비난의 표적이 되고 있고, 뒤의 기사는 가족의 이름으로 놀이가 오히려 장려되고 있다. 문제는 장려되는 이 시점이 〈1980년 5월 19일〉이라는 데 있다. 바로 그 전날 광주에서는 비상계엄군에 의한 시민들의 학살이 자행되고 있었다.

「만취된 휴일 — 빗나간 행락, 전국 주요 관광지의 탈선 백태
두드러진 부녀층 추태, 관광 우선 버스 변칙 운행에 말썽, 불량배 활개, 모처럼 나들이 망쳐,
바가지 요금 극성, 자릿세 평시의 배(倍)까지」,
"도산서원과 무릉, 암산 유원지 등은 요즘 술과 노래 그리고 난잡한 춤으로 얼룩지고 있다. 지난 18일 도산서원 입구 녹지대에서는 오후 늦게까지 20여 명의 부녀자들이 술에 만취되어 어지럽게 춤을 추고 노래를 부르는 등 추태를 부리고 있었다. 더욱 만취한 몇 명 부녀자들은 몸무새를 흩뜨린 채 길가 잔디에 쓰러져 있어 지나는 이의 눈살을 찌푸리게 했다."
〈동아일보〉 1975. 5. 26.

"행락에는 으레 소란과 난잡이 따르는 것이 남과 다른 우리나라 특유의 풍습으로 돼 있다. 모처럼의 봄놀이에 다소의 술이 따르는 것은 나무랄 수 없으나 그 도가 지나쳐서 고성방가에 시비와 폭력이 난무하고 부녀들과 어울려 춤과 북, 장고로 풍기를 어지럽히는 행위 등이 보통으로 자행되며 휴지와 빈병 먹다 남은 음식물 등을 함부로 버려 주위를 더럽히고 꽃과 나무를 무참히 꺾어 고궁 명승지의 자연환경을 해치는 행위 등이 이 또한 반드시라고 해도 좋을 만큼 자행되고 있는 사실이 이를 말한다. 항상 지적해 온 말이지만 이 같은 행위는 지각 있는 사람이 할 짓이 못된다. 뿐만 아니라 우리가 독립된 한나라의 국민이며 그것도 장구한 역사를 가진 문화민족의 일원이란 점을 생각한다면 더더군다나 이는 해서는 안 될 행위라는 것을 알 수 있을 것이다. 내국인의 눈에도 추하고 역겹게만 여겨지는 바에 하물며 외국인들의 눈에는 이러한 행위들이 어떻게 비쳐지고 받아들여질 것이며 그것이 관광립국(觀光立國)을 표방하고 있는 우리에게 어떠한 영향을 미칠것인가도 깊이 따져볼 일이다. 〈동아일보〉 1973. 4. 9.

「전국 지역별 자체 정화 운동—동·리단위까지 정화위 구성」, "밝고 정의로운 새사회 건설을 위해 각종 사회악을 일소하고 부조리를 척결하는데 주민 스스로 앞장 서야 한다는 움직임이 일었다. 국민정화운동의 모토는 '내가 먼저 내 주변부터 정화하자'는 것으로 불량배 척결, 지역 및 직장별로 사치, 방종, 유혹의 비리를 척결하여 근검절약, 인보상조하는 의식을 심화하여 정의로운 새 사회를 건설하는 것이다." 〈동아일보〉 1980.8.9.

「화창한 휴일, 나들이 인파만원」, "18일은 계엄령이 전국으로 확대 실시된 첫날이자 일요일—. (중략) 화창한 5월 휴일을 맞은 시민들은 야외로, 고궁으로 봄을 찾아 나서기에 여념이 없었다. 특히 어린 자녀들과 더불어 맑은 공기, 밝은 햇살을 찾아 나서는 가족동반 나들이가 많아 근교나 고궁이 붐볐으며 창경원, 어린이대공원 등은 매표구 근방의 교통이 혼잡을 이루기도 했다." 〈매일경제〉 1980. 5. 19.

## 성이 있던 자리

'학이 난다'는 뜻의 마이즈루(舞鶴)공원은 원래 후쿠오카성이 있던 자리이다. 현재의 후쿠오카시는 메이지 초기 하카타와 후쿠오카를 하나로 통합하여 이루어졌다. 근대체제로 급격한 전환을 이루고자 했던 메이지 지도자에게 가장 화급한 과제는 지방 토호들을 군사적으로 무력화시키고 그 힘을 근대국가 체제 내로 통합하는 것이었으므로 한편으론 두 개의 번(藩—はん)을 하나의 행정단위로 묶음으로써 행정적 편의를 꾀하고, 또 한편으로는 그렇게 함으로써 봉건적 계급구성을 근대적으로 재편했다. 그러므로 이 통합은 상징적인 의미에서건 현실적인 의미에서건 근대 이전의 무사계급이 몰락하고 성 안(城內)과 성 밖(城下町—조카마치) 사람들 간의 계급적 위계가 무의미해졌다는 것을 뜻한다. 마이즈루 공원에 오르면 한때 위세를 떨치던 권력의 시선이 고스란히 느껴질 정도로 옛 조

옛 천수각 터에서 내려다 보니,
예전엔 융성한 조카마치였을
성 밖 풍경이 한 눈에 들어온다.
이젠 후쿠오카시의 상업
중심지인 텐진이 된 ….

후쿠오카 현대미술관

마이즈루 공원의 동편 외곽을
두르고 있는 오호리공원(大濠公園)의
아침 풍경

카마치 지구였을 텐진과 하카타를 한눈에 내려다 볼 수 있다. 지금은 벚꽃 명소 정도로 명함을 내밀고 있지만, 주변에 오호리 공원과 전통정원전시장, 후쿠오카현대미술관 등을 거느림으로써 이 역사적 장소가 난개발되고 오용되는 것을 막고 있다.

## 문화는 행사가 아니라 소통이다

크리스마스를 종교행사로만 이해하는 건 단견이다. 기독교 문화에서조차 크리스마스의 기원은 모호한 것이긴 하지만, 서양의 문화, 남의 종교라 해서 배타적 태도를 취할 것만은 아니다 싶다. 그 기원이야 어떻든 크리스마스는 이미 우리의 일상에 깊숙이 파고들어와 있고, 서양인이 아니고 기독교 신자가 아니어도 누군가는 산타의 선물을 꿈꾸고, 사랑을 맹세하고, 선물을 나누고, 캐럴을 듣는다. 역으로 말해 사랑을 맹세할 구실이 필요하고, 선물을 주고받고 싶은데 마땅한 계기가 없다면, 크리스마스는 그런 계기에 구실을 제공함으로써 우리의 삶 속에 단단히 자리를 잡는다. 그러니 11월 11일을 '빼빼로 데이'라고 아이들이 요란을 떨 때, 이를 제과회사의 상술이라고 일축해 버리는 것도 지혜로운 처사는 아니다. 상술은 오로지 아이들 상호간의 친교를 형식화하는 데 관여하고 있을 뿐, 어른들이 진정 헤아려야 하는 건 애정을 표현하고 싶은 아이들의 욕망이다. 이를 헤아리지 못하고 상술의 기원만을 따지고 들면 공식적 채널을 놓친 아이들은 뒷골목이나 샅아구니 사이에 제 욕망을 자꾸 숨겨야 한다. 숨길수록 부풀어 오르는 그것을.

한국인의 뒷동산에 대한 애정과 욕구는
근대 이후 박탈된 생체적 공동체,
혹은 울타리에 대한 그리움의 무의식적 표현일지도 모른다.

뒷동산 단상

이마리 도자기 마을 뒷편의 사책로로,
삼나무나 편백나무 숲의 압도하는 듯한 느낌을
카메라에 담아보려고 여러번 시도해 봤지만,
번번히 실패했다. 아무리 찍어도 눈으로 보고
가슴에 와닿는 그 느낌이 담아지지가 않았다.
기술상의 문제이기도 하겠지만 이방인일 뿐인 나로서는
아직 이 대상에 대한 명확한 이해나 경험이 전적으로
결여되어 있기 때문일 것이다.

일본엔 뒷동산이란 말이 없다. '우라야마'裏山란 단어가 없지는 않지만, 이 단어는 단순히 공간상의 표현에 한정될 뿐, 우리말의 '뒷동산'이 갖는 정서적 함의는 포함되어 있지 않다. 우리 시대의 가장 감성적인 싱어송 라이터였던 김광석 또한 〈이등병의 편지〉에서 집 떠나온 외로움과 그리움을 뒷동산에 오르는 것으로 달래고 있는 것을 보면, 우리에게 뒷동산은 바라보는 대상이 아니라 집과 같은 일종의 내부 공간임에 분명하다. 밀려오는 세상사가 버거울 때 마을을 등지고 오른 뒷동산에서 바라보이는 풍경은, 바라보는 나를 세상 밖으로 내몰기는커녕 자신의 품 안으로 우리를 기꺼이 거둬들인다. 이 넉넉한 포용력이 뒷동산이 갖는 정서적 함의인 셈이다.

후쿠오카에 도착하고 동네가 눈에 익어오자 뭔지 모를 답답함이 지긋이 내 일상을 눌러왔다. 처음엔 그것이 낯선 것에 대한 대응 심리인줄 알았는데, 그것만은 아니었다. 내 눈은 자꾸 산을 찾고 있었다. 하지만 불행히도 내가 살고 있는 모모치 주변은 대대적인 간척으로 조성된 평지라 높은 지대라고 해 봐야 니시공원과 아타고 신사의 얕은 둔덕이 고작이었고, 그곳에선 면 풍경의 바다는 비쳐들지라도 내가 안길 마을의 품은 보여주지 않았다. 물론 후쿠오카에도 산은 얼마든지 있다. 시내의 가장 상징적인 산인 아부라야마油山도 있고, 사가현左賀縣으로 빠지는 미쓰세 고개 쪽의 세후리야마도 그 세가 자못 장대하여 등산을 위해선 손색이 없다. 하지만 그런 곳에서 나를 맞는 건 압도적인 산세이지, 자신을 낮춰 세상을 맞아들이게 하는 겸손함이 아니었다.

우리에게 산은 일종의 심리적 경계이다. 내부와 외부가 분할되는 지표이고, 그 지표를 따라 우리는 자신의 마을—공동체를 구획한다. 문제는 산이 갖는 이러한 심리적 기능이 도시의 팽창으로 인해 이미 사라져버린 지금에 와서조차 우리에겐 여전히 뚜렷하게 그 흔적이 남아 있는 반면, 특이하게도 일본인들에겐 그런 감성을 전혀 찾아볼 수 없다는 사실이다. 그 연유를 추적하자면 이런 지면으론 어림도 없겠지만, 간단히, 이런 차이를 빚게 만든 역사적 요인을 추론해보는 것은 가능할 터이다. 예부터 일상생활 속에서 산이 갖는 친근함의 정도가 한일 두 나라에서 큰 차이가 있었을 것이라는 추정이 그 하나이고, 또 하나의 추정은 심리적 울타리의 근간인 마을 공동체가 근대 이후 유지, 변화되는 양상에서 큰 차이를 보였다는 사실이다.

우리에게 산이 마을 공동체의 지표로서 분명하게 인지되어 왔던 것은 농사만으로는 부족한 먹거리와 땔감을 구하는 내부 공간이었기 때문이다. 말하자면 옆 마을 사람이 우리 마을의 산에서 나물을 캐는 행위는 암묵적으로 금기시될 정도로 산은 소유관계가 분명했다는 뜻이다. 하지만 일본인에게 산은 전적으로 외부였으므로 궁핍기에 이를 해결하기 위해 그들이 기대었던 곳은 산이 아니라 오로지 마을 공동체의 자치력이었다. 확장될 내부 공간이 없었으므로 마을사람들의 상호부조 외엔 달리 삶의 길을 열 방도가 없었기 때문이다. 그런 의미에서 우리에게 산이 마을 공동체의 뚜렷한 지표로 인식되어 왔다면, 일본에서 이 지표는 그들의 삶을 양식화하고 결정하는 사찰 혹은 신사神社였을 것으로 짐작된다.

누구든 살아가기 위해선 자신의 울타리가 필요한 법. 일종의 소속감이라는 말로 표현될 수도 있을 이 울타리는 개개인이 정체성이 형성되는 터전이기도 하고 세계와 맞서 싸우기 위해 요구되는 보호막이기도 하다. 근대 이전에 이런 심리적 울타리는 두 나라에서 공히 자신의 동네, 혹은 마을이라고 표현할 때의 부락이었겠지만, 이 전통적인 생존 단위가 근대적 행정 단위로 재편되는 과정에서 울타리로서의 기능을 계승하는 방식은 한일 두 나라에서 완전히 다르게 나타났다.

근대사회로 진입한다는 건 강력한 국가의 등장과 함께 작은 단위의 자치적 공간이 약화되고 개개인의 삶의 규준이 표준화된다는 뜻이다. 특히 우리는 일본의 식민통치로 말미암아 전통적으로 우리의 일상을 규정하던 마을 공동체는 거의 해체되다시피 했지만, 이를 대신할 근대국가의 보호막은 부재한 채 오로지 식민자본의 수탈을 위해 필요한 명목상의 행정단위만이 남게 되었다. 하지만 이에 반해 일본에선 봉건적 행정단위였던 번藩을 폐지하고 현縣이라는 새로운 단위를 구축했을 때(1871)조차 서민들의 심리적 울타리는 크게 손상되지 않고 근대로 이양되었다. 이는 근대개혁의 대상이 주로 봉건영주를 둘러싼 영지와 무사계급에 집중되었던 데도 이유가 있지만 마을 공동체의 자치력을 국가권력 내로 해소할 현실적 필요성이 존재하지 않았기 때문이다.

미쓰세고개 가는 길목에서 본 야산인데, 어느 쪽을 둘러봐도 만만하게 산 속으로 들어갈 틈을 찾기 어렵다. 15m 이상 되는 삼나무들이 빽빽하게 자리잡고 있어 사람의 발길을 완강히 거부한다.

하지만 우리의 경우 부락이라는 공동체적 단위는 식민지기에 피지배민의 관리상의 단위로 바뀌었고, 해방 후 근대화 과정에서도 역시 이에 대한 반성 없이 생산과 효율의 단위로 바뀌었으니, 이러한 행정단위가 개인의 심리적 안위를 고려했을 리가 없었던 것이다. 일본 순사들의 주재소가 있던 자리에 4H 클럽이 들어선들, 마을 사람들을 안으로 모아 다독이기는커녕 더 많이 일하고 더 빨리 달리라고 채찍질하는 형국이었으니 그걸 삶의 감옥이라고 부를 수는 있을지언정 울타리라고 부를 수는 없는 것이다.

그러므로 한국인의 뒷동산에 대한 애정과 욕구는 근대 이후 박탈된 생체적 공동체, 혹은 울타리에 대한 그리움의 무의식적 표현일지도 모른다. 건강을 위해서라고 모두들 합창하듯 등산하는 이유를 둘러대지만, 어스름녘 산을 내려오는 사람들의, 술로 불콰해진 얼굴을 보노라면 꼭 그런 것 같지는 않다. 오히려 그들은 산 아래, 그 치열한 생존경쟁의 공간에서는 얻지 못할 인간관계를 찾아서 매일매일 산을 찾는다. 산에 오르니 순해진 마음에 만나는 사람과 허물없이 인사를 나누고, 산막 막걸리집에서 누구랄 것도 없이 어깨만 부딪히면 잔을 건네고, 자식 자랑에 나라 걱정을 곁들인다.

세상의 어느 나라에도 이런 풍경은 없다. 오로지 한국 사람들만이 자신들의 찢어진 공동체적 연대감을 이렇게 치유한다. 슬프게도!

## 뒷동산의 두 정서

우리 뒷동산의 정서를 가장 잘 표현하고 있는 노래는 이은상의 시에 붙인 홍난파의 〈옛 동산에 올라〉이다. 개인적 취향이겠지만, 즐거움보다는 슬픔의 정조가 대상을 안아들이는 힘이 더 강한 듯하다. 그런 이유로 이 곡은 바리톤이라도 오현명 씨 같은 저음역대 바리톤 가수가 부르는 게 더 가슴에 와 닿는다.

　내 놀던 옛 동산에 오늘 와 다시 서니
　산천의구(山川依舊)란 말 옛 시인의 허사로고
　예 섰던 그 큰 소나무 베어 지고 없구료
　지팡이 도로 짚고 산기슭 돌아서니
　어느 해 풍우엔지 사태 져 무너지고
　그 흙에 새 솔이 나서 키를 재려 하는구료

이런 노래가 뒷동산에 대한 우리의 정서를 잘 표현하고 있다면, 『악인』은 이와 너무 다른 정서를 드러낸다. 요시다 슈이치(吉田修一)의 장편소설 『악인』은 2007년 일본을 뜨겁게 달군 문제작이었고 영화로 제작되기도 했는데(소설과 영화는 그 즉시 한국어로 번역되어 출간, 상영되었다), 이 작품의 가장 핵심적 장소가 후쿠오카시와 사가현을 잇는(혹은 가로막는) 세후리산의 미쓰세 고개이다. 사건은 이 고개에 버려져 있는 한 여성의 죽음으로부터 출발해 이것의 원인을 파헤치는 추리물의 형식을 취하고 있다. 아마도 근대 일본인들의 내면에 저장되어 있는 산의 이미지는 대체로 이런 것일 터이다. 동네를 이어주는 장소이기보다는 가로막고 있고, 누군가 버려져 죽음에 이른다 해도 하등 이상할 것 없는 외지고 무서운 곳.

게다가 일본에선 산나물로 오로지 고사리만을 먹는데, 이 사실은 그들에게 산이 우리와 달리 먹거리의 공급처가 아니었음을 말해준다. 고생대 지형으로 오랜 풍화작용을 거쳐 둥글고 낮아진 우리의 산과 달리 일본의 산은 신생대 조산활동을 통해 생성되어 거칠고 가파른 산세 때문에 접근이

용이하지 않았을 뿐더러 식생도 그다지 다양하지 못해 친근한 대상이 되기 어려웠다. 그 때문에 일본인에게 산은 우리보다 심리적 거리가 멀어, 종교적 숭배의 대상, 신토(神土)의 영역으로 자리매김해 왔다. 산에 대한 일본인의 이러한 태도를 가장 잘 반영하고 있는 현대적 사사물 중의 하나가 우루시바라 유키가 작화한 『충사(蟲師)』인데, 이 만화에서 벌레(むし)는 신계(神界)처럼 인간계와 독립되어 존재하며, 주로 산에서 발흥해 오묘한 힘으로 가끔 인간계와 혼융하는 것으로 그려진다. 매우 특이한 발상임에는 분명하지만, 이러한 발상도 산이라는 신토의 영역에 대한 일본인의 경외심을 떠나서는 이해하기 힘든 것이라 할 수 있다.

## 뒷동산은 누구의 소유인가?

이런 차원에서 일제강점 초기, 약 10년 동안 국가적 사업으로 실시된 '토지조사사업'(1909-1918)은 주목해 볼 충분한 가치가 있다. 토지조사사업은 근대적 기술을 도입해 토지의 소유권과 토지 가격을 조사하고 지적도를 작성하기 위한 것이었지만, 그 이면엔 식민통치를 위한 분명한 정치적 의도가 있었다. 말하자면 토지에 대한 근대적 자료가 있어야 수탈의 기초가 될 행정구역을 분할할 수 있었고, 도로를 내거나 헌병주재소를 설정할 수 있었으며, 뿐만 아니라 거주를 토지와 결부시킴으로써 조세 부과의 안정적 근거를 마련할 수 있었다. 그런데 네 차례에 걸친 토지조사의 결과 일본은 의외의 보너스까지 듬뿍 받게 되었다. 지적도 작성 및 소유자 확인을 위해 자진 신고를 종용(慫慂)했지만, 미신고의 토지는 약 5%, 임야는 약 60%에 달했고, 이것은 조선총독부 소유로 귀속되었고, 동양척식회사 등에 헐값으로 매각되었다. 이민족에 대한 반감 및 절차상의 하자가 이런 결과를 불러왔다고도 할 수 있지만, 이보다 훨씬 중요한 문제가 이 토지조사사업엔 이미 내재되어 있었다. 그것은 소유라는 개념 그 자체의 변화다. 말하자면 '뒷산과 앞산은 누구의 것인가?', '문중의 땅, 혹은 마을 전체의 공유지는 누구의 소유인가?'의 질문에 대한 답은 당시의 일본 총독부 측과 조선인 사이에 전적으로 다른 것이었다. 뒷산과 앞산 및 공유지 등이 개인의 소유 여부를 떠나 공동체 자치를 위한 필수적 요건임을 감안하다면, 이를 인정하지 않고 모든 소유를 개인이라는 최소단위에 귀속시킨다는 것은 공동체의 파괴를 넘어 일제의 이런 만행에 저항할 물질적 기반 자체가 아예 와해된다는 것을 의미했다. 더 중요한 문제는 해방이 되고 지금에 이르기까지 일제를 대체한 어떠한 국가통치기구도 이 문제를 전혀 심각하게 고려해 오지 않았다는 사실이다.

## 통치와 마을 공동체의 자치력

도쿠가와 막부는 정치·사회적인 면에서 매우 엄격하다 할 만큼 통치체제를 강화했지만, 마을공동체에 대해서는 상대적으로 자율성을 부여했다. 농민들이 정치 세력화 되는 것을 원천적으로 봉쇄하기 위해 여행과 도시로의 이주를 제한하고, 주민들의 사찰 등록을 의무화하기도 했지만, 이 밖의 행위에 대해서는 느슨하다 할 만큼 자율을 허용했다. 특히 조세의 방식은 이런 차원에서 주목할 만하다. 메이지유신 이전 약 260년을 전쟁 없이 통치해 온 도쿠가와 막부 체제는 조세 대상을 개인이 아니라 마을 단위에 두었다. 이는 세금만 잘 낸다면 마을은 통제의 대상이 아니었다는 뜻이고, 마을은 외부의 개입 없이 자치력을 유지할 수 있었다는 뜻이다. 그리고 근대 체제로의 전환 이후에도 이 자치력은 대체로 유지되었다고 볼 수 있다. 그 때문에 식민통치자들은 식민지 경영에도 이를 일부 반영하곤 했는데, 예를 들면 중일전쟁(1937) 이후 조선에 극심한 공출이 자행되었을 때조차 부역과 정신대 및 다양한 공출은 개인을 호명하는 대신 마을 단위로 부과되곤 했다.

## 판적봉환(版籍奉還)과 폐번치현(廢藩置縣)

1869년 메이지 체제는 판적봉환(版籍奉還, 한세키호칸)이라 하여 번주들의 영지를 자발적으로 천황에게 반납하도록 했고, 2년 후(1871)엔 폐번치현(廢藩置縣, 하이한치켄)이라 하여 280개의 번을 72개의 현으로 줄여 근대적 행정체제의 기초를 마련했다. 후쿠오카번과 하카타번의 통합도 이 시기에 이루어진 것이다. 번의 폐지는 쇼군과 다이묘가 사는 성(城), 그리고 무사 계급, 상공업에 종사하는 사람들이 사는 조카마치(城下町: 성 아래 마을)를 통합함으로써 신분을 통합하는 조치였다. 왕족과 다이묘는 귀족(華族)으로, 무사 계급(士族, 卒族), 농민과 상공업자 등은 천민과 함께 평민(平民 헤이민)으로 평등화(四民平等 시민보도)하였다. 사농공상 차별 제도가 폐지되고 지배계급과 피지배계급으로 이원화됨으로써 피지배계급에게는 '평등하게' 납세의 의무, 병역의 의무가 주어졌다. 이름만 남게 된 무사계급은 이제까지 누리던 모든 특권을 박탈당하고 평민과 같이 농사를 짓거나 장사를 해야 살 수 있게 되었다. 메이지 유신은 행정구역 개혁과 함께 왕족과 다이묘를 귀족으로 흡수하되 무사계급을 철저히 고립시킴으로써 강력한 중앙집권체제를 강화해 나갔다.

## 청년없는 농촌청년 운동

애초에 4H클럽은 미국 사회가 공업화되면서 공동화되기 시작한 농촌을 부흥시키기 위한 젊은이들의 활동으로부터 시작되었다. 제2차 세계대전 이후 미국은 원조국에 4H클럽 출신의 고문단을 파견하면서 세계적으로 확산되었는데 1957년 미국의 대(對)한국 원조가 구호에서 경제 안정·부흥으로 방향을 전환하면서 한국의 4H클럽 운동은 급물살을 타기 시작했다. 학교와 부락을 단위로 클럽마다 지도사 각 1명에 10세에서 20세 사이 소년 소녀로 구성된 4H클럽은 당시 이제 막 박차가 가해지던 근대화로 인

1970년대까지만 해도 각 읍, 면 혹은 시, 군 단위마다 4H클럽을 상징하는 네잎클로버 간판이 내걸려 있었다. 네잎클로버는 각각 명석한 생각(HEAD), 충성스런 마음(HEART), 봉사하는 손(HAND), 잘 살기 위한 건강(HEALTH)를 상징한다.

해 급속히 공동화되고 있던 농촌의 청년들에게 새로운 비전을 제공하기도 했다. 그럼에도 이 청년운동을 긍정적으로만 평가하기 어려운 것은 지나친 국가 개입으로 말미암아 원래 이 운동이 가지고 있던 자치 공동체 회복이라는 목표가 왜곡되기 일쑤였기 때문이다. 지금도 농촌 마을 입구엔 크로버 문양의 4H클럽 마크가 입석으로 세워져 있는 것을 종종 보게 된다. 이미 농촌엔 청년이란 청년은 씨가 말라버렸는데…….

## 동네 만들기와 정내회

21세기를 살아가고 있는 현재의 우리는 그 어느 세대도 구체적인 마을 공동체를 실감해 본 경험이 절대적으로 부족하기 때문에 동네의 주소명이 일괄적으로 바뀐다거나 선거구가 분할·통합된다고 해서 큰 저항이 발생하지 않는다. 마을 공동체의 응집력이 거의 존재하지 않기 때문에 자신의 동네를 OO1동이라 부르든 OO2동이라 부르든 무관하고 OO1동과 OO2동의 경계엔 관심조차 없다. 하지만 동네 복지기금이 하나의 마을을 대상으로 부과되고 이 분배가 동네사람들의 의사 결정에 맡겨진다면 어떨까? 그리고 축제(마츠리)가 관이나 이익집단이 아니라 신사라는 자치기구에 의해 운영된다면? 일찍이 일본 사회에서는 '정내회(町内會)'라고 하는 지역 자치조직을 통해 주민 공동의 관심사를 다루어 왔다. 정내회는 상호 연락, 집회소 유지, 시구정촌에 진정, 주민복지 등 기초자치단체의 행정보조 기능 역할뿐만 아니라 축제(마츠리 祭り, 봉오도리 盆踊り), 경로회, 성인식, 어린이회 등의 행사, 경조사 상호부조, 문화 활동, 방범, 사회복지 활동을 수행하고 있다. 우리의 반상회가 국가행정의 하부조직으로 관의 명령을 하달하는 조직이라는 사실과 비교해 보면 정내회는 주민의 자발성으로 복지, 교육, 치안에 적극적으로 개입하는 진정한 풀뿌리 지역 조직이라 할 수 있다.

아
소
산
과
한
라
산

제주도가 자연의 품을 헐어

이익을 얻고 있다면,

아소는 자연의 품으로 사람들의 생을

안아 들이고 있다는 느낌을 받는다.

한 지붕 가족들이 함께 여행을 떠난다 해서 모두 동일한 기대를 가지고 동일한 것을 보고 오는 건 아니다. 이번 아소산 여행은 특히 더 그러했다. 목표를 아소산으로 결정하는 데까지는 의견이 일치했지만, 막상 드넓은 아소에 도착하고서는 이곳을 향유하는 방법에서 개인차가 아주 컸다. 딸아이는 이곳에서 미야자키 하야오 감독의 〈모노노케 히메〉의 절망적 실존의 흔적을 찾고자 했고, 아내는 드넓은 초원이 발산하는 생명력에 이끌렸고, 나는 화산석으로 이루어진 이 척박한 땅에서 살아가는 인간들의 역사에 마음이 쏠렸다. 이런 시선의 차이들은 여행의 피로가 누적될수록 자잘한 갈등들을 빚는다. 화산박물관을 앞에 두고 들어갈 것인지 말 것인지를 놓고 실랑이를 벌이고, 잠시 머물자며 차를 세운 심심한 초원 속에서 너무 멀리 가버린 아내를 기다리면서 툴툴댄다.

하지만 이 다양한 기대와 시선을 모두 허락하고 수용하는 것 또한 아소산이다. 모두 5개의 봉우리로 에둘러진 하나의 거대한 냄비 모양의 아소는 한쪽에서

아소산 다이칸보(大觀峰)에서 바라본 아소 시내와 아소 오악(五岳)

는 아직도 화산활동이 계속되고 있는 반면 다른 한쪽에서는 화산 분화구 속에서 농사를 짓고 있는, 매우 특이한 장소이다. 흔히 제주도의 백록담을 칼데라호라고 부르지만 동서와 남북의 지름이 각각 500m와 600m에 불과한 데 비해 이곳 아소는 그 지름이 각각 24km와 18km에 달하니, 분화구 안의 퇴적층에서 농사를 짓고 그 위에서 도시를 형성하는 게 가능했던 것이다. 동일한 화산지형이면서도 제주도가 분화구를 정점으로 삿갓의 모양을 띠고 있다면 아소는 하나의 거대한 냄비 형태를 띠고 있다. 그 결과 용수의 양태도 매우 달라 제주도의 땅은 내리는 비를 머금고 있지 못해 논농사가 가능하지 않았던 반면 퇴적이 용이한 아소에서는 오래 전부터 논농사로 삶이 유지되어 왔다.

이 차이 때문만은 아니겠지만 아소산이 부여하는 인상은 제주도와 완연히 다르다는 걸 느끼게 된다. 경제적 이익만 얻을 수 있다면 무엇이든 하겠다고 덤벼드는 게 오늘날 우리들의 세태이긴 하지만, 한마디로 제주도가 자연의 품을 헐

어 이익을 얻고 있다면, 아소는 자
연의 품으로 사람들의 생을 안아
들이고 있다는 느낌을 받는다. 그
것은 아마도 이 두 지역이 천혜의
자연 경관을 관광자원화하는 방
식의 차이에서 비롯되는 것일 터
이다.

　자연을 관광의 대상으로 제시
한다는 건 필연적으로 많은 사람
들의 발길을 허락하는 일이고 더
불어 그들이 머물 많은 기반 시설
과 편의시설을 제공한다는 것을
의미한다. 누구나 다 알고 있듯 제
주도에 관광 붐이 조성된 건 70년
대 말부터이고, 이는 국가독점 자
본에 의해 주도된 경제적 성장이
그 반대급부로 지불한 민주주의
의 억압을 매우 대중적인 차원에
서 해소하기 위한 것이었다. 말하
자면 정치적 억압과 고된 노동으
로부터의 일탈을 양성화하는 장
소로 제공된 곳이 제주도였다는
뜻이고, 그랬기 때문에 제주도의

한라산이 그렇듯 화산토 초지는 마소들이 살아가기
에 매우 좋은 환경이다. 말들 뒤로 멀리 아소의 품
에서 살아가는 마을이 보인다.

분화구의 규모가 워낙 커서 분화구 속에서 농사지으
며 정착했던 사람들의 도시가 아소시이다.

아소산의 봄. 4월이 되자 논에 물을 대기 위해 분주
하다.

아소산 일주도로.
제주도의 중산간도로를 달리는 기분이지만,
규모는 제주도의 서너 배는 될 듯하다.

아소산의 대표 선수 격인
삼나무(스기) 숲 너머로
보이는 쿠사센리.

아소의 명물인 꾸지 징식. 어묵·토란
·두부·피망·산천어를 꼬챙이에
꽂아 천천히 숯불에 구워먹는다.

자연과 그 지역주민들에 대한 정치적 배려는 애당초 배제될 수밖에 없었다.

아소의 드넓은 초원엔 공공시설물 외에 어떠한 시설물도 찾아보기 어렵다. 뿐만 아니라 많은 관광객들의 발길이 끊이지 않지만 이들은 그저 자연 경관 자체를 즐기고 돌아가는 것으로 충분히 만족해 한다. 이는 제주도를 찾는 사람들의 관광 행태와는 사뭇 다른 것이다. 관광이 정치적으로 이용되어 그렇게 길들여진 우리들에게 관광지는 일상의 억압을 해소하는 욕망의 해방구일 뿐이다. 그러기에 화산지형의 지질학적 가치나 이 땅 위에서 일구어온 인간들의 삶의 역사는 그들로부터 너무 멀리 있다. 아소가 넉넉하다고 느껴지는 건, 그러므로 땅의 문제가 아니라 그 땅을 대하는 사람들의 마음가짐에서부터 오는 것 아닌가.

쿠사센리(草千里)의 안개. 나무가 자랄 수 없어 초지만 가득하니, 붙여진 이름인 모양이다. 쿠사센리도 일종의 기생 화산 분화구인데 여름철에 말을 방목하여 키운다. 안개가 극심한 날, 형체 없이 들려오는 말발굽 소리는 마치 저승사자가 다가오는 소리 같다.

기생오름인 고메츠카(米塚).
하늘에서 쌀을 내려줘 가득 쌓인 모습 같다고 해서 붙여진 이름.
잦은 비 때문에 오름이 유실될까 해서 만들어 놓은
배수로가 마치 탯줄 같다.

## 칼데라와 분화구

칼데라의 사전적 정의는, 강렬한 폭발에 의하여 화산
의 분화구 주변이 붕괴·함몰되면서 생긴, 대규모의
원형 또는 말발굽 모양의 우묵한 곳이고, 지름 1km
이상일 때 붙여지는 명칭이다. 이런 정의대로라면 아
소산은 칼데라이고, 한라산의 백록담은 분화구라 부르
는 것이 맞다. 아소산은 지금도 화산활동을 계속하고
있는 세계 최대 규모의 칼데라이고, 일기가 좋은 날은
지근에서 화구의 용암활동을 볼 수도 있다. 후쿠오카
에서 크게 먼 거리에 있지 않아 이 신비한 땅을 여러 번
찾아갔는데, 갈 때마다 아소산은 매우 다른 색깔로 우
리를 맞아주곤 했다. 하지만 이중에서도 가장 인상적
인 경험은 단연 철쭉 축제 때였다. 풀조차 자랄 수 없는
검은 화산토 위에 드문드문 자라고 있던 키 작은 철쭉
이 구릉 가득 꽃을 피워놓은 걸 보면, 눈시울부터 붉어
진다. '핀다'는 말이 무색하게 불어대는 척박한 바람 때
문에 마치 게워낸 것 같다. 삶이.

아소의 키 작은 철쭉.
5월이면 철쭉제가 열린다.

아소산 분화구. 바람의 방향이 바뀌
어 수증기가 걷히면 에메랄드빛 용
암수가 민낯을 드러내기도 한다.

## 제주도의 품이 가진 크기는 어느 정도일까?

제주도는 연 1,000만 명의 관광객이 방문하는, 대한
민국 최고의 관광지이다. 신비한 풍경을 간직하고 있
을 뿐 아니라 한라산과 거문오름, 성산 일출봉이 유네
스코 세계자연유산으로 등재된 보존해야 할 땅이기도
하다.
한 때는 궁벽한 지질 때문에 농사도 힘들어 사람들이
살아가기 좋은 곳은 아니었지만, 고도성장기인 1970
년대 말부터 본격적으로 관광 상품화 되면서 돈이 넘

성산일출봉

강정마을 공사현장.
강정마을 '구럼비'는 강정마을
의 상징이 되는, 폭이 1.2km
의 바위를 말한다. 이 바위는
한 덩어리로 이루어져 있어 세
계적인 희귀지형으로 평가받고
있고, 그 위로 용천수가 솟아
나 국내 유일의 바위 습지가 형
성되어 있다. 이렇게 귀한 생태
학적 가치가 지금 해군 기지 공
사로 폭파되고 있다. 멀지 않
은 미래에 이 행위는 정말 어처
구니없는 짓이었다고 비난받을
게 뻔한데도 왜 우린 이를 저지
할 수 없는 것일까.

이 자리에 서면 늘 구럼비가 보
였다. 그런데 이제 구럼비는 펜
스에 가려 보이지 않는다.

강정마을에서 바라본 겨울 한라산

처나는 땅이 되었다(문제는 이 돈이 누구의 주머니로 들어
가느냐의 문제겠지만). 고도성장의 그늘에서 일상의 고단
한 삶과 노동은 휴식과 재충전을 필요로 했고, 이에 제주도
는 넉넉한 품으로 이들을 감싸 안았던 덕분이다. 돌이켜보
면 제주도의 넉넉한 품은 생각보다 훨씬 넓고 컸던 것 같다.
4·3의 고통을 안아들이기 시작하면서부터 열린 이 품은 지
친 노동자도 안고, 골프 치는 사장도 안고, 그리고 마침내
는 해군기지까지 안게 되었다.

제주도 민중의 3분의 1이 희생된 4·3사건은 1948년 4월
3일부터 1954년 9월 21일까지, 토벌대 활동지였던 한라
산이 금족(禁足)지역에서 풀려남으로써 7년 7개월 만에 종
결되었다. 당시 미군정은 제주도를 '붉은섬(Red Island)'으
로 규정하고, 제주도 인구의 70%가 남한 단독선거와 단독
정부 수립을 반대하는 좌익 동조자라고 말하며, 제주지역
민들을 학살하였다. 그리고 2012년 3월 7일 강정마을 구
럼비 해안은 해군기지 설립을 위해 첫 발파 작업이 시작되
었다. 강정 앞바다는 유네스코 지정의 '생물권 보존지역'이
며, '절대보전지역'이다. 정부는 해군기지의 설립 이유를 국
가안보와 함께, 크루즈가 정박하면서 발생하는 경제적 이
윤 창출을 대고 있다.

지금도 많은 사람들이 공사 중단을 외치며 저
지 운동을 벌이고 있고, 한라산은 묵묵히 이
를 지켜보고 있다. 제주도의 품은 도대체 얼
마나 넓은 것일까. 너무 많은 새끼를 낳아 제
살과 피를 다 나눠준 늙은 어미 개처럼 어느
날 문득 지쳐 쓰러지는 것은 아닐까. 아마도
그렇겠지….

# 이마리 도자기 공방 마을,
## 오카와치야마 大川內山

오카와치야마는 한 마디로 정갈하다.
무엇이든 있어야 할 곳에 있고,
과장된 느낌도 작위적인 느낌도 없다.

일본 생활이 지속될수록 어지럼증은 점점 심해져 간다. 마음은, 눈에 보이는 이 정갈하고 평온한 일상에 젖어드는데, 의식은 자주 예민해져 떠나온 땅의 이야기에 흔들린다. 세상의 사물과 일들이 모두 제 나름의 길이 있고 방향이 있으니 만나 부딪히고 싸우는 일이야 다반사이겠지만, 돌아보면 그런 갈등이 또 생의 힘이기도 했으니, 마음이 정신을 다독이지 못할 땐 물러나 시간의 나이테를 들여다봐야 한다. 삶의 얼룩들, 그러나 그것이 키워 온 삶의 부피를.

하여 떠나온 것이 사가현佐賀縣의 이마리伊万里 도자기 공방마을, 오카와치야마였다. 구로가미산黑髮山이 깎아지른 벼랑으로 마을을 에두르고 있는 이곳. 4월이었고 봄은 생기로 가득 차 있었지만, 굳이 이곳으로 발길을 옮긴 건, 400여 년의 세월 동안 이민족으로서의 고려인이 견뎌낸 삶의 빛깔을 구경할 수 있을까, 해서였다.

4월의 매우梅雨로 오카와치야마에서는 간간히 비가 내리곤 했다. 정유재란 당시 조선에서 잡아온 도공들의 기술을 독점하기 위해, 그리고 도자기를 빚을 백토 광산(백토 광산-이즈미야마는 이곳에서 약 한 시간 거리에 있다)과의 거리를 고려하여 가장 후미진 곳을 선택하여 조성된 마을이 오카와치야마다. 지금도 세계적으로 이름을 얻고 있는 아리타有田도자기의 한 지류이지만, 오카와치야마의 도자기는 전형적인 아리타 도자기와는 표현하는 바가 약간 달라 보인다. 명징한 원색을 화려하게 표현한 아리타 도자기가, 이미 얻

정유재란 당시 붙잡혀 와 일본의 도자기 예술에 한평생을 바친 조선 도공들 중 연고 없이 사망한 이들의 넋을 기리기 위해 이 마을 후손들이 세운 〈무연고 고려인의 묘비〉.

은 명성으로 인해 자신의 모습을 바꾸는 게 쉽지 않아 전형화되어 있다면 오카와치야마 도자기는 그 화려한 색감을 피하면서 오히려 일상의 수수함을 받아들인 느낌이다.

원래 아리타도자기는 명청 교체기에 중국과의 도자기 교역이 불가능해지자 동인도회사 상인들이 그 대안으로 선택한 것이었고, 그 때문에 아리타도자기는 유럽인의 취향에 의해 형태와 색이 결정되었다. 1675년에 문을 연 오카와치야마의 이 공방마을은 사가번의 나베시마鍋島 번주의 감시와 보호 속에서 최상품의 유럽 수출용 및 황실 진상용 도자기를 빚어왔다. 하지만 지금 우리가 오카와치야마에서 만나는 도자기는 이와 다소 다르다. 유럽 시장이 좁아지고 오히려 내수 시장이 커지자 새로운 요구를 반영하여 형태와 색감을 모색한 결과일 것이다. 이런 생각이 옳은 것이라면, 우리가 우선적으로 봐야 할 것은 도자기가 아니라 이들의 일상의 모습이지 싶다. 그래서 난 화려한 금빛을 버리고 더 너그럽게 자연의 색을 받아들인 그들의 삶을 향해, 슬그머니 공방 전시장을 나와 카메라를 둘러메고 나선다.

공방 입구에 서면, 공방인지 화원인지 구분이 가질 않는다. 그리고 이곳을 찾는 많은 일본인들이 도자기를 구경하러 이곳에 오는 건 아니지 싶다. 꽃과 도자기의 구분이 무의미해지는 장소. 그곳이 오카와치야마다.

오카와치야마는 한 마디로 정갈하다. 무엇이든 있어야 할 곳에 있고, 과장된 느낌도 작위적인 느낌도 없다. 봄기운에 못 이겨 화훼단지에서 사온 꽃들을 시들자마자 잊어버리거나 천덕꾸러기로 방치해 버리는 우리들의 아파트 화단과는 달리 이곳의 가로와 뜰은 생동하는 꽃들로 인해 비로소 재생한다. 누군가가 식물을 키우고 있다는 느낌이 아니라 식물들이 사람들을 보듬고 있다는 느낌이고, 집을 꾸미기 위해 꽃을 피우는 게 아니라 꽃을 피우면서 따뜻하고 평온한 심성을 허락 받고 있는 느낌.

마을 주차장에서 뒷동산 공원을 돌아 바삐 마을을 한 바퀴 구경하는 데 소요되는 시간은 50분. 여기에 마을길을 따라 늘어선 마흔 여 개의 공방과 도자기 전시장 중 대여섯 군데를 골라 눈요기라도 하려면 서너 시간. 나처럼 슬렁슬렁 마을의 누적된 시간까지 들춰볼 양이면 한 나절로도 바쁘다. 추적추적 비가 내려 비에 젖을 카메라가 걱정되긴 했지만 손이 둘뿐이니 우산을 거두고 창 넓은 모자를 푹 눌러쓰고 옷섶에 카메라를 감춘 채 천천히 걷는다.

꽃이 있어 아름다운 것이 아니라 있어야 할 곳에 꽃이 있으니 아름답다. 제법 가파른 경사를 따라 조성된 마을이라 낮은 축대 위에 공방과 가게들이 있고, 이 축대를 경계 삼아 이곳의 사람들은 자신들의 일상적 동선을 단속한다. 최소한의 주거공간 안에 손바닥만한 주차공간을 마련하고 처마 폭을 이용해 쪽마루를 내고 그리곤 집 벽을 따라 작은 꽃들과 화분들을 놓고 키운다. 오카와치야마 도자기가 아리타 도자기의 풍을 따르면서도 과하고 화려하게 자신을 드러내지 않는 건 이 마을의 지세와 무관하지 않을 듯도 하다. 은밀하게 감춰지고 고립된 땅이었고, 좁다고 넓힐 수도 없는 감금된 장소(섬나라 일본이라는 나라 자체가 이런 정서를 태생적으로 안고 있기도 하지만). 이곳에서 그들은 작은 꽃들을 키워내고 그것을 도자기에 새겨 넣는다. 그러니 이곳 사람들은 도자기에 꽃을 그렸

작은 우물에 푸른 그림자를 드리운 조팝나무꽃.
수백 년 전 조선 도공들이 빚었던 백자에
스민 푸른 빛이 저런 것이었을까.

던 것이 아니라 꽃을 담기 위해 도자기를 구웠을 터이고, 그들의 도자기는 장식품이 되기보다는 그렇게 생활 속에 남는 쪽을 택했던 듯하다.

어두워질 무렵, 카메라보다 훨씬 깊이 오카와치야마의 봄을 마음에 담고 우레시노를 향해 떠났다. 운전하는 내내 무연고 고려인의 묘를 생각한다. 전쟁의 포로로 잡혀온 도공들은 자신의 고향이 있던 현해탄 너머의 땅을 어떻게 이해했을까. 잡아온 사람들이 그들을 고려인으로 불렀으니 이민족임엔 분명하지만, 태어난 고향이 있을 뿐 자신을 천인이라 천대했던 그 땅에 대한 그들의 망향의 정이란 도대체 어떤 것이었을까. 정체를 알 수 없지만 근원적인 것이고, 근원적이니 일상에신 묻힐 수밖에 없는 그 생의 얼룩들이 방금 본 도자기들일 터, 그렇다면 지금의 나는 그 아름다움을 어디다 담아온 것일까.

역사는 흘러 내 것은 네 것이 되고, 때론 네 것이 내 안에서 살기도 한다. 분별의 힘은 크고 강하지만, 또한 분별은 지혜의 눈을 가리기도 한다. 그러니 내 안에서 자라는 분별의 힘을 경계하고 또 경계할 일이다.

## 임진왜란(분로쿠노에키, 文祿の役)이 아닌 도자기 전쟁

오다 노부나가(織田信長)의 천하통일과 갑작스러운 피살로 도요토미 히데요시(豊臣秀吉)가 정권을 장악했지만, 전국시대라는 난세를 통해 생겨난 많은 지방 다이묘는 여전히 문젯거리로 남아 있었다. 정략가로 알려진 히데요시의 정치적 수완이 이들의 숨을 죽이는 데는 성공했지만, 들끓는 군사적 에너지 자체를 소멸시킬 수 없다고 판단하여, 히데요시는, 이 에너지에 방향성을 제공하는 것으로 문제를 해결하려 했다. 이것이 1592년의 임진왜란(일본식 명칭은 분로쿠노에키)이고 1597년의 정유재란(게이초노에키)이다.

임진왜란과 정유재란 당시 많은 조선의 도공들이 각처에서 포로로 잡혀 왔다는 것은 이미 잘 알려진 사실이다. 하지만 전리품으로서의 이 도공들의 소유자는 누구였을까. 당시 이미 중앙집권을 이룬 조선이었다면 전리품은 국가—왕의 소유였겠지만, 다이묘들의 군사 및 경제의 독립성이 여전히 강하게 유지되고 있었던 당시의 일본으로서는 전쟁에 참여한 다이묘 개인의 소유로 남았다. 말하자면 다이묘들이 전쟁에 참여할 강한 동기 중의 하나가 전리품이었고, 특히 큐슈 지방의 다이묘들은 이 전쟁을 도자기 전쟁으로 이해했다고도 할 수 있다. 일본 도자기가 거의 전적으로 큐슈를 중심으로 발전했던 것도 이 지역의 다이묘들이 도자기의 상품적 가치에 일찌감치 눈을 떴기 때문이다. 물론 이런 혜안이 가능했던 건 나가사키와 카라츠를 중심으로 한 이 지역이 외부와의 활발한 접촉 덕분일 것이다.

심수관요의 망향비

잡혀 온 조선 도공들의 삶이 지금까지 전해져 올 수 있었던 건 도자기와 함께 한 그들의 장인으로서의 성공적 삶 때문이다. 아리타야키를 연 사가번의 이삼평과 박평의가 그렇고, 사츠마야키를 연 사츠마번의 심당길(12대 심수관)이 그렇다. 하지만 이 외에도 큐슈 지역 곳곳에 조선 도공들의 명맥을 기록하고 있는 많은 가마들

심수관요 가마

'唐津'이라 쓰고 '카라츠'라고 읽는 사가현의 이 작은 도시는 한국과 여러 모로 연관이 깊다. 카라츠항 바닷가에 가면 부유하는 비닐쓰레기는 거의 다 한국어로 된 것이니, 한국의 남쪽바다에서 돛단배를 타고 해류를 따라오면 저절로 이곳에 도착하게 된다는 뜻일 터. 그 때문에 이곳은 임진왜란 당시 조선으로 보낼 병력을 집결한 히젠 나고야성이 있던 곳이고, 조선 도공들이 처음으로 밟은 땅이고, 그리하여 도자기 항구로 이름을 떨친 곳이다. 일본인들에게 물어보니, '唐津'이라 쓸 때의 이 '唐'이 의미하는 바가 당나라나 중국만이 아니라 고려나 조선까지를 아우르는 단어란다.

이 있다. 내가 거주하고 있던 니시진에도 타카토리가마(高取窯)가 있고 이 가마가 게이초노에키 때 일본에 온 조선 도공들에 의해 만들어졌다는 걸 안내판에 자랑스럽게 써놓고 있다.

이야기를 조금 더 보태 보자면, 우리가 흔히 이마리도자기, 카라츠(唐津)도자기라고 부르는 것들은 가마의 브랜드로 부르는 아리타야키, 사츠마야키 등과는 달리, 집산지로서의 항구 이름을 따부른 것이다. 마치 브라질 산토스, 예멘 모카 등의 커피 이름이 집산지로서의 항구 명을 따른 것과 같은 이치다. 그러니까 후쿠오카의 타카토리야키는 카라츠야키인 셈이다. 그리고 일전에 남원에 갔다가 가고시마에 있는 심수관요에서 기증한 사츠마야키 몇 점을 만났다. 사츠마야키를 연심당길의 고향이 남원이어서 가능했던 모양이다. 남원 지자체에서 춘향테마파크 내에 심수관 도예 전시관을 짓고 거기에 작품 십여 점을 상설 전시하고 있다.

후쿠오카 니시진에 있는
타카토리 가마.

남자 몸의 권력

온천은 벌거벗은 남자의 몸이 어떻게 권력의 기호가 되는지,
그리고 그런 권력이 지금 일본에서 어떻게
변화해 가는지를 아주 분명하게 보여주는 인상적인 장소이다.

일본 생활이 주는 가장 큰 즐거움은 단연코 온천욕이다. 시내에도 온천은 허다히 있지만, 제대로 된 온천을 만나려면 시내를 살짝 벗어나야 한다. 온천의 진수는 당연히 노천온천에 있으니, 시내의 온천이 아무리 좋은 온천수를 제공한다 해도 노천탕이 없고서야 앙꼬 없는 찐빵일 뿐이다.

노천욕은 현대인에게 아주 특이한 경험을 제공한다. 노천탕이란 게 어차피 사람의 시선을 피해야 하니 자연을 품어야 하고, 자연의 품속에 안기는 일이 곧 도시의 삶에 지친 몸과 마음을 정화하는 것이니, 현대인에게 이보다 더 좋은 치료제는 없다. 특히 눈 오는 날이나 한여름의 노천욕은, 상투적이기 짝이 없는 표현이지만, 신선이 되는 느낌이다. 그만큼 세상의 온갖 잡사가 멀어진다. 옷 속에, 폐쇄된 실내에 감금되었던 알몸을 세상 밖으로 끌어내는 일이고, 그 부끄러운 몸 위로 따가운 햇살이나 비, 혹은 눈의 기운이 내려앉으면, 누구든 한순간, 문명인이 되기 위해 숨겨왔던 것들이 정작 내 영혼의 주인이었음을 알게 된다.

센고쿠노사토의 전면

토요일은 우리 가족에게 일주일의 묵은 때를 벗기는 날이다. 느지막하게 일어나 아침을 지어먹고 집안 청소를 말끔히 해치운 후, 차를 몰고 세후리야마 등산로 초입에 있는 타키노유滝の湯나 이쿠라 근처의 센고쿠노사토千石の郷를 찾곤 했다. 사실 센고쿠노사토는 너무 인공적이어서 작고 아담한 타키노유에 마음을 흠뻑 빼앗겼었는데, 아쉽게도 여름이 오면서 유가 인상을 이유로 문을 닫아버려 울며 겨자 먹기로 센고쿠노사토의 단골이 되었다. 센고쿠노사토는 일종의 대형 료칸旅館인데, 삼나무로 가득한 산 중턱에 터를 잡아 조용할 뿐 아니라 후쿠오카타워가 있는 모모치 시사이드를 한눈에 품고 있어 보는 이의 눈을 늘 시원하게 해주었다.

료칸의 규모는 매우 다양해서 전국 체인으로 운영되는 5성급에서부터 동네 한적한 곳에서 가족의 손을 빌려 두어개의 객실로 운영되는 아주 작은 것까지 있지만, 료칸의 시설이 좋다고 온천이 좋은 건 아니다. 쿠로가와의 니시무라 료칸의 이 노천탕은 편의 시설은 전무하지만 질박한 정취가 아주 그만이다. 비오는 날에는 특히.

하지만 이곳은, 나에게 벌거벗은 남자의 몸이 어떻게 권력의 기호가 되는지, 그리고 그런 권력이 지금 일본 사회에서 어떻게 변화해 가고 있는지를 아주 분명하게 보여준 인상적인 장소이기도 했다. 사실 인상적이란 표현은 시간이 많이 지난 후에 정리된 느낌이고, 맨 처음 이 센고쿠노사토의 주차장에 차를 세우는 순간 받았던 느낌은, 오로지 황당함이라는 말로 밖에 설명이 안 된다. 식구들과 함께 차에서 내렸을 때, 누구나 그렇듯이, 우리의 눈길이 맨 먼저 닿았던 곳은 당연히 건물이었다. 건물의 전면은 실내가 깊숙이 들여다보이는 통유리로 마감되어 있었는데, 문제는 3층의 온천욕장의 노출된 풍경이었다. 앞서도 말했지만 삼나무 숲 너머로 보이는 모모치 해변 풍광은 아주 뛰어난 것이어서, 하릴없이 그곳을 바라보고 있는, 실오라기 하나 걸치지 않은 채 당당하게 서 있는 남정네들의 알몸이란 한국인으로서는 차라리 외면해야 할 대상이었다.

점입가경이라 했는데, 이 장면은 그저 서주에 불과했다. 청소나 잔심부름을 위해 남탕에 여종업원이 들어온다는 것 정도야 익히 알고 있는 사실이라 쳐도, 좁은 사우나실에 깔개를 교체하기 위해 땀 흘리고 있던 남정네들을 일으켜 세워 한동안 우두커니 구석에서 기다리게 하는 장면이 본론이라면, 피날레는 마침내 탈의장에서 완성되었다. 대여섯 살 먹은 꼬마아이가 종이컵에 받은 물을 들고 오다 여러 군데 마룻바닥을 적셨는데, 이를 청소하는 아주머니에게 보여주는 아이 아빠의 태도야말로 가히 압권이었다. 젊은 아빠는 아주 공손히 아이의 실수를 사과했고 아주머니는 또 이에 대해 매우 공손히 응대했다. 두어 번 서로 허리를 굽혀 형식적인 인사를 끝내고 난 뒤, 그들은 본격적인 수다로 진입했다. 나이가 몇 인지 묻고, 아이가 예쁘다고 칭찬하고, 요즘 젊은 부모들이 아이들을 어떻게 키우는지 등등에 대해 다소 긴 시간 동안 이야기를 주고받았다. 당연히 젊은 아빠는 전라였다.

이런 풍경들을 낯설게 바라보는 것은 당연히 외국인, 특히 한국인일 터이다. 하지만 이 생경함을 문화의 차이라는 한마디로 불식해버리는 것은 그리 현명하지 않을 듯하다. 남성의 알몸이 관리되는 방식은 분명히 한 사회의 환경이나 역사적 요인과 무관하지 않다. 그럼에도 형식 규범 상 이미 남녀평등이 완전히 실현된 지금에 와서까지 이 정도의 생경함을 연출한다는 건 문화라는 말만으론 채 지워지지 않는 무엇인가가 있다. 말하자면 이런 노출 문화가 일본만의 특이

타키노유 계곡에 핀 산딸나무

한 요인으로부터 기인한다 해도, 그것이 유독 남성 권력을 향해서만 구조화되었고, 그것이 지금에 이르기까지 사회적으로 통용되고 있다는 건 일본의 현대 사회가 그만큼 단일하거나 균질적이지는 않다는 것을 반증하는 것이다.

사실상 알몸에 대한 앞선 예는 여성에게는 전혀 해당되지 않는다. 욕탕에서 보여주는 일본 여성들의 몸에 대한 태도는 한국 여성들에 비해 훨씬 억압적이다. 욕탕에서조차 그들은 큰 타월로 온몸을 감싸고 걷고, 탕 속에서의 이동 또한 앉은걸음일 정도다.

센코쿠노사토 뒷편 산책로에 핀 11월의 애기동백

## 몸, 나의 것이 아닌

언제부터인가 우리의 몸, 아니 한국인에게 몸은 전쟁터가 되었다. 남의 나라를 여행하다 보면 공공장소에서 아이에게 젖을 물리고 있는 여성들을 드물지 않게 보게 된다. 30년 전, 우리에게도 낯설지 않았던 이 풍경이 완전히 사라져 버린 그 즈음에 성형수술이 일반인들의 일상적 관심사로 부상하기 시작했다. 아이가 먹는 젖-유방은 감춰지고 대신 남이 봐서 예쁠 가슴과 허벅지는 더 깊이 노출되었다. 예쁘지 않으면 드러낼 수 없는 몸이 되었으며, 자연스러움을 욕망하면서도 자연 그 자체의 부끄러운 민낯은 또 감추어야 했다. 그리고 이에 더 나아가 명품가방과 의류, 자동차와 아파트, 스펙과 학벌까지 부착되면, 그제야 우리는 알게 된다. 우리의 몸은 이미 우리 자신의 소유가 아니라 들끓는 욕망의 전쟁터라는 사실. 말하자면 전쟁터이긴 한데, 청일전쟁과 한국전쟁처럼 내 땅에서 남들이 싸우는 형국이라, 전리품은 거대자본들이 취하고 고통은 오롯이 나에게 남겨진다는 뜻이다. 그리고 중요한 사실은, 지금 이 전쟁이 세상 어느 곳보다 한국에서 가장 치열하게 벌어지고 있다는 것과 이 사실을 한국인들만 모르고 있다는 것.

이쿠라 근처의 센고쿠노사로(千石の郷)

타키노유

## 알몸 '치-즈'

지난번 일본여행에서는 이보다 더 황당한 경험을 했다. 어리숙해 보이는 60대 노인들 너덧 명이 노천탕에 몰려와서는 기념촬영(일종의 인증 샷)을 하다가 급기야는 나에게 카메라를 건네면서 사진을 한 장 찍어 달랬다. 황당하기 짝이 없는 이 광경을 한번 상상해 보시라. 욕탕에 카메라를 들고 들어온다는 것도 괴이한데, 사진을 찍기 위해서는 내가 그들 앞에 전라로 서야 하는 광경을. 우스꽝스럽기 짝이 없는 노릇이었지만, 어쩌겠는가. 로마에 가면 로마법을 따르는 것인데……. 'cheese チーズ' 찰칵!

일본 사회는 불편한 여성들의 시선을 인정하는 대신
자신을 바라보는 남성 자신들의 시선을 강화하고
물신화하는 것으로 현재에 이르렀다.
그렇게 물신화되어 허구적으로 강화된 남성상이 바로 국가,
혹은 천황이라고 유추하는 건 무리일까?

온천 풍경

TV를 켜면 지역방송국에서 보내주는 온천 소개 프로그램을 자주 보게 된다. 이런 프로그램들은 그 분위기가 떠들썩한 게 우리의 '6시 내 고향'과 흡사한데, 여러 명의 연예인들이 출연하여 온갖 재담을 풀어놓고, 직접 온천욕을 하면서 그 느낌을 시청자들에게 날것 그대로 전달해 준다. 하지만 이런 프로를 보면서 무신경해지려 해도 도통 그럴 수 없는 게, 연예인이라는 공인(?)이 공적 매체 앞에서 드러내는 알몸이다. 물론 그렇다고 이들의 알몸이 적나라하게 노출되진 않고 특정 부위는 인위적인 얼룩으로 가려져 있지만, 그렇다 하더라도 출연진이 모두 남자인 건 아니니 TV를 보고 있는 내 눈은 거의 무의식적으로 여성 출연자의 눈을 빌려 이 장면을 보게 된다. 말하자면 시청자들의 눈에는 남자들의 알몸이 그대로 제시되진 않겠지만, 적어도 촬영 현장에서는 전라일 터이고, 거기에까지 상상이 미치면 나는 나도 모르게 타월로 온몸을 꼭꼭 싼 채 남자들을 바라보고 있는 여성들의 시선으로 이 장면을 바라보게 된다는 뜻이다.

하지만 이러한 시선의 이동이 일본인의 보편적인 관람 방식은 아닌 듯하다. 카메라에 남자들의 몸을 훔쳐보려는 의도가 묻어있지 않으니, 이건 필시 외국인인 나만의 문제일 것이고, 일본인들로서는 이에 대해 아주 관습적인 태도로 응할 뿐이다. 여기서 관습적인 태도라 함은 남자의 알몸에 대해 여성들의 시선 개입이 허락되지 않는다는 것이고, 이에 대해 일본 사회는 일종의 합의가 존재하는 것처럼 보인다는 뜻이다. 이는 마치 영화 이론가 로라 멀비가 '모든 영화 관객들은 남성이다'라고 했던 파격적인 표현과 상통하는 바가 있다. 멀비의 표현대로라면 어떤 영화가 매우 반여성주의적이라 할지라도 여성관객들은 이를 자각하지 못하거나 혹은 이에 대해 정치적으로 개입하는 건 어렵다. 이 표현이 다소 추상적이라면, 남편의 외도에 대처하는 일부 여성들의 태도, 즉 바람은 남편이 피웠는데도 응징의 표적이 곧잘 남편의 바람에 동참했던 상대 여성에게 그릇 맞춰지는 사례를 떠올려보면 된다. 이 여성의 이러한 태도 속에는 부당한 남성권력을 문제 삼겠다는 의지 따위 이미 존재하지 않으며, 그런 점에서 여성의 불이익에 대처하는 이런 여성의 대사회적 시선은 여성의 것이라기보다는 전적으로 남성의 것일 뿐이다.

이젠 우리의 TV는 남성의 바람기를 이런 방식으로만 다루지는 않는다. 바람 피운 남편을 옹골차게 다잡는 여성들도 있고, 쿨하게(?) 이혼을 선언하는 여성들도 적지 않은 걸 보면, 여성의 시선이 사회의 권력관계에 개입하는 정도가 그만큼 커지고 있다는 증거일 것이다. 그렇기 때문에 오히려 일본의 TV 프로들이 보여주는 반여성적인/남성중심적 방식은 더더욱 도드라져 보인다. 예의 그 온천 소개 프로만을 놓고 본다면, 일본 사회에는 여성들의 시선이 아예 존재하지 않는다고 말하는 것이 옳다. 마치 이것은 마네의 명작 '올랭피아'에 그려진 흑인 하녀나 검은 고양이의 그것과 같아 보인다. 백인 여성의 전라에 흑인과 고양이는 전혀 개입하지 못한다. 그들의 존재는 오로지 백인 여성의 하얀 피부를 도드라져 보이게 하는 객관적 상관물일 따름이고, 눈을 가졌다곤 해도 그건 시선이 아니다.

이렇듯 여성의 시선을 승인하지 않는 일본 사회는 그 때문에 남탕에서 아주 특이한 장면을 연출한다. 남성의 알몸이 그 어떤 타자의 시선도 경유하지 않는다고 해서 자신의 몸에 대해 아무런 자의식도 없이 자유로울 것 같지만 사정은 전혀 그렇지 않다. 외부에 대해 그토록 무관심하던 남성들의 알몸도 자신들 내부자의 시선에 대해서는 심할 정도로 자각적이다. 일본인들은 온천욕에 반드시 타월을 지참한다. 하지만 이 타월은 딱히 때를 벗기기 위한 목욕용품이라고 말하기는 어렵다. 그것은 전적으로 이동시의 앞가리개용이고, 탕 속에 들어가서는 머리 위에 얹어 외기를 피하기 위한 것이다. 목욕탕 안에서라면 자신의 알몸을 훤히 드러내고 활보하는 우리와는 달라도 한참이나 다른 풍경이다.

　이런 온천 풍경은 일본 근대화의 한 특징적 단면을 여과 없이 보여주는 좋은 사례이다. 전근대사회에서 여성의 시선이 부재했던 것이야 어느 나라고 다를 바 없는 것이지만 유독 일본만이 근대사회에 필연적으로 요청되는 여성의 시선을 지속적으로 억제해 왔던 건 문화나 관습만으론 설명될 수 없는 일종의 이데올로기적 기획이다. 일본 사회는 불편한 여성들의 시선을 인정하는 대신 자신을 바라보는 남성 자신들의 시선을 강화하고 물신화하는 것으로 현재에 이르렀다. 그렇게 물신화되어 허구적으로 강화된 남성상이 바로 국가, 혹은 천황이라고 유추하는 건 무리일까? 확신하긴 어렵겠지만, 적어도 일본남성들이 여성이라는 타자의 시선을 배제함으로써 구축한 거대한 남성상(국가, 천황)이 결과적으로 현재의 극우적 아베安倍 晋三 정권을 불러들인 가장 강력한 심리적 동력인 것만은 의심의 여지가 없을 것이다.

## 보는 것을 경계하라

페미니즘 이론가인 로라 멀비((Laura Mulvey)는 영화에서 통제하는 응시가 항상 남성적인 것이라고 주장하는데, 이는 시선의 메커니즘에 의해 만들어진 카메라 렌즈가 훔쳐보기라는 남성의 관음증을 재현하기 위한 기계장치라는 데 근거한다. 이 논리에 따르면 여성들은 매우 남성 중심적인 영화를 보면서도 여성 자신이 억압당하고 있다는 사실을 알기 어렵다. 영화를 보는 순간 영화관의 물리적 조건과 카메라 렌즈에 의해 구축된 시선으로 말미암아 여성 스스로가 남성의 시선을 따라 영화를 감상하기 때문이다. 이를 '시선의 전치(자리바꿈)'라고 말하는데, 이런 현상은 우리의 일상영역에 매우 광범위하게 작용하고 있을 뿐 아니라 이를 바로잡는 것이 도리어 어렵다. 예를 들면 배병우 작가의 멋진 경복궁 사진은 멋지긴 해도 그저 작가 자신의 시선일 뿐인데도 감상자 자신이 본 것처럼 느끼고 또 앞으로 경복궁에 가게 되면 작가의 시선을 빌려 그곳을 보게 된다. 어디 사진만 그럴까. 회화와 드라마, 뉴스 등등. 이 모든 것의 공통점은? 시각매체라는 점이다. 그러니 옛 어른들 말씀대로 '보는 것을 경계하라'.

## 파시즘의 남성환타지

파시즘 체제가 여성의 지위 향상에 대한 사회적 요구를 억압했다는 직접적 근거를 찾는 일은 쉽지 않지만, 파시즘의 필연적 산물인 남성적 판타지가 여성의 사회적 지위를 매우 특이하게 왜곡하고 파행적으로 전유했던 건 의심의 여지가 없다. 독일에서건 일본에서건 여성의 사회적 지위에 대한 구체적인 상은 가부장적 가족주의로부터 얻어진 것인데(일본의 경우, '총후부인銃後婦人―남성은 전장에서 총으로 싸우고 여성은 총 뒤에서 국가와 가정을 지킨다'로 표상), 국가와 가족을 등치시킴으로써 구축된 이 여성상은 여타의 유럽 근대국가의 여권운동이 '가족으로부터의 해방'을 기치로 내걸었던 사실과 매우 상반된다. 더더욱 전후 미군정기 일본은 독일과 달리 동아시아의 냉전 체제에 편승해 파시즘 자체에 대한 근원적 반성이 전적으

로 결여되었고, 고도성장기에는 오히려 파시즘의 망령을 불러내기까지 했
다. 이 말은 일본 내 여성인권운동이 미미했다는 뜻이 아니다. 오히려 여
성 지위에 대한 강한 요구조차 이런 파시즘적 분위기에선 매우 특이한 방
향으로 구조화될 수밖에 없다는 뜻이다. 이것이 '남성의 시선 안에서만 자
유로운 여성'이다. 이런 차원에서 군국주의를 오랫동안 경험해 온 독일과
일본만이 지금도 혼욕이라는 특이한 목욕 문화(온천, wannenbad)를 공
유하고 있다는 건 의미심장하지 않은가.

헤이안 시대의 종말을 고한 단노우라(현재의 시모노세키)에서의 겐지(源氏)와 헤이
지(平氏) 사이의 해전을 보여주는 조형물.
이 사진을 가져온 것은 역사적 사실을 환기하기 위한 것이 아니라, 역사 속의 무사
(사무라이) 계급이 지금 이 시대의 일본에서 상징 조작되고 있는 방식을 이야기해 보
고 싶기 때문이다. 원래 무사계급은 전투병력이라기보다는 가신계급이었고, 사농공
상 중 사(士), 즉 우리·식으론 선비계급을 지칭했지만, 근대에 접어들면서 거의 전적
으로 전쟁의 이미지와 일치시켜 남성환타지의 정점에 세워지게 되었다. 이는 히로시
마나 나가사키의 원폭 기념 조형물들이 거의 여성의 모성 이미지로 조형화되는 것과
비교해 보면 그 의미가 아주 분명해진다.

료칸旅館 **시이바산장**椎葉山莊

누구든 노천탕으로 나오면, 말을 잃고 물끄러미
태고 적부터 있어 왔던 대지의 침묵소리에 귀를 열게 되는 건,
그러므로 자연스러운 일이다.
몸의 주인은 자연이지만, 몸에 거주하는 의식은
늘 몸을 배반해 왔지 않았던가.

  산다는 건 몸을 소진하는 일이다. 매일매일 어디서 그런 힘이 솟아나오는지 다 긁어 썼다고 생각했는데도, 다음 날, 눈을 뜨고 또 움직인다. 가이아의 샘이 완전히 말라버릴 때까지, 살아 있다는 이 의식은 사라지지 않을 터이지만, 기실 가이아가 원하는 생명은 몸이지 의식은 아니지 싶다. 몸은 가이아의 원천에 가 닿아 있는데, 의식은 이 생명수를 다 고갈시키면서까지 어디론가 달아나려 한다. 몸의 가역반응을 보면서도 술을 마셔대고, 임계점에 이른 머리와 가슴을 쥐어짜며 원고를 쓴다. 그리하여 몸의 이야기에 귀를 기울이는 건 의식이 가질 최후의 겸손함이다.

  인디언들은 알고 있었던 모양이다. 마을을 멀찌감치 벗어난 계곡 어디쯤, 동물들이 병든 몸을 오래 뉘었다 간다는 곳, 수 천 년 동안 쌓인 나뭇잎이 풀들과 함께 썩으면서 대지의 온기로 그들을 감쌀 때, 의식은 저만치 물러나 앉게 하고, 홀로 몸이 생명의 소리에 귀 기울이는 치유의 숲이 있다는 것을. 그리고 미야자키 하야오의 「모노노케 히메」는 이 치유의 숲을 이야기의 정점에 둔다. 의식

우레시노 온천지구에 있는 료칸 시이바산장은 사가현과
나가사키현의 접경지대에 있는 곳으로,
온천으로도 유명하지만 차 생산지로도 유명하다.

시이바산장 입구와 화단의 앙증맞은 도자기 인형.

있는 사람은 범접하지 못하는 곳. 오직 가이아의 소리에 겸손한 자들만이 이곳에 제 몸을 뉘이고 의식 너머의 소리를 들으라고 이른다.

시이바산장은 우레시노 온천마을에서 멀찌감치 떨어져 있다. 제법 큰 하천을 끼고 시이바산의 축축한 음기를 한곳에 모은 듯한, 옴팡져 숨어 있기에 딱 좋은 곳에 위치해 있다. 몇 차례 이곳의 대중온천탕을 다녀가면서 기회가 닿으면 이곳 료칸旅館에서 하룻밤 묵어야지 했던 것인데, 그 동안 많은 시간이 흘렀다. 이마리에서 출발해 오후 늦은 시각에 도착했을 때 추적추적 비가 내리고 있었고, 우중 계곡의 물소리와, 한국이라면 아직 꽃을 피우지 않았을 가막살나무의 하얀 꽃송이들만 두런두런, 고즈넉했다.

내가 보기에 일본의 료칸은 경유지가 아니라 목적지이다. 숙박이라는 기능에서는 호텔과 다를 것이 없지만, 호텔과 달리 료칸은 그 자체로 여행의 목적이 된다. 호텔에서 자기 위해 여행을 떠나는 사람은 없지만, 료칸에서 하룻밤을 묵기 위해 일본인들은 기꺼이 자신의 주머니를 연다. 그것도 결코 적지 않은 금액을. 우리에겐 없는 이 독특한 료칸 문화란 무엇인가.

　로비에 들어서기가 무섭게 일군의 사람들이 너무 오래 기다렸다는 듯이 몰려 나온다. '어떤 차편을 이용했느냐', '비가 오는데 운전이 힘들지는 않았느냐', '시 장하지는 않느냐', '너무 늦어서 전화를 할까 말까 망설였다'…. 대인 간의 공식 적인 거리에 익숙한 사람들이라면 느닷없다 싶을 만큼 사적이다. 하지만 친밀 하다고 해서 무례한 것은 아니다. 공손한 어투와 낮춰진 허리가 손님과 종업원 사이에 결계처럼 쳐 있다. 사흘을 묵든 한 달을 묵든, 서비스를 받는 사람과 서 비스를 제공하는 사람간의 이 결계는 무너지지 않는다. 이것이 료칸이 존재하 는 첫 번째 이유이다.

　두 번째 이유는 노천탕이다. 객실에 딸린 작은 노천탕이든 큰 공용 노천탕이 든 하늘을 머리에 이고 숲과 계곡을 향해 열린 공간에 몸을 맡기는 건 현대인으 로선 특이한 경험일 수밖에 없다. 알몸을 노출한다는 것이 특이한 것이 아니라 차단되지 않은 곳에 알몸을 드러낼 때, 문득 혼자라는 느낌에 휩싸이는 일, 늘

무리 속을 떠돌던 몸이 불현듯 대지 위에 홀로 서 있는 듯한 느낌은 아주 각별한 것이다. 누구든 노천탕으로 나오면, 말을 잃고 물끄러미 태고 적부터 있어 왔던 대지의 침묵소리에 귀를 열게 되는 건, 그러므로 자연스러운 일이다. 몸의 주인은 자연이지만, 몸에 거주하는 의식은 늘 몸을 배반해 왔지 않았던가.

마지막은 음식이다. 료칸은 그저 목욕하고 잠자는 곳이 아니다. 그 지방에서 구할 수 있는 최고의 재료로 만든 요리를 대접 받는다. 우레시노에선 신선한 산채와 향기 좋은 버섯, 사가현의 자랑인 한우(일본 소?)와 사시미를 주재료로 하여 나베(전골)요리부터 튀김까지 대략 15종류의 음식을 맛보았다. 아, 그리고 이 화려한 코스의 마지막 피날레는 이 동네의 하천에서 잡았다는 재첩된장국이었다. 젓가락으로 재첩 하나를 건졌더니, 씨알이 자못 굵고 껍질의 표면이 푸르고 매끈했다.

돈만 많으면 이 정도의 대접이야 한국에서도 얼마든지 받을 수 있다. 하지만 자주 사람과 사람 사이의 결계가 깨진다. 이 깨어진 틈을 매우는 건 돈이고, 존경과 하대는 돈을 매개로 해서만 유지된다. 이 헛헛함을 해소하기 위해 우리는 휴식을 위한 여행에서조차 노래방에 가고 고스톱을 친다. 그렇게 사람들 사이에서 길을 찾아보지만 길은 늘 일방통행일 뿐, 대지 위에 홀로 서 있는 나에게로 이어져 있지 않다. 그러니 당연히 료칸에는 가라오케가 없다.

잠자리에 드니 별빛 하나 없는 어둠이 적막했다. 계곡의 물소리를 따라 혼곤히 의식을 놓는다. 아주 잠깐, 몸이 참나무의 정령을 따라 떠난다.

사진엔 보이지 않지만,
작은 실개천 주위로 민물게들이 와글거렸다.

## 시이바

椎葉(시이바)라고 했을 때, '椎'가 지시하는 것이 한국과 일본에서 조금 차이가 난다. 일본에선 이 단어가 대체로 '참나무'를 통칭하는 데 반해, 한국에서는 참나무는 '橡'이라 쓰고, '椎'는 참나무 중에서도 특히 잣밤나무들(구실잣밤나무나 메밀잣밤나무 등)을 가리킨다.

## 치유의 숲

유기농에 대해 선구적 안목을 가졌던 조지프 코캐너의 『잡초의 재발견』(원제는 Weeds; Guardians of the soil)에는 저자의 어린 시절에 만났던

인디언들의 입을 빌려 치유의 숲에 대해 자주 언급한다. 우리에겐 최근에 번역되었지만, 사실 이 책은 1950년에 출간된 고전이다. 과학이란 이름의 근대농법이 단기성 수확에 매달릴 때 이에 득이 되지 않는 존재들—잡초가 어떻게 폄하되고 배제되는지를 잘 보여주고 있는 이 책은, 은유적으로 읽는다면, 토지비옥도를 회복하는 잡초의 이야기만이 아니라 우리 시대의 삶의 논리인 신자유주의에 대한 치유서로도 나무랄 데가 없는 책이다.

## 목욕의 역사

일본인에게 목욕이란 전적으로 현실적인 것이다. 고온다습한 기후가 전통적으로 훈도시(폭 30cm, 길이 230cm 정도의 면류로 국부를 감싸는 의류; 속옷이라고 생각해서는 안 됨) 외의 겉옷을 위생적으로 허락하지 않았을 정도였으니 몸을 씻는 문화는 이로 인한 자연스러운 결과였다. 하지만 현재 일본의 온천문화를 이런 자연조건만으로 이해하는 건 매우 일면적이다. 목욕이 현재와 같은 여관(온센료칸, 溫泉旅館)이라는 형태로 발현된 건 1640년 경 도요토미 이에미쓰의 참근교대(參勤交代, 산킨교다이, 1862년 폐지)라는 통제정치와 밀접한 관련을 갖고 있다. 도요토미 막부 3대 쇼군이었던 이에미쓰는 지방 다이묘들의 위협을 봉쇄하기 위해 다이묘의 가족들을 에도에 머물게 했을 뿐 아니라 다이묘 자신도 격년으로만 자신의 영지를 다스리게 했는데, 이 참근교대제로 말미암아 1700년 경 에도의 인구는 이미 100만 명을 넘어섰고(참고로 당시 최대의 도시였던 런던과 파리의 인구가 60만 명에 채 미치지 못했다), 지방 영지와 에도를 오가는 인적·물적 이동을 폭발적으로 증가시켜 현재의 거미줄 같은 교통망을 이미 당시에 구축하게 만들었다. 그러므로 목욕과 온천 자체는 자연적 조건이 제공한 것이지만, 목욕을 양식화하고 그것을 여관과 결합하여 현재의 세련된 문화로 만든 것은 지극히 역사적인 맥락에서이다.

스탠드 얼론
콤플렉스 | stand alone complex

원래 돈부리라는 말은 일본식 밥그릇을 지칭한 것인데,
지금에 와선 여기에다 밥을 담고 밥 위에다 굽거나 튀긴 음식을
얹은 것을 모두 돈부리라고 부른다.

현대 사회에서 식사라는 행위는 매우 불순하고 당혹스러운 계기이다. 분업이 모든 노동 공간의 지배적인 양식으로 자리 잡는 순간 사람들은 무슨 일이든 늘 홀로 행하지 않을 도리가 없지만, 유독 식사시간만 돌아오면 사람들은 섬세하게 흔들린다. 지금까지의 굳건했던 '홀로 모드'는 일순 정지하고, 이를 대신할 대체 모드를 찾기 위해 분주해진다. 하지만 누구든 모드 전환은 쉽지 않다. 분업이 우리에게 강요하는 것이 생산의 효율성만이 아니라 단자화된 생활양식이기도 한 까닭에, 모드의 전환은 노동하는 인간에게 필연적으로 주체성의 균열을 동반하기 때문이다. 같이 식사를 하자고 전화를 할까 말까 망설이고, 먼저 전화하는 일에 자존심을 저울질하고, 혼자서 식사하지 못하는 자신의 진화 덜 된 신체가 남에게 들킬까봐 두렵다 stand alone complex. 그런 날, 일본인들은 도시락 전문점에 가서 벤또弁当를 사 먹는다.

벤또는 대체로 '돈부리丼,どんぶり' 요리를 일회용 용기에 옮겨놓은 꼴이다. 원래 돈부리라는 말은 일본식 밥그릇을 지칭한 것인데, 지금에 와선 여기에다 밥을 담고 밥 위에다 굽거나 튀긴 음식을 얹은 것을 모두 돈부리라고 부른다. 예컨대 소고기를 얹으면 '규돈부리'이를 줄여서 '규돈', 닭고기와 달걀을 얹으면 '오야코돈'달걀의 아버지가 닭인 격이니 우리말로 옮기면 '아버지와 아들 돈', 새우튀김을 얹으면 '에비텐돈'이라는 식이다. 여기에 우리가 잘 아는 '돈가스'까지 거론하면 도시락집에서 파는 메뉴는 거의 다 나열한 셈이고, 뿐만 아니라 이것들은 그 하나하나가 단품요리화 되어 일본의 대중음식을 대표하기까지 한다.

우리 식으로 따지면 국도 반찬도 없는 셈이니, 한 끼의 식사로는 퍽이나 조촐하고 가난한 식단이라 할 수 있다. 이런 형식의 음식들이 일본에서 언제부터 대중화 되었는지를 따지는 건 다각적인 검토가 필요하겠지만, 식단이 단출해지는 것과 근대화 과정 사이에 매우 직접적인 상관관계가 존재할 것이라는 추측은

충분히 가능하다. 마치 찰리 채프린의 '모던 타임즈'
가 20세기 초 미국의 가난한 노동자 대중의 삶을 압
축적으로 묘파하고자 제시했던 햄버거와 컨베이어
벨트가 그런 것이듯, 근대사회의 식사는 노동에 필
요한 최소한의 열량 확보와 식사 시간의 단축을 최
대한 만족시켜야 했기 때문이다.

흔히 보게 되는 일본의 가난한
점심 식단. 우동에 주먹밥 두
개가 전부이고, 반찬이라곤 주
먹밥을 먹을 경우에만 단무지
두 쪽 정도가 제공될 뿐이다.

　돌아보면 우리가 알고 있는 대표적인 일본음식
대부분이 이에 부합하는 것들이다. 돈부리와 돈가
스는 물론이고 카레라이스(짜장면이 중국음식이 아
니라 한국음식이듯, 카레라이스 역시 인도음식이며
동시에 일본음식이라는 데 이견을 제시할 사람은 없을 것이다)와 스시 또한 지
극히 단순화된 요리이고 이동이 아주 용이하도록 발전해 왔다. 그 때문에 일본
의 음식들은 하나같이 짜다. 짠 정도가 아니라 조금 과장하면 거의 간수 수준이
다. 그럴 수밖에 없는 것이, 우리 같으면 여러 가지의 반찬과 국을 통해 두루 가
능한 염분 섭취가, 일본에선 이미 반찬과 국이 식문화 속에서 삭제되어 버린 탓
에 염분의 총량이 단품요리 하나에 몽땅 들어가야 하기 때문이다. 그 때문에 웬
만큼 짜게 먹는 식성을 가진 한국인들도 일본에 와서 처음 맛보는 라면이나 우
동 국물에 질겁하곤 한다. 당연한 이야기겠시만, 흔히 한국의 일식집에서 내놓
는 싱거운 듯한 음식들은 한국인의 식문화에 적응한 것일 뿐이다.
　일본음식을 먹으며 늘 우리의 음식문화를 생각한다. 학교 주변의 식당이나
기사식당이라면 일본의 돈부리 한 그릇 값도 되지 않는 돈으로도 진수성찬을
받는다. 국이나 찌개는 물론이고 생선구이에 나물반찬, 몇 종류의 김치까지. 많
으면 반찬이 열 가지가 넘기도 한다. 손님의 상다리가 휘면 식당측은 허리가 휘

기 마련, 당연히 비용 절감을 위해 알게 모르게 반찬은 재활용되곤 한다. 하나의 찌개를 놓고 여러 사람이 함께 먹는 정도에도 질겁하는 일본인에게라면 이는 감히 상상하기 어려운 일이다. 한국인이 일본인의 그 가난한 식단을 이해하기 어렵듯이 말이다.

한국에 비해, 근대화의 가장 특징적인 생산양식, 즉 분업을 보다 철저히 삶의 양식으로 전환해버림으로써 얻게 된 일본의 이 음식문화는, 기실 일본인의 내면화된 고독을 그대로 반영하고 있는 것이기도 하다. 우리 역시 이젠 어쩔 수 없이 '더불어 풍성하게 먹는 일'과 '홀로 정갈한 척 먹는 일' 중 하나를 선택하도록 강요받는 시점에 와있지만, 그럼에도 이 선택이 그리 급박하게 우리를 휘어잡지 않는다는 것, 아니 그렇게 휘둘리지 않는 우리 대중들의 일상영역에서의 저력 때문에 세상의 모든 어려움은 그렇게 또 한고비 넘어가곤 한다. 세상의 어려움은 홀로 넘을 수 있는 것이 아니기 때문이다.

사실상 일본 대중들에게 부과된 근대화 과정은 우리가 생각하는 것보다 훨씬 가혹한 것이었다. 메이지유신 이전까지 대부분의 농민들은 자본주의적 인간형으로 변화할 준비가 거의 되어 있지 않았고, 그 때문에 이 가난한 식사는 곧 그들의 단자화된 삶을 반영하고 있다.

우리에겐 이런 주먹밥이 대체로 어린 학생들의 간식용이지만 일본에선 그런 용도를 훨씬 넘어선다. 그렇지 않고서야 이렇게 다양한 상품들이 매대를 넓게 차지하고 있을 리가 없다.

## 협업과 분업

자본주의 사회에서 노동은 임금을 대가로 받을 때에만 성립된다. 목수인 아버지가 자신의 가족을 위해 의자를 만드는 행위는 노동이 아니지만 목수가 만든 의자가 팔려 나갈 때, 즉 가치를 생산할 때만 노동이 된다. 때문에 노동자는 자본가가 보기에 노동의 상품가치가 있다고 판단할 수 있도록 그 능력을 보여줘야 한다. 그러기 위해서는 먼저 농토에 얽매인 봉건적 신분에서 자유로워진 노동자가 스스로 자신의 노동력을 처분할 수 있는 사회이어야 한다. 때문에 노동자는 자신의 몸을 자유롭게 팔 수 있는 한에서만 자유를 얻는다. 그러기에 자본주의의 역사는 노동력의 상품화, 즉 노동자가 자본이 요구하는 규율에 순응하는 신체로 전환하는 과정이기도 하다.

부랑자, 실업자, 가난뱅이, 게으름뱅이, 거지, 광인, 범죄자 등은 잡아 감금·교화해야 하는 대상이 되고, 노동하지 않는 자는 먹을 수 없다는 새로운 도덕성이 노동자의 신체에 각인되기 시작한다.

'부지런한 인간'의 역사는 그야말로 '대감금'이라는 '피로 얼룩진 역사'이자 곧 자본이 축적되는 과정이기도 하다. 그리고 이 과정에서 '협업과 분업'이 나타났다. 협업은 많은 수의 노동자가 같은 시간과 장소에서, 같은 상품을 생산하기 위해, 그리고 분업은 하나의 공정을 여러 개로 분할하여 노동을 단순화시켜 효율성을 얻기 위해 요구된다.

협업과 분업이 지배적인 사회가 되면, 더 이상 노동자는 자신이 만드는 물건이 무엇인지도 모르고 알 필요도 없다. 이제 노동자는 자신이 만든 상품으로부터 완전히 분리되고, 노동은 더 이상 자아를 실현하는 방편이 되지 않는다.

## 고독한 존재의 강박관념, stand alone complex

〈공각기동대〉 TV판 2부의 제목으로 쓰여 유행한 용어이지만, 일본인의 내면세계를 이보다 더 잘 설명해 주는 용어는 달리 없지 싶다. 'stand alone'은 컴퓨터나 스마트폰 등이 네트워크에 접속되지 않은 상태를 뜻하니 여기에 정신현상으로 'complex'가 붙으면 고립에 대한 두려움이나 집단 귀속에 대한 강박을 뜻한다. 요즘 들어 이런 강박은 눈부신 전자기기의 발전 때문에 일본뿐 아니라 한국을 포함한 전세계적인 현상이긴 하지만, 일본은 이런 일반적 설명만으론 채 설명이 되지 않는 특이한 발생 요인이 있다. 가깝게는 급속한 근대화와 군국주의 경험을 들 수 있고, 멀게는 지진이나 화산폭발 같은 자연재해를 들 수 있겠다. 그 원인이 무엇이든 이러한 강박이 무비판적 극우성향의 내적 동력인 것은 분명하지만, 또 다른 한편으론 이에 대한 깊은 자각을 생산해 해는 동력 또한 이러한 강박으로부터 배태되어 나온다는 걸 간과하긴 어렵다. 대중문화물을 너무 가벼이 여기지만 않는다면, 앞의 〈공각기동대〉(시로 마사무네의 원작 만화든 오시이 마모루의 애니메이션이든)나 〈신세기 에반게리온〉(안노 히데아키)은 말할 것도 없고, 철학자 비릴리오가 깊은 관심을 보인 〈침묵의 함대〉(가와구치 카이지)나 요즘 인기 절정에 있는 〈진격의 거인〉(이사야마 하지메) 등에서까지 '존재자의 고독'은 지속적으로 대중서사의 근간이 되어 왔다.

## 돈부리丼,どんぶり

**오야코돈おやこどん** 달걀의 아버지가 닭인 격이니 우리말로 옮기면 '아버지おや와 아들こ돈どん'이 된다.

돈가스를 얹은 **가츠동かつどん** 가츠는 '커틀릿'의 줄임말로 '이기다勝つ'라는 발음과 유사해서 시험 전에 즐겨 먹는다.

**우나기돈うなぎどん** 역사에 기록된 최초의 돈부리이다. 에도시대 당시에도 비싼 '장어밥'을 먹기 위해 그 날 번 돈을 다 써버리기도 했다. 장어밥이 대중화되면서 장어를 갈라 먹기 위해 젓가락이 필요했고 이때부터 일회용 나무젓가락이 생겨났다고 한다.

### 근대 도시 에도의 서민음식

패스트푸드는 근대사회의 속도전을 반영하여 탄생한 음식이다. 그러고 보면 음식은 그저 단순한 상품이 아니라 사람들의 삶을 진실 되게 반영하고 또 특정한 방식으로 사람들의 삶을 규정하는 총체적 문화이다. 돈부리와 스시는 아시아에서 가장 빠르게 근대화한 도시 에도에서 탄생했다. 전성기 에도의 인구는 백만 명으로 세계 최대였다. 이주 인구가 늘어나자 에도에는 전국 각지에서 건설노동자, 상인, 농민, 수공업자들이 모여들었다. 이른바 조닌(町人)이라 불리는 이들 대부분은 남성이었고 좁은 목조 연립주택에 모여 살았기 때문에 불을 사용해 밥을 해 먹는 것은 번거롭고 위험한 일이었다. 이때 생겨난 것이 '야타이(屋台店)'로 오늘날 포장마차이다. 야타이에서는 해산물과 야채를 튀긴 덴뿌라와 장어구이가 인기였고, 초밥을 뭉쳐 그 위에 생선을 올려 바로 먹을 수 있는 '니기리즈시', 오늘날 스시라고 말하는 음식을 만들어 팔았다. 습도가 높으니 쉬 상해버리는 식재료를 가급적 오래 보관하기 위해 식초를 가미한 것이었겠지만 이것을 하나의 맛으로 받아들인 셈이니, 예나 지금이나 바쁘게 하루를 살아야 하는 서민들에게 패스트푸드는 피해갈 수 없는 음식인 모양이다.

후쿠오카 나카스바타의 야타이 거리(포장마차 거리)

## 돈카츠(豚カツ)를 먹어야 이긴다(勝つ)

육식을 하지 않는 자는 문명인이 아니다? 메이지 유신 지도자들이 육식에 보인 집착은 서구 근대 문물에 대한 강박만큼이나 대단한 것이었다. 초기 개화주의자들은 자신의 유학 경험에서 본 서양인의 체격에 선망과 열등감을 심하게 앓았다. 그 때문에 그들은 불교가 정착한 이래 1,200년 동안 유지되어온 육식에 대한 금기를 깨고 육류를 대중들의 식탁에 올리는 데 안간힘을 썼다. 하지만 오랜 세월동안 금기시해 온 육고기를 억지로 먹게 하는 건 쉬운 일이 아니어서 가급적 고기의 맛과 형태를 숨겨야 했다. 그렇게 해서 탄생한 음식이 쇠고기 전골 요리와 돈카츠이다. 쇠고기 전골은 간장이나 된장에 조려 육고기의 맛을 숨겼고, 돈카츠는 빵가루에 묻혀 튀겨내 돼지고기가 보이지 않도록 했다. 이 이후 돈카츠는 또 다른 용도로도 인기를 누렸는데, '카츠カツ'가 이긴다는 뜻의 '勝つ'와 발음이 같다는 이유로 수험생들은 돈카츠 도시락을 사먹는다. 마치 우리가 아무 근거도 없이 시험 치르는 날엔 미역국을 먹지 않듯이(속설에 의하면 미역국에 대한 금기는 임오군란과 관계가 있단다. 믿거나 말거나!).

## 점심시간에 무엇을 먹었을까

햄버거는 노동자에게 필요한 영양분과 짧은 식사시간이라는 두 조건을 충족시켜 주었다. 알다시피 미국은 다양한 나라에서 온 이민자들로 구성된 나라이다. 1830년 영국, 아일랜드에서 시작해 1860년에는 독일, 스칸디나비아 반도 등지에서, 그리고 1900년에는 동유럽, 슬라브족 국가와 이탈리아 남부 유럽 국가 사람들이 일자리를 찾아 미국으로 이주해 왔다. 이제 막 도시로 성장하기 시작한 뉴욕, 맨허튼 등에서 그들이 할 수 있는 일은 대부분 근무조건이 열악한 산업 현장에서의 단순 노동이었다.

산업 노동 현장은 이들이 전통적으로 해 왔던 농업 노동과는 확연히 차이가 난다. 점심식사만 하더라도 사람들이 모여 만찬을 즐기는 것은 엄두를 내지 못할 정도로 보수는 적었고, 돈이 충분하다 하더라도 점심시간 역시 매우 짧았다. 자본가들은 30분 남짓한 시간도 아까웠고, 노동자들은 영양가가 높으면서 값싸고 빨리 먹을 수 있는 음식을 필요로 했다. 이 요구에 부응한 것이 햄버거다. 오늘날 환경주의자, 동물 보호론자, 패스트푸드 반대자 등의 거센 비판에도 불구하고 맥도날드 로고는 십자가보다 더 빨리, 더 널리 전 세계로 퍼지고 있다. 그러므로 이는 햄버거나 맥도널드의 약진이 아니라 근대적 개체노동이라는 특정의 노동양식이 미국식 패권주의와 함께 전 세계적으로 계속 확산되고 있다는 것을 의미한다.

## 비빔밥의 세계화

최근 비빔밥은 한국음식의 세계화에 선두주자의 역할을 톡톡히 하고 있다. 그렇다면 왜 그 많은 한국의 음식 중에서 하필 비빔밥이었을까? 여기엔 음식의 양식화라는 문제가 매개되어 있다. 말하자면 비빔밥은 가능하지만 된장찌개는 어렵다는 식이다. 표준화와 규격화가 이루어지기 어렵기 때문이다. 생각해 보면 세계화에 성공한 음식들은 제 나름대로의 고유한 양식을 갖고 있다. 햄버거, 피자, 라멘, 스시, 스파게티, 스테이크 등등. 이 문제를 간과하고 한국음식의 우수한 맛만으로 국제화를 꿈꾸는 건, 그런 의미에서 문제의 선후 관계를 그릇 이해한 꼴이다.

<br>

산
토
리
뮤
지
엄
1

해질 무렵, 노출 콘크리트에 스며든 석양빛은 제 목소리를 숨기고
타인에게 귀 기울이는 자에게나 깃들 겸손함으로 은은했다.
이미 창조 행위가 더 이상 숭고하기 어려운 이 시대에,
안도 다다오는 홀로 소리치지 말고 감싸 안으라고 말하고 있었다.

무엇인가를 세상에 드러내 놓는 일, 말하자면 창조행위가 한 때는 숭고함으로 이해되었던 적이 있었다. 천지를 창조하는 신의 전능함이 익히 존재한 적 없는 사물들을 있게 하는 것이듯, 인간의 창조에의 욕망은 쉼 없이 세상을 변화시켜 왔고, 지금의 문명은 그 결과로서 우리 앞에 놓여 있다. 하지만 인간의 창조행위가 반드시 옳은 것만은 아닐지도 모른다. 그런 거라면 지금 우리들의 삶에 드리운 불행과 고통이라는 모순은 설명할 길이 없기 때문이다. 둘러보면 세상은 창조라는 이름으로 내놓은 것들로 이미 과포화 상태이다. 창조하는 모든 인간이 스스로를 신이라고 믿고 있으니 세상엔 신이 너무 많고, 많으니 목소리 또한 너무 달라 마치 도심 속 간판들 마냥 울긋불긋 제 것만이 옳다고 외치는 아우성으로 가득하다. 홀로 빛나는 것은 없는 법. 창조가 숭고하다고 믿는 시대는 이제 끝이 난 것인가.

후쿠오카에서 오사카까지는 650㎞ 정도. 한국인의 감각으로서는 다소 먼 거리이다. 그곳까지 달려갈 생각을 했던 건, 거기에 안도 다다오安藤忠雄의 작품과 에드바르트 뭉크와 마리 로랑생이 있기 때문이었다. 창조가 이미 숭고미를 상실한 우리 시대에 창조한다는 것이 어떤 의미인지를, 현존하는 일본의 건축가들 중에서 안도 다다오만큼 분명하게 말해주는 작가도 드물 것이다. 그의 두 작품, 오사카의 산토리 뮤지엄과 고베의 효고현 미술관이 그에 대한 답이라면, 거기에서 전시되고 있는 뭉크와 마리로랑생이라는 두 화가는 그 답과 더불어 주어지는 일종의 보너스이다.

건축에 대해 전문적 식견을 가지고 있지 않으니 산토리 뮤지엄의 건축학적 가치를 논할 생각은 없지만, 그럼에도 이 건축물에 대해 언급하기를 주저하지 않는 이유는, 산토리 뮤지엄이 하나의 독립된 건축물로서 갖는 가치보다 이 건축물이 이 도시, 혹은 이 공간의 사회적 맥락과 결합함으로써 생성되는 매우 특

별한 의미 때문이다. 오사카항이 한눈에
바라보이는 이곳 덴포잔天保山 지구를 오
랫동안 천천히 거닐면서 내 관심이 이끌
린 것은 두 가지였다. 산토리 뮤지엄이 지
어지기 전에 이미 하나의 완결된 공간으
로 조성되어 있던 덴포잔에 이 건축물이
들어서면서 주위와 소통하는 방식이 그
중 하나이고, 또 하나는 산토리 뮤지엄이
들어서면서 이렇게 다시 새롭게 조성된
덴포잔 지구가 그 의미를 자신의 지역사
회에 제공하는 독특한 방식이었다.

가이유칸. 왼쪽 귀퉁이의 역원추형 건물이
산토리 뮤지엄이다. 대중적 위락시설과 일본
의 과학에의 자부심인 가이유칸, 그리고 고
급문화의 상징으로서의 산토리 뮤지엄이 하
나의 의미를 만들 때, 그건 덴포잔 지구에서
보았던 일본 함대의 일장기로 표상된다.

　덴포잔은 높이가 110M가 넘는 둥근
대관람차와, 그 옆으로 두 정방형의 사각 매스를 전면을 향해 포갠 매우 기하학
적 구조를 띤 가이유칸, 海遊館. 아쿠아리움 그리고 거의 석재나 시멘트와 같은 차가운
재료로서 지표면보다 융기시켜 조성한 계단과 광장으로 구성되어 있다. 산토리
뮤지엄은 바로 이런 삭막한 대중적 공간 위에 세워졌다. 말하자면 고급문화의
상징적 기호인 미술관과, 수족관이나 놀이기구 같은 대중적인 기호를 어떻게
결합할 것인가가 산토리 뮤지엄에 부과된 최대의 과제였다는 뜻이다. 그리고
이를 조금 더 확대하면 오사카라는 이 항구도시의 이미지 또한 덴포잔의 이미
지와 크게 다르지 않으니 이 과제는 이 도시에서 태어나고 자란 안도 다다오로
서도 피해가기 어려운 숙제였을 듯하다.

　이 과제에 응답하는 그의 태도는 매우 명징하다. 오사카의 항구도시로서의
역동성과 개방성을 적극적으로 수렴하면서 동시에 고급문화 공간의 배타성을

효고현립 미술관 전면과
뭉크 전(展) 걸게 포스터

대중적으로 확보하는 것. 다소 모순적인 이 어법은, 이 건축물이 덴포잔에 융합하고 또한 그로부터 미적 거리를 확보하는 조형적 방식만 이해한다면 수긍하기가 그리 어렵지 않다. 미술관과 가이유칸 사이엔 의도하는 바가 분명해 보이는 가교가 그들 사이의 경계를 끊는 듯 잇고 있고(고급문화의 상징으로서의 미술관을 대중들에게 적극적으로 열면서도 동시에 이 전통적 가치를 온존시키는 이 방식은 고베시의 '효고현립兵庫縣立 미술관'에도 그대로 활용되고 있다), 또한 이 정도의 심미적 거리를 두고 세워진 산토리 뮤지엄이 차갑기 그지없는 근대적 질료들, 즉 철재와 유리 그리고 노출 콘크리트 등을 탁월하게 활용함으로써 바다와 항구, 그리고 대중적 위락시설이라는 주변의 일상적 공간과의 소통을 매우 적극적으로 모색하고 있다는 느낌을 분명히 제공하고 있기 때문이다.

노출 콘크리트는 이미 안도 다다오의 트레이드마크가 되어버렸지만, 산토리 뮤지엄에서 구현된 그것은 그 질감 때문만이 아니라, 늘 외면하고 싶은 비인간적인 근대적 산물로서의 도시, 특히 이 오사카의 항구와 그 속의 척박한 살림살이에 대한 하나의 슬기로운 화답처럼 보였기에 수긍할 만한 것이었다. 해질 무렵, 노출 콘크리트에 스며든 석양빛은 제 목소리를 숨기고 타인에게 귀 기울이는 자에게나 깃들 겸손함으로 은은했다. 이미 창조 행위가 더 이상 숭고하기 어려운 이 시대에, 안도 다다오는 홀로 소리치지 말고 감싸 안으라고 말하고 있었다.

### 산토리 뮤지엄(Santory Museum)

1994년 맥주로 유명한 산토리 주식회사 창업 90주년 기념사업으로 건립되었고 갤러리와 박물관, 아이맥스 극장 및 레스토랑과 스카이라운지가 들어 있는 복합문화시설이다. 이 건물이 들어서 있는 덴포잔(天保山)은 일본 최대의 항구도시이자 상업중심지로서의 오사카의 자존심에 해당한다. 에도 시대부터 오사카는 이미 최대 항구이긴 했지만, 근대적 항만시설을 갖추기 위해선 대대적인 준설작업이 불가피했고, 이 때 나온 준설토가 덴포잔이 되었다. 그러므로 이곳에 세워진 대형 관람차는 오사카의 근대 역사를 한눈에 바라볼 수 있게 하기 위한 것이고, 세계 최대라는 수식어를 달고 다니는 가이유칸 아쿠아리움은 일본 근대 과학의 개가를 국민 대중들에게 알리고 공유하기 위해 건립되었다. 이런 세속적 욕망으로 점철된 공간에 고급문화 건축물을 병존시켜야 한다는 과제는 자연과 인공의 조화를 탁월하게 표현한다는 안도 다다오에게도 가장 큰 고민이 아니었을까 싶다.

안도 다다오를 일러 빛을 잘 활용하는 건축가라고 말한다. 그가 빛을 귀하게 여겨 아껴 쓰기 때문일 터이다. 그는 자연광이 실내에 들어오는 것을 거의 허락하지 않는다. 다만 매우 드라마틱하게 빛으로 그림을 그릴 뿐이다. 이 때문에 그의 빛은 신성한 상징이 되거나 심중에 울리는 아우라가 된다.(원주 뮤지엄 산 페이퍼갤러리 실내)

원주 뮤지엄 산의 페이퍼 갤러리 측면. 안도 다다오의 이 자그마한 건축물은 물을 통해 그것이 어떻게 확장되는지를 잘 보여준다. 우리의 야산이 그렇듯 단정하고 자그마하지만 그 포용력은 결코 작지 않듯, 그의 작품은 스스로 스케일을 자랑하지 않고 수용자의 감각을 통해 비로소 확장한다.

지니어스 로사이라는 건축물은 섭지코지에 있는 휘닉스 아일랜드에서 운영하는 명상을 위한 공간이다. 명상이란 닫힌 마음의 문을 활짝 여는 행위이니, 안도 다다오는 이 열고자 하는 마음의 행위를, 벽면에 작은 그러나 바깥 풍경을 끌어들일 구멍을 통해 이를 잘 표현하고 있다.

지니어스 로사이 쪽에서 바라본 글래스 하우스. 둔덕 위에 세워져야 했기에 수직감을 최소화하고 경관을 차단하지 않으려는 노력이 진하게 배어나온다. 덕분에 겸손해진 이 건축물은 멀리 있는 성산 일출봉과 많이 닮았다.

글래스 하우스의 동쪽 끝부분. 내가 생각키로 이런 구멍-창이 안도 다다오만의 특이성인 듯하다. 연다는 건 닫지 않는다는 것이고, 닫지 않기 위해서는 닫고 싶은 마음이 전제되어야 한다. 지금 우리들의 삶은 닫기를 원하고 있고(이를 안도는 노출 콘크리트로 재현하고 있다), 그럼에도 열어야 하는 삶의 윤리가 이렇듯 구멍-창으로 표현된다.

# 산토리 뮤지엄 2

중요한 건 홀로 빛나는 일이 아니라 더불어 상생하는 일이다.
그러기 위해서 건축물은 외부를 향해 열려 있어야 한다.
산토리뮤지엄의 건축적 표현은 그런 의미에서 아주 정당해 보인다.

산토리뮤지엄을 보면서 우리의 미술관과 박물관을 생각한다. 국립이라는 어마어마한 이름을 가진 미술관과 박물관이야 내버려두고라도, 부산의 시립미술관과 박물관이 대중들에게 취하는 배타적인 공간 점유 방식은 늘 안타까웠다. 높다란 담장과 한결같이 똑같은 건축양식이야 점차 개선되고 있지만, 그럼에도 이런 고급 문화공간들이 대중들과 어떻게 만나야 할지, 그 고민을 이들 건축들이 제대로 보여주고 있다고는 믿기 어렵기 때문이다. 예컨대 부산시립박물관은 UN묘지와 문화회관 등이 발하는 상징성 속에서만 겨우 얼굴을 내밀고 있고, 부산시립미술관은 사회체육센터와 부산전시컨벤션센터라는 자신과 무연한 건축들에 둘러싸여 관객 없는 독백으로 일관하고 있을 뿐이다(어떤 건축물과 함께 있느냐가 문제가 아니라 함께 있는 건축물이나 조형물과의 공간적 대화가 부재한다는 것이 문제다).

뿐만 아니라 이 두 문화기구들은 자동차 도로를 높은 담처럼 두르고 있다는 점에서 대중과의 소통에 전혀 친절함을 표현하지 않는다. 특히 부산시립미술관은 그 정도가 더욱 심하여, 이웃해 있는 건축물과의 유의미한 소통은 애초에 고려의 대상이 아니었고, 시 행정의 편의에 따라 언제든 쫓겨 갈 준비를 해야 하는 세입자와 같은 몰골로 겨우 자리를 지키고 있는 정도이다. 미술관의 옆구리를 가로지르는 광안대교의 교각과, 미술관이 잠든 시각에 몰려드는 영화관의 소음과 불빛들(얼마 전까지만 해도 미술관 뒤편은 자동차 전용 영화관이었다는 것을 상기하자)이 그런 추측에 정당성을 부여한다. 시민들의 발길을 차단하면서 홀로 멋쩍게 자신의 존재감을 현시하고 있는 이것들이 누구를 위해 존재하는지 우리로 하여금 근본적인 회의에 빠지게 하는 건 바로 그 때문이다.

중요한 건 홀로 빛나는 일이 아니라 더불어 상생하는 일이다. 그러기 위해서 건축물은 외부를 향해 열려 있어야 한다. 산토리뮤지엄의 건축적 표현은 그런

덴포잔에서 바라본 산토리뮤지엄 측면

의미에서 아주 정당해 보인다. 건물 내부의 공간 배치는 그냥 두고라도 1층 바다 쪽의 필로티가 창조해 내는 닫힌 듯 열린 여백의 공간과, 덴포잔과의 연결 다리가 발현하는 적극적인 수용적 태도는 진정 그런 느낌에 부응하는 것이다. 자기 집에 있을 때와 남의 집에 갔을 때의 아이의 품행이 달라지듯, 모든 공간은 인간의 의지에 종속되는 게 아니라 인간의 인격을 매우 적극적으로 구성한다. 안도 다다오가 제공하는 그 특별한 장소에 서면 자신을 색으로 무장하지 않는 무채색의 의미에 마음이 가닿거나, 혹은 다리를 건널 땐 놀이기구로 들뜬 자신의 모습을 반추하는 기회를 갖게도 된다. 예술이, 대중들의 좁은 시선 말고도 얼마든지 다른 시선이 세상에 존재할 수 있음을 환기시키는 것으로 존재 이유를 증명해 온 것이라면, 산토리뮤지엄의 비균질적인 외부재와 조형성은 예술이라는 안과 대중이라는 밖과의 소통을 상징적이고도 매우 실질적으로 표현하고 있는 셈이다.

그런 의미에서 덴포잔 지구를, 대중적 위락시설과 미술관의 결합쯤으로 이해하는 건 지나치게 단순한 감이 있다. 이 두 장소 사이에는 가이유칸(자칭 동양 최대의 해양수족관)이라는 해양도시 오사카의 자존심이 매개되어 있고, 더 나아가면 이런 대형 아쿠아리움을 자체의 기술로 완공할 수 있다는 일본의 과학에의 자긍심이 저변에 깔려 있다(서울 코엑스 아쿠아리움이 미국 ATM의 기술로, 그리고 부산 해운대의 아쿠아리움이 호주의 기술과 자본으로 세워졌음을 상기하자). 말하자면 덴포잔은 부두라는, 오사카의 가장 일상적인 삶의 터전 위에 세워져 대중적 위락시설로 사람들을 쉽게 불러 모으고, 그들을 과학이라는 이름의 국가적 아우라로 감싸며, 그렇게 구성된 일본적 정체성을 마침내 산토리뮤지엄의 고급문화로 완성한다는, 지극히 일본다운 기획력으로 조성된 국민생산의 장인 것이다.

덴포잔에서 바라본 오사카항과 자위대 군함

덴포잔을 이렇게 이해할 때에만 우리는 비로소
산토리뮤지엄에서 전시되고 있는 마리 로랑생을
일본이라는 맥락 속에 놓고 바라볼 수 있게 된다.
이미 미술사에선 거의 잊혀진 프랑스 작가에 대
한 일본인의 이 하릴없는 애정은 이 작가의 파스
텔톤의 모호한 화풍과 세계 속에 투사된 일본의

군함의 후면

이미지가 전적으로 일치한다는 사실 외엔 달리 설명할 방법이 없다. 일본인은
늘 이런 식으로 자신의 이미지를 자신의 외부로부터 구축하고 또 이를 다시 세
계에 유통시켜 왔던 것이다.

전시를 보고 난 후, 지친 몸을 다독이기 위해 덴포잔 해안을 거닐 때 그곳에선
마침 일본 자위대 함대를 일반인에게 공개하는 행사가 벌어지고 있었다. 관찰
자의 역할을 마지막까지 수행하기 위해서는 함대 위에 올랐어야 했겠지만, 덴
포잔 지구가 다양한 문화기구들을 중첩시키면서 들려줬던 이야기가 마침내 이
것으로 마침표를 찍는구나, 하는 착잡한 마음으로 그렇게 오래 멀거니 서 있었
다.

함포의 포신 너머 언뜻 한국이 보이는 듯도 했다.

## 박물관과 국민 교육

이 지점에서 미술관과 박물관이 무엇을 하는 공간인지 그 근본에서
부터 한번 따져보자. 국제박물관협의회(International Council of
Museums：ICOM)에서 정의한 바에 따르면 박물관은 "연구와 교육, 향
유 목적에 따라 인류와 인류 환경의 물질적 증거를 수입, 보존, 연구, 전시
하며, 사회와 사회 발전에 이바지하고 대중에게 공개되는 비영리적, 항구
적인 기관"이다. 부산시립박물관 역시 "박물관 교육을 통해 시민들의 우리
문화에 대한 이해와 인식을 높이"는 데 목적을 두고 있다.

알다시피 부산시립박물관은 유신체제가 막바지에 이른 1978년 개관하였
다. 당시 부산은 인구 300만 명에 육박하는 거대도시로 변모하고 있었고,
수출목표 100만 달러를 달성하는 데 가장 중추적인 역할을 담당한 도시였
지만, 60년대부터 가속화되기 시작한 도시 유입 인구를 건강한 시민적 주
체로 전환시키기 위한 프로그램은 뚜렷하지 않았다. 정치주체들은 심화되
어 가고 있던 계급 갈등과 이로부터 야기되는 국민적 분열을 막기 위해 국

부산시립미술관 측면(왼쪽)과 후면(오른쪽)

민 주체 육성책을 강구하지 않을 수 없었고 그 대안으로 얻어진 제도적 장치가 곧 시립박물관이었다.

박물관을 관람하기 위해서는 반드시 인근의 '한국전쟁 참전기념탑'을 마주하게 된다. 그리고 넓게 펼쳐진, 전쟁으로 목숨을 잃은 외국병사들의 묘비를 곁눈질하며 전쟁의 참상과 그 숭고한 희생을 내면화하지 않고서는 관람이 허용되지 않는다. 부산시립박물관은 평범한 관람객을 국민으로 거듭나도록 하는 제도적 장치이며 이것이 부산시립박물관의 '교육'의 본질이다.

박물관은 이 땅에 살고 있는 개인들을 민주적이고 자율적인 국민 주체로 생성해 내기보다는 의례를 강화함으로써 특정한 정치적 요구에 그대로 순응하는 종속적 주체를 생산하는 데 일조해 왔다고 할 수 있다.

## 일본 부활의 신호탄, 과학의 아들 아톰

일본인에게 과학이라는 단어는 그 내면의 울림이 우리완 비교가 불가하다. 우리에게 과학은 근대화와 짝을 이루지만, 일본인에게 과학은 패전 이후의 절망감, 특히 패전에 따른 천황제의 몰락과 9년간의 미군정의 통치가 가져다 준 굴욕에 대한 극복 의지가 응축되어 있다. 이 느낌은 우라사와 나오키가 그린 〈20세기 소년〉에 여과 없이 표출되어 나오는데, 도입부에서 주인공 겐지가 학수고대하던 것이 1970년 오사카 만국박람회였다는 건 그런 의미에서 눈여겨 볼만하다. 지금도 그렇지만 만국박람회(요즘엔 엑스포라고 부르지만)는 개최국의 과학 수준을 압축적으로 보여주는 행사였기에 당시의 일본정부는 이 행사를 통해 일본의 부활을 만방에 고하고 싶었고, 결과적으로 이 선전은 겐지 같은 소년들뿐 아니라 전 국민에게 깊은 감동을 안겼다. 하지만 이 감동 속에는 씻기 어려운 그늘 또한 짙게 깔려 있는데, 그것은 과학을 통한 일본의 부활이 미국에 대한 선망을 동시에 내포하고 있다는 사실이다. 그들에게 과학은 선진국으로 가는 자립갱생의 길이 아니라 아버지의 나라 미국을 향한 인정에의 욕망이었다.

지금도 미일관계는 마치 부자지간처럼 보이지만, 패전 이후 약 30년 동안의 일본 문화는 속속들이 미국에 대한 선망으로 얼룩져 있었다. 이를 가장 잘 보여주는 것이 데츠카 오사무의 〈철완 아톰〉이다. 아톰을 만든 덴마 박사는 일본과학의 이름으로 아톰을 만들었고, 그럼에도 자신의 능력을 알아주지 않자 그는 아톰과 함께 배를 타고 미국으로 떠나면서 이렇게 말한다.

"아버지의 나라 미국은 우리를 받아줄 거야. 거기에서 자유롭게 살자." 물론 아톰은 미국으로 가진 않는다. 아톰은 곧 일본 과학의 표상이었으니 일본으로 귀환하는 건 당연했겠지만, 그렇다고 아버지의 땅 미국에 대한 선망이 이후 거두어들여졌던 건 아니다.

교토역사에 세워 놓은 아톰 입상.
철완 아톰을 연재해 애니메이션의 신이
된 데츠카 오사무를 기리는 아톰 월드를
가리키고 있다.

# 일본의 뜨거운 한가위 お盆

오봉절이라 부르는 일본의 한가위는
음력 8월 15일이 아니라 양력 8월 15일이다.
일본의 근대화가 추진되던 메이지 초기에 모든 음력 명절을
양력으로 다 바꿨기 때문이다.

우리가 추석을 한가위라고 부르듯,
일본인들도 추석을 한가위라는
뜻을 가진 오봉이라 부른다.

기요미즈 씨네 현관 앞에 커다란 등이 달렸다. 초파일 연등보단 조금 더 크고
일체의 문양도 없이 〈淸水家〉라고 쓴 노란 보름달 같은 등이다. 그리고 보니 거
의 집집마다 대문 앞에 자신의 성씨를 쓴 등을 하나씩 달고 있다. 추석이란다.
우리가 추석을 한가위라고 부르듯, 일본인들도 추석을 한가위라는 뜻을 가진
'오봉(お盆)'이라 부른다. 그런데 희한하다. 이런 염천 뙤약볕에 웬 추석?

일본에서 지내는 동안 적응이 잘 되지 않는 것 중의 하나가 이런 것이다. 태양
력이 아니라 음력으로 지냄이 마땅한 명절들, 일테면 단오나 추석, 칠월칠석 등
을 모두 양력으로 쇠고 있는 거였다. 여느 나라에 비해 전통문화를 가장 잘 보존
하면서 살아가고 있다고 자부하는 일본이기에 이런 일은 다소 생뚱맞기까지 하
다.

하지만 내 어릴 적 기억 한 자락을 떠올려보면 이해하지 못할 것도 없지 싶다.
나의 초등학교 시절엔 설날이 와도 학교를 가야 했다. 온 집안 식구들이 해도 뜨
기 전에 서둘러 차례를 지내고, 둘러앉아 정담을 나눌 여유도 없이 모두들 툴
툴거리면서 학교로 회사로 나서야 했다. 학교엘 간들 이미 콩밭에 마음을 빼앗
긴 아이들은 삼삼오오 모여 빼앗긴 명절 때문에 줄어든 세뱃돈 걱정으로 시간
을 보내고, 선생님들 또한 싱숭생숭하기는 마찬가지여서 점심시간이 오기도 전
에 서둘러 수업을 파하곤 했다. 국가가 강제한 국민생활 개조 정책으로 음력설

을 봉건적 구습이라 여겨 제도적으로 폐기시킨 때문이다. 그 덕분에 신정은 사흘의 공휴일이 주어졌고, 음력 정월 초하루는 달력에서 지워져 버렸다(헐! 방학 중에 빨간 날이 백 날 더 생긴다고 무슨 소용?)

아마도 이즈음이 분기점이었던 것 같다. 국가의 통제에 대해 국민 대중들의 일상적 저항이 변변찮았다면 아마도 지금쯤 우리 역시 푹푹 찌는 한여름 염천에 때때옷을 입고 고향을 가거나 반팔 셔츠 차림으로 차례를 지내고 있을 터이다. 다행히 몇 년 지나지 않아 설날의 권위는 복원되었지만, 양력 8월 15일도 추석이랍시고 떡도 빚고 오봉도리를 추는 이곳 일본 사람들을 보고 있자니 씁쓸함이 쉬 지워지지 않는다. 조상들의 세시풍속조차 제 날짜를 지키면서 지내기 어려운 이유가 좋은 말로 하면 '국제적 호환성' 때문이고, 나쁘게 이야기하자면 '서양에 대한 맹목적인 추종'일 것이기 때문이다. 힘없는 자들은 늘 이렇게 제 것을 부끄러워하면서 힘센 자의 기준에 따르려고 한다.

우리에게 이 비굴한 발악을 국가적 과제인양 국민운동으로 강요한 것이 70년 대의 '새마을 운동'이라면, 일본은 이보다 훨씬 전인 150년 전인 '메이지 유신'이다('유신'이란 이 표현이 너무 멋있었던지 우리의 지난 군사정권도 이 말을 그대로 사용했다). 어찌 보면 풍습이란 그때그때의 살림살이에 따라 늘 변하기 마련인 것이지만, 그렇다 하더라도 변화는 국민 대중들의 일상으로부터 출발해야 하는 것이다. 만일 그렇지 않을 경우, 대중들은 자신의 집단적 기억을 현재로 불러 오지 못해 국민으로 통합되는 데 심각한 장애를 겪게 된다. 옛 친구가 좋은 건 오래되었기 때문이 아니라 함께 공유했던 시간과 그 기억들 때문이고, 나를 기억해 주는 그가 있음으로써 나의 현재는 홀로 고립되지 않고 이웃과의 협동과 연대를 유지해 갈 수 있기 때문이다.

## 양력설의 계보

당연히 음력으로 쇠어왔던 한국의 설이 일본마냥 개화기 때(고종 31년, 1895) 칙령에 의해 양력으로 지정된 적이 있었다. 그럼에도 많은 사람들이 음력으로 설을 챙기자 명사(名士)들이 나서 이중 설을 쇠면서 생기는 비용 문제, 전근대적인 인습을 타파해야 한다고 목소리를 높였다. 양력설을 쇠는 것은 변화하는 환경에 맞게 생활을 개혁해야 한다는 것이었는데 이후로 일본 순사들은 설빔에 먹물을 뿌린다거나 떡 방앗간을 단속하여 사람들이 음력설을 쇠는 것을 방해했다. 해방 이후에도 한국에서 음력설은 푸

「100년 만에 찾은 설」,
〈매일경제〉, 1990. 1. 25.

대접을 받았다. 이승만 정부는 양력 1월 1일부터 3일간 공휴일로 지정하고 양력설을 지낼 것을 강요했고, 이 때문에 일부 가정에서는 양력설을 쇠기도 했다. 그러나 음력설은 쉽게 사라지지 않았고, 국민의 70% 이상이 음력설을 쇤다는 의견이 높아지면서 1985년 '민속의 날'이라는 이름으로 음력 1월 1일 단 하루만 공휴일로 지정하였다. 이후 민족 고유의 설날이 부활해야 한다는 여론이 대두하자 노태우 정부는 1989년 음력설을 '설날'로, 전날부터 다

부패한 미신행위의 근원이 되는 불합리한 음력을 폐지하자.
▲관공서 및 각 기관 단체에서는 「신년축하식」을 엄숙히 거행하며 각 가정에서도 간소한 「설차림」을 행하여 「세배」, 「성묘」, 「제축」 등 행사를 「양력」으로 시행토록 공무원 및 유식층 가정에서 솔선수범한다.
▲각 행정기관에서 세궁민을 구출할 구호 양곡 및 각종 물자는 연말까지는 완전히 방출토록 노력한다.
▲각 학교에서는 아동 및 학생에 대하여 1, 2월 중에 교도훈화를 간단없이 실시한다.
▲아동들로 하여금 연장자에 대한 「연시세배」를 하도록 강조한다.
▲각 중고등학교에서는 학생으로 하여금 포스타, 표어를 작성 요소로 첨부토록 지도한다.
▲제분소의 「떡방아」를 철저히 단속하여 미곡소비를 방지한다.
▲구정을 위한 기축 도살을 엄중히 방지한다.

해방 후에도 음력설은 탄압의 대상이 되어 왔다. 〈동아일보〉, 1957. 11. 23.

음날까지 포함해 3일간 공휴일로 지정하여 지금에 이르고 있다. 내 어릴 적엔 정부의 시책에 따라 신정에 차례를 지내온 집들이 더러 있었는데, 그 집들은 지금 어떻게들 하고 있는 걸까. 오락가락하는 차례 상 때문에 조상 님들도 배를 자주 곯지는 않으셨을까…

## 풍속과 헤게모니

변변찮아 보이지만, 풍속을 놓고 벌이는 대중의 투쟁과 그 성과는 매우 중요하다. 풍속이란 옛날부터 전해 내려오는 사회적 관습이기 때문에 한해를 주기로 사람들의 몸의 리듬을 규정하는 조절장치이다. 연중 한 번도 찾아뵙지 못한 시골의 부모님을, 그 엄청난 교통정체를 무릅쓰고도 찾아가게 하는 것이 추석과 설 명절이고, 더운 여름을 견뎌내면서 허약해진 몸을 잠시 쉬고 영양 보충이라도 하라고 일러주는 것도 복날이다. 그 많은 사람들이 1년에 한번 날을 잡아 똑같은 행위를 하는 것이 좀 우습게 보일 수도 있지만, 개인의 판단에 앞서 이런 행위들은 개인으로 하여금 사람의 꼴을 하고 사회적 관계를 유지하도록 만든다.

그런데 가끔 이 행위가 외부의 힘에 의해 차단되기도 한다. 명절날을 바꾸고, 야근과 철야작업으로 복날의 휴식과 영양보충을 막고, 공휴일로 지정했다가 뺐다가 하는 일련의 외압들은 사람들의 몸과 마음의 리듬을 절단하여 자신들의 리듬 안으로 대중의 노동력을 포획하려는 시도이다. 설 명절을 음력이나 양력 중 어느 날이라도 차례라는 행위를 하면 그만이라고 생각할 수 있겠지만, 관습의 의미는 차례라는 행위 자체만이 아니라 개인과 집단이 빚어내는 리듬에 관한 것이고, 더불어 각각의 개인들이 이 행위를 통해 부여받는 주체성과 집단 내적 정체성의 문제이다. 밖에서 내로라하는 사람들도 차례 상 앞에 모인 친척들 속에선 그저 누구의 아우이거나 조카일 뿐 아니라 함께 같은 음식을 먹고 점 100원의 고스톱을 치고 함께 몰려가 이웃집에 세배도 하게 된다.

지속되던 관습이 절단되는 것이 우려스러운 것은 바로 이 때문이다. 정부

길거리에서 흔히 보게 되는 우익 선전 차량. 우리의 해병대전우회가 그렇듯, 확성기를 달고, 군대 분위기를 팍팍 풍기며 거리를 활보한다. 우리는 새빨간 색인데, 이들은 시꺼먼색이라는 차이만 있고….

가 신정을 강요하여 누구는 신정에 누구는 구정에 설을 쇠게 되면, 동일한 행위 양식을 통해 부여받은 '나-너'의 연대는 치명적인 손실을 입게 되고, 그 순간부터 누구의 아우와 조카라는 끈은 거의 작동하지 않게 된다. 그리고 이후 정부는 약해진 이 연대의 틈을 파고들어 더 강력하게 자신의 리듬(자본의 리듬)을 우리에게 요구할 수 있게 된다. 그람시가 동일집단 내의 관습적 틀(헤게모니)을 그토록 강조했던 건 바로 이 때문이다. 이런 차원에서 보면 오랜 외압에도 불구하고 음력 절기를 굳건히 지키고 있는 한국의 대중은 참으로 대단한 저력을 가지고 있음에 틀림없다.

## 천황 원호, 세계의 시간과 일본의 시간

2014년은 헤이세이(平成) 26년이다. 일본에서 살면서 자주 겪는 곤란함 중의 하나는 연도를 표시할 때이다. 외국인으로서는 1980년이라고 기억하고 있는 것을 일본에서는 쇼와(昭和)55년이라고 고쳐 써야 한다. 국제적 호환성을 위해 음력 명절조차 양력으로 고쳐 쇠고 있는 일본이 연도 표시는 천황 원호를 사용하는 것이 무척 비논리적인 것처럼 보이지만, 오히려 이런 비논리로 말미암아 일본 대중들의 일상적 감각은 매우 특이한 방향으로 조작된다. 문학평론가 가라타니 고진은 어느 좌담 자리에서 '메이지(明治) 20년, 30년 문학을 연구하면서도, 이 시기의 문학이 1880, 90년대의 문학이란 생각을 해 본 적이 없다'고 고백한 바 있다. 말하자면 일본의 시간이 세계의 시간 내에 있는 것이 아니라 매우 독립적인 공간에 존재함으로써 강한 구심력으로 일본의 국민을 특정한 국가 이념 아래로 통합하는 기능을 하는 것이 이 천황 원호라는 말이다. 세계화가 지배적인 현대 사회에서 언제까지 천황 원호를 사용할지는 알 수 없지만, 일본 대중이 국가의 품 안에서만 살아가겠다고 마음먹는 한, 큰 변화는 없지 않을까 싶다.

# 이웃집 기요미즈清水 씨

사실 마리 로랑생의 그림 자체야 특이할 게 없다.
오히려 특이하다면 이 애잔하고 수동적인 여성적 미감에 이토록 깊이
동화되는 일본인의 무의식적 기제일 것이다.

　기요미즈 씨의 집은 내가 살고 있는 기숙사와 좁은 골목을 두고 서로 마주보고 있는 집이다. 대부분의 자그마한 일본 주택에 비해 다소 큰 이층집이고, 덩치 큰 개가 홍가시나무로 둘러싸인 마당을 늘 어슬렁거리고, 가끔 거실에 놓인 그랜드피아노로 쇼팽의 연습곡이 흘러나오기도 하는 중산층 가정이다. 기요미즈 씨와 난 하루에도 한두 번 불가피하게 얼굴을 마주칠 수밖에 없었는데, 그건 아침 저녁으로 담배를 피우기 위해 나서는 베란다가 공교롭게도 기요미즈 씨네 현관이며 주차장과 바로 코앞에서 마주하고 있어서 그 시간 즈음이면 현관 앞 골목에서 비질을 하거나 차를 닦고 있는 그와 마주쳐야 했기 때문이다.

　처음엔 육십대 초중반의 그가 그저 무뚝뚝한 사람이라고만 생각했다. 나라고 이국의 낯선 사람에게 그리 살갑게 대했을까마는 그는 그 정도가 다소 심하여 내가 건넨 인사에, 보통의 일본인이라면 보여줄 법한 예의 그 친절함을 보이지도 않았고 응대는 하되 말꼬리를 흐리거나 상대의 눈을 응시하지도 않았다. 하

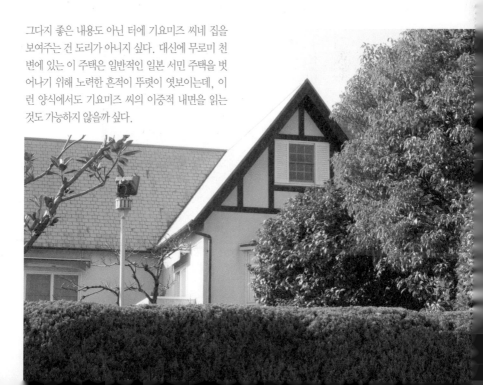

그다지 좋은 내용도 아닌 터에 기요미즈 씨네 집을 보여주는 건 도리가 아니지 싶다. 대신에 무로미 천변에 있는 이 주택은 일반적인 일본 서민 주택을 벗어나기 위해 노력한 흔적이 뚜렷이 엿보이는데, 이런 양식에서도 기요미즈 씨의 이중적 내면을 읽는 것도 가능하지 않을까 싶다.

지만 나는 그의 이런 태도가 늘 그런 것이 아니라는 걸 곧 알게 되었는데, 기숙사의 백인 학생들이 건네는 인사에는 서툰 영어로도 화사하게 웃고 떠드는 것을 여러 번 목격했고, 그럴 때마다 난 이건 뭔가 좀 잘못되었군, 하고 생각했다. 그도 그럴 것이 그의 그런 이중적인 태도는 이층의 중국인 교수에게도 어김없이 적용되었기 때문이다.

그렇거나 말거나 그와의 석연찮은 조우는 피할 도리가 있는 것이 아니어서 그 개운치 않은 느낌은 다만 그 집 울타리를 지날 때마다 큰 소리로 짖어대는 누렁이를 향해 내지르는 고함으로(그것도 한국말로!) 대신 풀곤 했다. 그러던 어느 날, 나는 우연히 기요미즈 씨네 현관문이 열릴 때, 그 집 거실 입구에 걸린 그림 한 점을 봤다. 어두운 실내에서도 흰 뺨이 눈부시도록 환한 두 소녀의 '키스'였다. 얼마 전, 산토리 뮤지엄 전시에서도 가장 많은 시선을 불러 모으던 마리 로랑생 Marie Laurencin, 1883~1956의 작품. 이젠 거의 세계 미술사에서 잊혀 가고 있

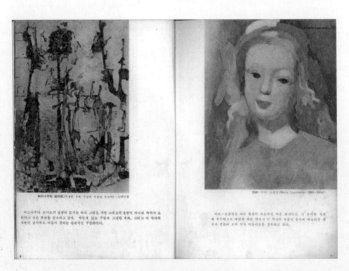

『새로운조형』(교학사, 1971년)이라는 이름이 붙은 중학교 1학년 미술 교과서에
실린 마리 로랑생의 작품(오른쪽, 사진은 교과서박물관 제공)

지만 유독 일본인에 의해서만 기억되고 향유되는 작가. 그리고 그녀의 고국 프랑스와 독일에서조차 변변한 기념전시관 하나 세워지지 않았음에도 그녀를 기리기 위해 독립된 미술관을 세우고 갤러리들을 불러 모으는 이 땅 일본.

마리 로랑생은 20세기 초의 다양한 근대적 유파들이 각축전을 벌이던 와중에서 아주 특이한 화풍을 일구어내었다. 그녀는 주로 여성 인물화를 그렸는데, 그녀의 그림은 후기 인상파 이후 개인의 주체적 자각을 촉구하듯 배경과 대상 사이의 경계를 보다 분명하게 표현하려는 분위기와 달리 오히려 배경과 인물의 경계를 지우고, 그 모호한 경계에 빛을 채움으로써 애잔한 부드러움을 극대화하여 표현했다. 말하자면 그녀의 그림은 전적으로 당시의 여성성을 반영하려 했고, 또한 그 때문에 아주 수동적이고 연약한 존재들에게서 발산되는 슬픔이 주조를 이루고 있다. 그래서일까? 기요미즈 씨네 현관문이 열릴 때 나는 복사꽃처럼 발그레한 그림 위의 소녀로부터 언뜻 기요미즈 씨의 하얀 가면을 본 듯도 했다.

사실 마리 로랑생의 그림 자체야 특이할 게 없다. 오히려 특이하다면 이 애잔하고 수동적인 여성적 미감에 이토록 깊이 동화되는 일본인의 무의식적 기제일 것이다. 이에 대해 많은 학자들은 패전 후 미군정기에 맞은 일본인들의 정신적 공황, 즉 정신적 지주로서의 천황의 몰락을 이유로 든다. 급속한 근대화를 위해 통치자와 국민 사이에 맺은 유사친족관계로서의 천황제는 단기간의 국민적 화합을 이끌어내는 데는 성공했지만, 이것이 붕괴하자 통치자-아버지로서의 천황은 또한 쉽게 미국이란 이름의 아버지로 대체되었던 것이다. 그런 의미에서 마리 로랑생의 애상적인 여성적 미감은 대체된 아버지로서의 서양에 대한 일본인의 하릴없는 그리움을 그대로 빼닮았다. 그리고 바로 이 순간 일본인은 자신의 황색 얼굴을 지우기 위해 하얀 가면을 쓴다. 그러니 기요미즈 씨는 얼마나 한국인이 보기 싫을까. 사랑받기 위해 자신이 가장 버리고 싶은 황색의 얼굴, 곧 자신의 얼굴을 한국인이나 중국인으로부터 떠올리지 않을 수 없었을 테니 말이다.

아, 그리고 우리에게도 7,80년대에 풍미했던, 뜻 모르고 따라 외우곤 했던 그 유명한 기욤 아폴리네르Guillaume Apollinaire의 「미라보 다리」Le pont Mirabeau가 그의 애인 마리 로랑생과의 이별을 노래한 곡이니, 얽히고설킨 교양이라는 이 지식의 네트워크 자체가 하얀 가면이 아닐는지.

### 미라보 다리

미라보 다리 아래 세느강은 흐르고
우리의 사랑도 흐른다
마음속 깊이깊이 아로새길까
기쁨 앞엔 언제나 괴로움이 있음을

밤이여 오너라, 종아 울려라
세월은 가고 나만 머문다

손에 손을 잡고 얼굴.마주하며
우리의 팔 밑 다리 아래로
영원의 눈길 지친 물살이
천천히 하염없이 흐른다

밤이여 오너라, 종아 울려라
세월은 가고 나만 머문다

사랑이 흘러 세느 강물처럼
우리네 사랑도 흘러만 간다

어찌 삶이란 이다지도 지루하더냐
희망이란 또 왜 격렬하더냐

밤이여 오너라, 종아 올려라
세월은 가고 나만 머문다

햇빛도 흐르고 달빛도 흐르고
오는 세월도 흘러만 가니
우리의 사랑은 가서는 오지 않고
미라보 다리 아래 세느만 흐른다

밤이여 오너라, 종아 올려라
세월은 가고 나만 머문다

야마구치현의 긴타이교. 미라보다리는 아니지만,
후쿠오카에서 그리 멀지 않은 야마구치현의 킨타
이교도 아름답기 그지없다. 17C 후반에 만들었고
최근에 복원된 것이기는 하지만, 목재 아치교의
건축적 우수성을 그대로 보여주고 있다.

## 한국의 미술교육과 마리 로랑생

마리 로랑생이라는 화가에 대한 인상은 한국인들에게도 매우 깊이 새겨져 있다. 해방 후 미술교육에 대한 주체적 자각이 생겨나기 전 약 30여 년 동안 한국의 미술교육은 식민지기 일본인의 미적 감성을 채 걷어내지 못하고 있었고, 이것은 그대로 공교육 현장에 무비판적으로 반영되곤 했다(이런 사정은 비단 미술교육에만 해당되는 것은 아니고, 문학 · 역사 · 영어교육… 등 모든 영역에 미만한 것이었다). 이 덕분에 마리 로랑생은 중등 미술교과서에 명작이라는 이름으로 실리는 단골 메뉴였다. 그런데 마리 로랑생의, 선이 얇고 모호한 느낌의 작품들이 유독 일본인에게 특별한 환대를 받았던 이유는 무엇일까? 아마도 그것은 소재나 대상 때문이라기보다 마리 로랑생의 표현 방식과 일본회화의 근친성 때문인 듯하다.

다소 일반화를 무릅쓴다면 전통회화(특히 우키요에나 민화)든 근대 유채화든 일본만의 특징을 일러 단순한 색감과 간결한 선에 있다고들 말한다. 그래서 일본 회화는 분명한 색감에 비해 부피감이 없다는 느낌을 받게 된다.

이 느낌은 마리 로랑생에게서도 여실히 느껴진다. 유채이면서도 파스텔처럼 얇고 거의 혼색을 쓰지 않아 가는 선이 뚜렷하게 부각된다.

말하자면 혁명적 분위기에 휩싸여 있던 20세기 초 유럽의 화단으로서는 주목할 여지가 거의 없었음에도, 일본의 입장에서는 이 유사성으로 말미암아 자국의 근대회화가 나아갈 모범적 예시 하나를 본 듯한 환각을 불러일으켰을 법도 하다. 어쨌거나 일본은 마리 로랑생을 오래 기억했고, 마리 로랑생 탄생 100주년을 기념하여 세상에 흩어

마리 로랑생 미술관. 현재 이 미술관은 2011년 10월부터 폐관 상태에 있다. 미술관 소유주가 바뀌면서 경영상의 문제가 있었던 모양이다. 미술관은 문을 닫았지만, 그래도 홈페이지(http://greencab.co.jp)는 여전히 활성화되어 있다.(마리 로랑생 미술관 제공)

져 있던 작품 100여 점을 모아(현재는 500여 점) 1983년 마리 로랑생 미술관(관장 다카노 마사히로)을 세웠다(長野県 茅野市).

## 검은 피부, 하얀 가면

프란츠 파농은 프랑스의 식민지령인 북아프리카 마르티니크에서 프랑스인 어머니와 본토인 아버지 사이에서 태어난 정신분석학자이다. 그 자신이 인종적 경계인이었기에(국적은 프랑스인) 그는 프랑스 백인들이 볼 수 없었던 식민지 흑인들의 이중심리를 갈파하곤, 평생 그 아픈 주제를 연구의 대상으로 삼았다. 말하자면 '자발적' 노예화라고 불릴 흑인들의 심리상태, 하얀 가면을 씀으로써 검은 피부를 가리고자 하는 욕망이 식민지배자들의 물리적 폭력 없이도 어떻게 저절로 생성되느냐 하는 것이었다.

사실 이 문제는 그대로 일제강점기 때 우리의 많은 지식인들 역시 빠졌던 함정이기도 했고, 어떤 면에선 프란츠 파농보다 더 극심하게 앓을 수밖에 없는 열병이기도 했다. 아무리 가리고자 해도 검은 피부가 가려지지 않는 흑인 아프리카인보다 인종·언어·문화적 유사성 때문에 가리고자 한다면 얼마든지 가릴 수 있는 것이 식민지 조선의 지식인들의 조건이었기 때문이다.

이 절망적인 문제에 대해 프란츠 파농이 『검은 피부, 하얀 가면』에서 내놓은 해답은 다음 문장에 압축적으로 담겨 있다. "유럽을 흉내 내고, 유럽을 따라잡겠다는 욕망에 사로잡히지 않겠다." "오 나의 육체여, 나로 하여 항상 물음을 던지는 인간이 되게 하소서."

# 우리에게 국가의 품은
# 존재하는가?

계단을 만들고, 도로를 넓히고, 횡단보도의 신호시간을 가능한 한
짧게 만들어 속도와 효율을 높여갈 때 그들의 시간은 점점 느려지고,
빈비례해 삶의 효율은 더더욱 낮아진다.
그러니 쥐꼬리만한 복지조차
실상은 복지가 아니라 손해보상이지 않은가.

바보 같은 생각 하나. 난 우리 속에 그렇게 많은 시각장애인이 함께 살아가는 지 몰랐다. 한국에서의 내 삶의 반경이 너무 좁아서 그런 것이었겠지만, 나는 이곳 후쿠오카에 와서야 비로소 내가 걷는 이 길과 바람벽이 그들과 공유하는 것임을 깨달았다. 그들이 눈에 들어오자 이젠 계속 그들만 눈에 띄기 시작했는데, 과장이 아니라 더러는 하루에도 서너 명과 마주치기도 했다.

내가 그녀의 뒤를 밟게 되었던 건 단순한 호기심 때문만은 아니었다. 날은 개었지만 전날 내린 비로 군데군데 바닥에 물웅덩이가 생겨 있었고, 하필이면 그녀가 반듯한 포장도로를 버리고 학교 체육관 쪽으로 빠지는 지름길을 택했기 때문이다. 다소 무거워 보이는 륙색을 메고 지팡이를 짚어가며 걷는 그 불안한 걸음새에, 발걸음 소리를 죽이며 뒤따르던 내 몸이 덩달아 출렁이곤 했다. 그도 그럴 듯이 넘어지고 부딪히는 거야 다반사일 테니 마른 땅이라면 무슨 문제가 있을까마는 오늘 같은 흙탕길에서라면 그녀의 하루가 완전히 망가지는 것이야 불을 보듯 뻔한 일이었기 때문이다.

무색하게도 내가 '웅덩이'라는 일본어를 알지 못해 사전을 꺼내 찾고 있는 동안 그녀는 내 기우를 비웃듯 아주 침착하게 장애물들을 하나씩 돌파하고 있었다. 웅덩이를 하나 둘 피해 계단을 오르고, 직각으로 꺾인 유치원 바람벽을 지나 자전거 출입금지 바리케이드를 돌아 마침내 반듯한 학교 교정으로 들어섰다. 나중에서야 나는 그녀가 인간과학부 3학년 학생이라는 걸 알게 되었다.

바보 같은 생각 하나 더. 유독 일본에만 시각장애인이 많을 리는 없는 법, 그렇다면 우리나라의 그 많은 시각장애인들은 도대체 어디에 숨어있었던 것일까? 시각장애인협회 사이트를 찾아보니 장애인으로 등록된 인원만 해도 26만 명이다(2012년 현재). 이 정도의 수라면 당연히 우리의 일상 공간에서도 수시로 마주쳐야 하는 거 아닌가. 그러나 그들은 보이지 않는다. 이 문제는 시각장애인들의 이동권에 관한 것이기도 하지만, 크게는 우리 사회가 안고 있는 비정상치the_abnormal에 대한 차별을 그대로 반영하는 것이기도 하다.

좋은 사회와 나쁜 사회를 나누는 지극히 단순한 잣대 중 하나는, 사회적 모순과 고통을 감추느냐 드러내느냐에 있다. 사회적 약자에 대해 극도로 인색한 우리 사회는 그것을 자신의 주위에서 사라지게 함으로써 정상치의 이익을 극대화하려 하지만, 좋은 사회라면 그들의 고통을 바깥으로 드러냄으로써 그를 통해 사회정책을 설계하기 마련이다. 공공선은 수적 다수로부터 창출되는 것이 아니라 소수를 배려하려는 사회적 의지로부터 비로소 창출될 수 있는 가치이기 때문이다.

몇 년 전 봉준호 감독의 〈마더〉를 보면서, 나는 이 영화가 어떻게 국제적으로 통용될 수 있

얼마 전 모지항 유리세공 전시장 앞에서 만난 시각장애인들이다. 마침 카메라를 들고 있어서 급하게 찍긴 했지만 이 사진을 참고자료로 써도 될까 하고 오래 망설이다 싣기로 했다. 초상권 침해라면 백배 사죄함이 당연하겠지만 이렇게 당당하게 거리로 나온 분들이니 부끄러운 것을 찍었다는 생각은 하지 않기로 했다.

었는지 매우 의아스러웠다. 내가 보기로 이 영화는 지극히 한국적인 맥락, 즉 사회적 약자의 고통을 아낌없이 그 부모와 가족에게만 덧씌우는 몰염치하고 비윤리적인(어떤 사회적 모순도 개인의 문제로 환원될 순 없기 때문에) 현재의 한국적 상황 속에서만 이해 가능해 보였기 때문이다. 그러므로 이 사건의 실제 살인범이었던 장애인 도준의 엄마가, 자신의 아들의 죄를 뒤집어쓴 또 한 명의 장애인 종팔에게 울면서 내뱉는 그 단명한 표현은, 한국이라는 이 야만의 사회에 내던져진 소수자들의 얇디얇은 보호막이 마침내 찢어질 때 나는 단말마에 다름

아니었다.

"너, 엄마 없어?"

그러나 이 엄마조차 가족 내 한 명의 장애인으로 인해 자신의 삶이 어떻게 산산이 부서지고 마침내 그것이 어떻게 가족의 해체를 가져오는지는 정윤철 감독의 〈말아톤〉이 매우 구체적으로 보여준다. 우연히 못 생긴 유전자를 타고 나서, 우연히 머리 나쁜 유전자를 갖게 되어, 그리고 재수 사납게 부자 부모를 갖지 못한 탓에 빛나는 인생을 살지 못하는 것 정도는 '모두 내 탓이요'하고 살아간다 쳐도, 이 문제는 장애자 인권 문제와 분명히 다른 차원에 속해 있다. 장애자가 살아가기 어려운 이유는 비장애인들이 그들의 삶의 터전을 끊임없이 약탈하고 있기 때문이다. 계단을 만들고, 도로를 넓히고, 횡단보도의 신호시간을 가능한 한 짧게 만들어 속도와 효율을 높여갈 때 장애인들의 시간은 점점 느려지고, 반비례해 삶의 효율은 더더욱 낮아질 수밖에 없다. 그러니 쥐꼬리만한 복지조차 실상은 복지가 아니라 손해보상이지 않은가.

인간과학부 3학년에 재학중인 그 학생을 만난 건 이 골목 안이었다. 조금 돌아서 가려 했다면 노면 상태가 좋은 길로 갈 수도 있었을 텐데 굳이 이 길을 선택한 걸 보면 내가 부러 눈을 감고 걷는 것과는 전혀 다른 감각이 있는 것이겠지….

## 마더? 머더?

자국에서 전혀 주목 받지 못했던 작품이 국경을 넘으면서 놀랄만
한 센세이션을 일으키는 사례는 드물지 않다. 프랑스의 작가 베
르나르 베르베르가 유독 한국에서만 대중적 인기를 끈다거나 한
국에선 거의 찬밥신세를 면치 못하는 김기덕 감독이 유럽이나 미
국에선 한국을 대표하는 감독으로 추앙받는 경우 등등. 의도된
건 아니겠지만 이들 작품의 어떤 특정 요소가 그 나라의 감수성
과 결합하여 발생한 우연한 화학 반응일 것이다.

그러므로 이런 현상 자체는 특정 국가의 여러 다양한 맥락 속에
서 형성된 것이므로 그들의 호평/혹평이 우리의 반응을 반성하게
하는 구실이 될 필요는 전혀 없다. 그래서 하는 말이지만, 봉준
호의 〈마더〉는 한국적 맥락에서는 참 좋은 작품이지만 오히려 이
때문에 칸영화제에서의 수상은 애당초 어려웠다고 할 수 있다.

세계화가 유사한 생활양식과 유사한 감성을 생산해 내고 있어
어디에서 작품이 생산되었든 큰 어려움 없이 세상의 다양한 작
품들을 즐기고 공감할 수 있다고 믿지만, 삶의 진정한 국면이란
각 나라의 특수한 조건을 통해 표현될 수밖에 없다는 사실 또한
간과해선 안 된다. 따라서 칸·베니스·베를린 등의 영화제에
대한 과장된 기대와 선망은 심각한 폐해를 낳기도 한다.

돌이켜보면 반세기 이상 일본이나 한국, 혹은 아시아의 영화들
이 유럽의 영화제에 목을 매고, 이 노력에 그들이 호명했던 작품
들이란, 기실 유럽인 자신들의 감성과 아시아에 대한 기대에 적절히 부
응하는 작품들이 아니었던가. 그리고 아시아 여러 국가들의 영화사(史)
는 이들의 호응 정도에 따라 명작의 순위가 결정되어 오진 않았을까.

〈마더〉 봉준호 감독, 2009.
이 영화는 한국이라는 야만
의 사회에 내던져진 소수자
들의 얇디얇은 보호막에 대
한 처절한 위기감과 그 광기
를 담고 있다. 사진은 몇 년
전 학생들과 '가족과 여성'이
라는 주제를 토론하기 위해
함께 〈마더〉를 관람하고 기
념으로 찍었다.

## "장애인 여러분 힘내세요!?"

시각장애인의 수를 확인하려고 통계청 자료를 뒤지니 이해할 수 없는 결

과가 나와 연구를 좀 해봤다. 이해할 수 없는 결과란, 2010년을 기점으로 장애인의 수가 전반적으로 줄어들고 있었기 때문이다. 이유는 이랬다. 2007년부터 지금까지 보건복지부에서 중증장애수당 신청자를 대상으로 장애등급 심사를 실시하고 있다. 심사의 내용은 단순히 장애의 등급을 매기는 데 있지 않고 부양의무 기준을 마련하기 위한 것이다. 부양의무 기준이란, 장애인 자신을 중심으로 부모나 자식의 소득과 재산을 조사해 수급비를 차등 지급하는 기준을 의미한다. 장애인 복지의 책임과 의무를 일차적으로 가족에게 덧씌우겠다는 발상이다.

그 때문에 그간 꾸준히 증가하던 등록 장애인의 수는 장애인등급심사가 확대된 2010년부터 줄어들었던 것이다. 특히 1,2급 중증장애인의 수는 눈에 띌 정도로 확연히 줄었다. 정부는 그간 장애등급과 관련한 부정을 막고, 필요한 사람에게 적합한 서비스를 제공하도록 예산을 효율적으로 집행하기 위한 객관적 기준이 필요하다는 입장이다. 그러나 복지혜택이 1급은 되고 2급은 안 된다거나 장애인의 수를 줄여 예산을 절감하려는 것은 뭔가 근본적으로 잘못된 것이다.

사회적 약자에 대한 이 인색한 정책 뒤편으로 이 즈음 온갖 매스컴에서는 "장애인 여러분 힘내세요"라는 헛된 구호만 남발했다. 이 구호는 정말 장애인을 향한 격려의 목소리였을까? 아님 장애인 등급제와 부양의무 기준 폐지를 외치며 길거리로 나선 장애들에게 동조하지 않길 바란 대(對)국민용 흑색선전이었을까?

| | 총등록 인원 | 1급 | 2급 | 3급 | 4급 | 5급 | 6급 |
|---|---|---|---|---|---|---|---|
| 2012 | 2,511,159 | 204,284 | 343,328 | 432,406 | 384,389 | 530,012 | 616,740 |
| 2011 | 2,519,241 | 208,123 | 351,176 | 433,044 | 389,490 | 530,710 | 606,698 |
| 2010 | 2,517,312 | 214,996 | 359,301 | 435,403 | 387,556 | 526,645 | 593,411 |
| 2009 | 2,429,547 | 220,500 | 367,079 | 424,321 | 360,673 | 499,28 | 557,706 |
| 2008 | 2,246,965 | 207,804 | 354,139 | 394,633 | 324,537 | 447,729 | 518,123 |
| 2007 | 2,104,889 | 199,571 | 349,990 | 368,035 | 297,028 | 406,764 | 483,501 |

출처 〈통계청〉

공사장 풍경

공사 현장엔 기계의 개입보단 사람들의 손과 일머리가 우선하고,
그 때문에 철저히 분업화되어 옆 사람이 무엇을 하는지조차 모르는
공장 안의 비인간적 노동과는 달리 공사장엔 사람과 사람 간의
교감이나 일과 일 사이의 긴장을 고스란히 훔쳐볼 수 있기 때문이다.

도시는 늘 공사 중이다. 무엇인가가 낡아서 고치고 교체하는 일보다 도시 구조 변경이 공사를 부른다. 좁은 공간에 많은 사람들이 모여 살다 보니 좁은 길은 차가 드나드는 넓은 길로 바뀌어야 하고, 연탄아궁이가 가스보일러로 바뀌면 가스관을 매설하기 위해 땅이 파헤쳐지고, 편한 전기제품을 하나둘 늘리다 보면 승압공사가 필요해진다. 그러니 어느 하루 공사가 멈추는 날이 없는 도시에 산다는 건, 일상적 불편을 요구하는 공사들에 무신경해지거나 익숙해져야 한다는 걸 의미한다.

그래서 그런 것일까. 평생을 도시에서 산 나는 공사장 구경이 취미다. 별로 남에게 권할 만한 취미는 아니지만, 공사장을 구경하는 건, 마치 5월 붓꽃이 그 자그마한 꽃망울에서 접시만한 마돈나 블루의 꽃잎으로 변신하는 걸 지켜보는 것만큼이나 재미있다. 먼지가 날리거나 통행의 불편은 잠시 잠깐이고, 무엇인가를 만들거나 해체하기 위해 인부들이 하나의 완성을 위해 제각기 다른 몸짓으로 분주히 움직이는 걸 구경하고 있노라면 이건 마치 정교한 퍼즐게임을 지켜보고 있는 기분이다. 그것도 그럴 것이 옥외에서 이루어지는 공사 현장엔 기계의 개입보단 사람들의 손과 일머리가 우선하고, 그 때문에 철저히 분업화되어 옆 사람이 무엇을 하는지조차 모르는 공장 안의 비인간적 노동과는 달리 공사장엔 사람과 사람간의 교감이나 일과 일 사이의 긴장을 고스란히 훔쳐볼 수 있기 때문이다.

부산만큼은 아니라 하더라도 내가 살았던 모모치에도 끊이지 않고 공사판이 벌어졌다. 마치 부산 북구의 삼락동이 낙동강 제방 때문에 매년 장마 때마다 물난리를 겪는 것처럼, 바다를 메워 조성된 모모치도 배수가 취약해 배수관 준설 공사가 오랫동안 진행되고 있었다. 연구실 가는 길이나 집으로 돌아오는 길에 우두커니 발걸음을 멈춰 서서는 얼마나 일이 진행되었는지, 혹은 앞으로 어떤 일이 진행될지 가늠해 보거나, 뜨거워지기 시작하는 햇살 아래에서 인부들이 흘려대는 땀과 그 땀을 훑어가며 서로에게 악쓰듯 질러대는 고함소리가 빚는 노동의 하모니를 즐기곤 했다. 그러다가 나는 그 속에서 한국에선 볼 수 없는 몇몇 낯선 장면을 만나곤 했다.

공사현장에서 맛있게들 피우는 흡연 모습은 기회가 닿지 않아 찍지 못했고, 이 사진은 일전에 나가사키에 갔을 때 신치 중화거리로 접어드는 입구에서 찍은 것이다. 내 관심을 끈 것은 젊은 사람과 나이든 사람이 마주보며 함께 담배를 피운다는 사실이 아니라 저렇게 지팡이 짚고 선 노인네와 젊은이 사이에 끊어지지 않는 '대화'였다. 결코 일방적이지 않는.

가끔 지나는 길에, 참을 먹고 있거나 휴식을 취하고 있는 그들 속에서, 연령 차이가 다소 많이 나 보이는 인부들 간에 담배를 피워가며 나누는 격이 없는 대화 장면이 그중 하나이다. 딱히 젊은이가 아버지뻘 되는 사람과 맞담배를 피우고 있기 때문이 아니라 그들 사이에 끊어지지 않고 계속 이야기가 지속될 수 있다는 사실 자체가 낯설었다(이 말에 이해가 잘 가지 않는 사람이라면, 우리의 직장이나 가정에서 한 두 세대를 뛰어넘는 사람들끼리 이야기를 오래 주고받는 것이 얼마나 대단한 일인가를 상기해 보면 된다). 이런 장면이 한번 눈에 띄자 나는 수시로 내 느낌을 검증하기 위해 관찰을 게을리 하지 않았는데, 그 결과 내가 내린 결론은, 이것이 기능한 깃은 한 집단의 공적 윤리가 여직 살아있기 때문이라는 것이었다.

사실상 효율성이 윤리를 압도해 버린 우리의 직장 환경에서는 인간적인 대화를 기대한다는 게 쉽지 않고, 이러한 인간관계를 기본으로 하는 작업장에서 개개인의 창의적 능력이 발휘될 가능성은 거의 없다. 협업이 불가능할 경우 개인의 능력이란 오로지 그 개인을 통제하는 시스템에 호환적일 때만 선한 것이기 때문이다. 이 때문에 우리의 직장들은 사용자의 터무니없는 구조조정에도 거의 속수무책일 수밖에 없는데, 그것은 공적 윤리를 말소한 후 그 자리를 차지한 경쟁시스템이 옆 동료의 해직을 자신의 문제로 받아들이는 것을 허락하지 않기 때문이다.

또 하나. 공사장에서 내 시선을 끈 것은 도로의 안전 지도를 하고 있는 공사장 인부들의 모습이다. 큰 도로변이라면 두말할 필요도 없겠지만, 언젠가는 골목길에서 변압기 교체공사가 있었는데, 세 명의 인부 중 두 명이 안전지도를 하고 있었다. 여기서 내가 강조하고 싶은 것은 일본인들의 안전 의식이 아니다. 오히려 이 문제보다 이 풍경은 우리로 하여금 이들이 여태껏 해고되지 않고 있다는 사실을 새삼 환기시킨다. 사

모모치토리의 가로수 전지 공사 현장. 소규모의 공사 현장에도 언제나 안전 요원을 둘 이상 배치하는 일본의 고용구조가 부럽다.

용자의 입장에서 보면 별 할 일도 없는 사람들이고, 한적한 곳에서라면 그렇게 생각한다 해도 딱히 반박하기도 어려운 상황임에도, 일본의 고용 현실은 아직은 이들의 임금을 고정비로 간주하고 있음에 분명하다.

무엇이 이들의 고용현실을 이다지 넉넉하게 만드는지에 대해선 많은 연구가 필요하겠지만, 공사장에서 본 두 풍경으로부터 얻을 수 있는 결론은 딱 하나이다. 효율성에 압도되지 않을 노동자공동체의 회복. 장기적으로 보면 생산성을 제고할 방법도 이것이고, 또한 가혹해지고 있는 고용현실에 저항할 유일의 방법도 이뿐인 듯하다.

## 부산은 공사중

하부기반시설을 증설, 확대하기 위해 도시는 필연적으로 공사를 일상화한다. 하지만 특히 한국을 지칭해 '토건공화국'이라 함은 항상적 과잉상태의 토건사업을 통해 국가발전의 환상을 내면화하는 '개발국가'를 뜻한다. 노태우 정권 때부터 시작된 '새만금간척사업'이나

최윤식, 부산시립미술관 전면에 검은 분진망을 씌워 공사 중인 건물로 보이게 했다.

성효숙, 〈진혼〉 노동자의 신발에 종이꽃을 놓아 죽음을 애도했다.

참여정부의 '행정복합도시', '문화중심도시', 이명박 정권의 '4대강 사업' 등은 이를 잘 보여주는 대표적 사례이다. 역사적으로 일시적인 경제 불황을 타개하기 위해 토건사업을 벌이는 예는 적지 않지만(미국의 TVA사업 등), 이를 만성화할 경우 정치경제적, 생태문화적 폐해가 심각해진다는 비판은 오래 전부터 계속되어 왔다. 외국인의 눈에도 한국의 이 만성적 공사판은 놀라운 것이었던지 2012년 부산비엔날레의 전시감독을 맡은 독일의 로저 M. 뷔르겔은 공사를 가장 중요한 전시 키워드로 내세웠다. 멀쩡한 미술관 외벽 전체에 비계를 설치하고 분진 방지막을 두름으로써 한국인의 일상을 아주 낯설게 재현했다.

## 고객님은 모르셔도 됩니다

말도 안 되는 소리지만, 난 가끔 세상 사람들을 두 종류로 나눌 수 있는 걸까 하는 생각을 한다. 예를 들면 '시계의 앞면을 중시여기는 부류'와 '시계가 어떻게 작동하는지 뒷면을 중시하는 부류'. 우리는 전자를 디자인, 후자를 기계–공학이라고 부르고, 전자의 대

표적 주자로 'iPhone'을 만든 스티브 잡스를, 후자의 대명사로는 전구와 축음기를 발명한 토마스 에디슨을 꼽는다. 말하자면 에디슨의 천재성은 동일한 원리를 이용하여 실생활의 필요에 따라 기계장치를 무수히 분절한 것임에 반해, 잡스는 이렇게 나뉘어져 있는 기계들을 하나로 통합하는 데 천재적 능력을 발휘했다. 잡스의 통합에의 욕구가 어느 정도 병적이었는지는 iPhone의 충전지가 분리되지 않는 것만으로도 충분히 이해된다. 기계적 장치는 장인들의 솜씨를 믿고 소비자는 디자인에나 신경을 쓰라는 뜻이다. 잡스에게서 유독 강하게 나타나긴 했어도 이런 경향은 최근 들어 매우 보편화된 추세이다. 들뢰즈가 이 시대를 적시하여 'seamless'(이음매가 보이지 않는)라고 표현한 것도 누군가에 의해 기획되고 구성되었을 장치와 제도를 그 기획의 의도나 구성적 실재엔 접근하지 말라는 뜻이고 그 대가로 소비자에게 주어진 것이 디자인일 수밖에 없다는 사실에 대한 비판이다. 그런 의미에서 디자인에 대한 현대인의 과한 관심은 긍정적인 현상만은 아니다. 현 정부가 한국의 미래가치로서 '창의경제', '창의인재'를 표방했을 때, 이것이 뜻하는 바가 분절된 기계장치를 하나로 통합하는 잡스의 과학자로서의 천재성에 대한 것이 아니고 오히려 디자인에 대한 병적 집착으로 이해되는 건 왜일까. 아마도 그것은 원칙에 매달리기만 할 뿐 이 원칙이 만들어지는 과정은 철저히 은닉하려는 현 정부의 태도 때문인 듯하다.

## 치솟는 인건비와 한국의 경쟁력

굴곡이 없진 않았지만 80년대 이후 한국경제는 GDP 면에서 놀라운 성장세를 보여 왔다. 이러한 성장은 이 시기 동안의 북미와 유럽뿐 아니라 세계 전역의 장기적 불황을 고려할 때 매우 예외적인 것이다. 그러나 이러한 성장의 이면에는 한국의 열악한 노동조건이 단단히 한몫을 하고 있다. 제품의 질에서 차이가 없다면 시장 선택의 결정적 요소는 가격이고, 가격의 가장 큰 변인은 인건비다. 선진 산업국가에서의 노동에 대한 사

회적 기대치는 성장기 한국의 그것에 비해 월등히 높았고, 이것은 약 30
년간 그대로 가격과 시장에 반영되어 왔던 것이다. 문제는 이 기대치가
앞으로도 변하지 않고 지속될 가능성이 매우 낮다는 데 있다. 신자유주
의 이후 영국을 위시한 유럽 제 국가들과 미국의 고용정책은 이 기대치를
떨어뜨려 왔음에 비해 오히려 한국의 전반적 분위기는 노동에 대한 사회
적 보상이 과거보다 더 많아야 한다고 생각하기 때문이다. 국가와 기업,
노동자 사이에서 이에 대한 합의를 이끌어내는 것도 쉬운 일이 아니겠지
만, 이 분위기가 가격에 반영되는 그 시점에서 한국의 경제는 지금과는
전혀 다른 상황에 직면하게 될 것이다. 모르긴 해도 그 상황은 지금, 혹
은 아주 가까운 미래에 도래하지 않을까 싶다.

## 무인경비시스템

내가 살고 있는 아파트는 450세대 정도가 거주하는 그다지 크지 않은 아
파트인데, 원래 8명의 경비원이 순환 근무를 했다. 근데 지금은 4명으로
줄었다. 관리비에서 인건비가 차지하는 비중이 너무 높다는 이유에서였
다. 그리고 그 자리는 폐쇄회로로 대체되었다. 학교 역시 마찬가지. 몇
년 전에 정직원이었던 야간경비 직원이 없어지면서 무인경비시스템을
내세운 보안 위탁업체가 이 업무를 대행하고 있다. 그 덕분에 나는 늘 감
시의 대상이 된다. 카메라는 인격체로서의 나를 인식하지 않는다. 그것
이 인식하는 것은 비밀코드가 내장된 카드이고, 그것에만 반응한다. 그
리고 난 이 방의 주인이 아니라 카드의 소유자일뿐더러 내 카드와 카메라
사이에 공모된 비밀코드를 전혀 이해하지 못한다.

다카하시 교수의
소박한 점심

십여 년 동안 직장을 가진 아내와 가사를 분담해 온 결과
자신이 오랫동안 아침 식탁을 맡아왔고,
아내뿐만 아니라 아이의 도시락까지 손수 준비한다니,
말을 건넨 내가 오히려 사뭇 놀라웠다.

다카하시 교수는 가끔 점심을 같이 먹는 나의 도시락 동무이다. 전공은 한일관계사韓日關係史이고 한국에서 일 년을 체류했던 경험이 있어 서툴게나마 한국어와 한자 필담을 동원하면 세상 이야기가 가능했던, 몇 안 되는 나의 일본인 동무 중 한 사람이다. TV의 오락 프로그램을 거의 보지 않는 나와는 달리, 어디서 듣고 보는지 한국 아이돌 스타의 근황을 나에게 전해 주거나 특히 원더걸스의 'Tell me'를 좋아해 어느 자리에서나 이 노래를 율동과 함께 부르곤 해 좌중을 웃음바다로 만들곤 하는 아주 유쾌한 양반이다. 뿐만 아니라 원더걸스의 주 관객층이 중년 남성이라는 사실을 일러준 것도 그였고, 한국에선 거의 처음으로 등장한 중년 남성과 십대 아이돌 스타와의 공모가 모종의 사회적 변화를 지시하는 것이라고 귀띔해 준 것도 그였던 만큼 그는 단순히 유쾌하다는 설명만으론 다 표현되지 않는 예리한 직관력의 소유자이기도 하다.

그런 그였기에 같이 점심을 먹는 날은 언제나 즐거웠다. 처음엔 학교 주변의 맛집을 찾아다녔지만, 그게 순전히 나를 위한 배려라는 걸 알고부터는 나 역시 그처럼 도시락을 준비해야만 했다. 그의 도시락은 늘 한결 같았다. 우메보시매실장아찌를 얹은 흰 밥에 간장에 조린 생선 한 토막, 그리고 연근이나 토란, 혹은 우엉이나 해조류 조림 두어 가지. 그것이 내겐 다소 빈약해 보여 넌지시 너무 초라한 것 아니냐고 물어보았더니, 자신이 직접 만들고 싼 것이라며 쑥스러워 하기는커녕 은근히 자부심을 내비쳤다. 십여 년 동안 직장을 가진 아내와 가사를 분담해 온 결과 자신이 오랫동안 아침 식탁을 맡아왔고, 아내뿐만 아니라 아이의 도시락까지 손수 준비한다니, 말을 건넨 내가 오히려 사뭇 놀라웠다. 그렇다면 번거롭게 도시락을 싸지 말고 사 먹으면 되지 않냐고 물었더니, 그만한 돈이 어디 있냐며, 자신의 수입 총액과 지출의 세목을 일일이 열거해 보이기까지 했다.

자신과 비전임 대학강사인 아내의 수입만으로는 3년 전에 은행 대출을 받아무리해서 마련했던 맨션의 상환금과 이자를 지불하기도 벅차다는 것이었다. 그래서 그랬던 것일까. 와타나베가에 있는 그의 집에서 학교까지는 사뭇 먼 거리인데도 그는 꼬박꼬박 자전거로 출퇴근을 했다. 공공 교통요금이 워낙 비싸니 아마도 그랬을 것이다. 그리고 보면 150명 정도 되는 교수들 중 자동차로 출퇴근을 하는 이가 오히려 드물다든지 교내 주차장이 모두 합쳐 40여 석 정도밖에 마련되어 있지 않은데도 늘 여유가 있어 보였던 것도 비로소 수긍이 갔다.

사실 거품 경제가 걷힌 이후 일본 사회는 상당히 자성적인 분위기로 바뀐 듯하다. 예전에 비해 외제차와 2000cc 이상의 준대형 승용차는 그 수가 현저히 줄었고, 마구잡이식 해외여행 또한 거의 사그라진 분위기다. 그에 비하면 가끔 귀국해서 보는 한국의 도로 풍경이 오히려 지나치게 부유해 보일 정도이다. 일상적 행복을 구하는 방법이 두 나라에서 당연히 다를 것이니 이것을 놓고 옳고 그름을 따질 필요는 없겠지만, 도시락을 싸 오고 한 시간의 거리를 자전거로 출근하면서도 어떤 공연장도 결코 비는 법이 없는 나라와, 집과 자동차의 크기가 커질수록 타인에게 인색해지고 공연장에 사람 모으는 일이 점점 어려워지는 나라 중에, 어느 쪽이 삶의 질이 나을지는 불문가지의 일이다. 다카하시 선생을 보면서, 이젠 우리도 남의 눈치만을 볼 게 아니라 제 속의 헛헛함을 통찰할 때가 된 것 아닌가, 하는 생각을 문득문득 했다.

일본 기차 여행이 즐거운 이유 중의 하나는 역마다 즐비한 그 지역 고유의 도시락이고, 이를 마음껏 고를 수 있고 어디서나 편하게 먹을 수 있다는 것이다.

후쿠오카 시내에 있는 자전거 주차장

교토대학의 자전거들.
사진을 찍었을 때가 마침 방학 중이라 조금 홀빈
하긴 한데, 학기중엔 완전 장관을 이룬다. 이 때
문에 자동차 주차 면적은 한국에 비해 매우 조금
밖에 제공되지 않지만 그럼에도 늘 여유가 있다.

## 홀로 먹는 도시락

일본 대학의 점심시간 풍경은 우리와 사뭇 다르다. 삼삼오오 모여서 학교
교내식당이나 주변 음식점으로 향하는 한국과 달리 일본의 학생들은 도시
락을 사기 위해 바쁘게 생협이나 편의점으로 달려간다. 일본에 도시락 문
화가 발달한 건 더운 기후 때문에 찬 음식을 먹는 습관 때문이라고도 하지
만 최근에는 오랜 경기 불황이 한 몫을 하고 있는 듯하다. 도시락을 사서는

대체로 계단참이나 화단에 홀로 앉아 먹는다. 하루는 그 맛이 어떤가 하고 나도 생협에서 돈부리 하나를 사서는 화단가에 앉아 먹었다. 이제 막 만든 도시락이라 음식은 따뜻했지만, 목이 메었다. 가난한 음식 때문이 아니라 형식의 초라함 때문에 그랬다. 들일을 하다 먹는 농부들의 음식이 이보다 나을 리 없겠지만 함께 먹기에 질박한 음식도 축복인 법인데, 홀로 끼를 이으며 가고자 하는 거기는 도대체 어디인 것일까. 학생들은 5교시 수업(일본 대학들은 대체로 90분이 한 단위이고 학점도 이에 준한다)이 끝나는 순간 어디론가 다 흩어진다. 그래서일까. 일본 대학가에는 한국이라면 즐비하게 늘어서 있는 술집과 카페가 거의 없다.

## 조세 징수와 형벌제도의 형평성

직접세율이 높은 일본(직접세 56.3%, 간접세 43.7%)에 비해 한국은 간접세율(직접세 43.7%, 간접세 56.3%)이 상대적으로 매우 높다. 간접세는 아이나 어른이나, 부자나 가난한 사람이나 물건을 사는 사람에게 똑같은 세금을 내게 하는 것이니, 나라 살림의 기반을 생필품에 부과된 부가세, 주세, 소비세로 꾸리고 있다는 말이다. 그야말로 조세만큼은 빈부격차 없는 평등이 실현되고 있는 셈이다. 그런데 세금 감면 혜택은 평등하지 않다. 경제 발전이라는 명목으로 최근 몇 년간 대기업이나 고소득자의 법인세, 상속세 등은 지속적으로 감면 혜택 폭이 커지고 있다. 꽤 오래된 이야기이긴 하지만 핀란드의 노키아 회장이 규정 속도를 40km 초과한 대가로 지불한 범칙금이 2억 6천만 원이었다는데, 이는 범칙금 액수가 소득에 비례하여 징수되기 때문이다. 화폐의 효용이 누구에게나 같을 순 없으니 공공성 위반에 따른 사회적 책임을 정서적으로 체감하는 금액 또한 달라야 할 것은 당연한 것 아닌가. 조세 평등이란 말은 이럴 때 써야 하는 것이다.

## 경제대국의 몰락을 돌아보며

요즘 한국 어디에서나 겪고 있는 전세 대란을 보면서, 1980년대 후반 일본을 강타했던 경제난을 떠올리게 된다. 소위 '잃어버린 10년'이라고 부르는, 고공 행진 중이던 일본 경제를 단번에 곤두박질치게 만든 이 사태의 중심엔 저금리 정책에 따른 부동산 투기가 가로놓여 있다. 1985년의 플라자 합의 이후 2배 이상 평가절상된 엔화로 인해 제조업과 수출이 위기에 빠지자 대폭적인 금리 인하책이 나왔고, 시장으로 풀려나온 자금이 가장 손쉽게 찾아낸 투자 대상이 부동산이었다. 매입된 토지의 부가가치 창출을 위해 건설 붐이 뒤를 따랐고, 그로 인해 주택 가격과 임대료 또한 폭등하기 시작했다. 문제는 이로부터 받는 서민들의 고통이었다. 서민들은 도시 외곽으로 밀려나 통근시간이 두 시간 이상 걸리는 것은 예사이고 출퇴근 시간마다 지하철을 타려는 사람들로 늘 북적였다. 이후 비정상적인 땅값, 집값을 잡기 위해 정부는 1990년, 부동산 대출 총량 규제 정책을 실시했지만, 오히려 사정은 더 나빠졌다. 부동산·건설업체가 잇달아 파산하면서 경제는 극심한 불황에 빠졌고, 기업은 불황을 극복하기 위해 임금을 삭감하고, 구조조정을 단행했기 때문이다. 흔히들 잃어버린 10년이라고 말하지만 2000년대 들어서고서도 여전히 일본 경제가 저성장의 늪에서 빠져나오지 못하고 있다는 사실을 감안하면 잃어버린 건 30년이고 그 고통은 오롯이 서민들의 몫으로 남았던 것이다.

일본 경제 이야길 하니 재미난 일화가 하나 생각난다. 거품경제 당시 투기 1위 품목은 단연 주식과 부동산이었지만, 이로부터 재미를 본 투자자들은 좀 더 안정적인 투자 대상을 찾았다. 부동산으로 큰돈을 번 대형부동산 기업들에게 해외 명화는 또 다른 매력적 대상이었다. 일본의 대부업자 모리시타 야스미치(森下泰道)는 프랑스 인상파 화가들의 작품을 대거 사들이며 세계 미술품 시장을 장악했는데, 왜 유독 인상파 작품을 고집하느냐는 질문에 그가 했던 답은 퍽이나 인상적이다. "인상파 작품들이 현대식 건물의 인테리어와 잘 어울리기 때문". 부동산 붐과 미술품을 이렇게 절묘하게 결합하다니 역시 정직한 일본인답다는 생각이 든다.

연금생활자들

내수시장의 안정화에 큰 기여를 한다는 경제적 측면뿐만 아니라
특정 세대에 사회적 권력이 과점화되는 폐단을 막아 전통문화와 근대문화가
상호 습합하는 문화적 다원성이 확보될 수도 있다는 점에서
상상 외의 사회적 이익이 창출되는 원동력이기도 하다.

니시진西新시장 초입에 '라핀 앤 사핀Lapin & Sapin'이라는 작고 앙증맞은 가게가 있다. 젊은 여인이 가게 주인인데, 자신이 직접 만든 액세서리나 여성 의류 등을 예쁘게 펼쳐놓고 사람들을 불러 모으는 손바닥만한 동네 가게다. 아내와 딸아이가 이 가게를 좋아해서 한가하게 장을 볼 때면 그냥 지나치는 법 없이 들러, 골동품 감정하듯 자그마한 물건 하나하나를 꽂아도 보고 둘러도 보곤 하면서 마냥 즐거워했다. 그럴 때면 나는 여자들뿐인 그 가게에 들어가기가 뭣해 등푸른 생선 일색인 건너편 어물전 옆에 붙어 서서는 그들이 나와 줄 때까지 후줄근하니 담배를 피우거나 그 가게를 드나드는 사람들을 구경하곤 했다.

다소 황당한 표현일지는 모르지만, 나는 이곳 일본에 와서야 비로소 노인들도 소비의 주체일 수 있다는 사실을 알았다. 처음엔 너무 낯선 풍경이었다. 이런 액세서리 가게에 할머니 손님이라니…. 한 손엔 시장바구니를 들고선 그분들 역시 내 아내와 딸아이와 다르지 않은 모습으로 그 작은 것들에 마음을 쏟곤 했다.

라핀 앤 사핀이라는 예쁜 악세사리 가게

니시진 시장에는 꽃집이 참 많다. 사진에서처럼 어머니날(5월 두 번째 일요일)에만 많은 것이 아니라 불단에 올릴 꽃을 사느라 늘 사람들로 붐빈다.

후쿠오카미술관을 찾아오는 노인들

그 수도 그리 적은 것이 아니었다. 나중에야 알게 된 사실이지만, 주인 여자의 말을 빌리면, 가게의 주 고객층은 바로 그 분들이란다.

니시진 시장 안에는 노인들에 의해 유지되는 가게가 이곳 말고도 여러 군데가 더 있다. 지나치게 많다 싶을 정도의 화원마다 할머니 할아버지 손님이 끊이지를 않고(아직도 대부분의 일본 가정에서는 조상의 위패를 모시고 있고, 여기에 아침저녁으로 공양과 꽃을 올린다), 젊은 사람들을 위한 옷가게와 하등 다르지 않은 정갈한 노인 전용 의류 매장이 성업 중이며, 또한 자그마한 스시가게나 창작 카레 같은 단품요리 전문점의 점심시간에는 거의 대부분의 좌석이 이분들에 의해 채워진다. 그뿐 아니라 시립미술관이나 아시아미술관 같은 시내의 주요 공공미술관에 들러보면 관객의 절반 이상이, 그리고 가장 진지한 관객들이 바로 이들이다.

하지만 일명 연금생활자라고 불리는 이 분들에 대한 일본사회의 시선은 그다지 곱지 만은 않다. 비생산 세대에 투입되는 엄청난 사회적 비용이 결과적으로 생산 세대의 주머니로부터 빠져나가고, 나아가 앞으로 노인 인구가 계속 점증할 것이 뻔한 현실이고 보면, 이런 시선은 당연하기도 하다. 그럼에도 불구하고 이들 연금생활자들의 존재는 내수시장의 안정화에 큰 기여를 한다는 경제적 측면뿐만 아니라 특정 세대에 사회적 권력이 과점화되는 폐단을 막아 전통문화와

꽃을 사가는 중년남자.
아내나 여자친구에게 줄 선물은 아닌 것 같고....

근대문화가 상호 습합하는 문화적 다원성이 확보될 수도 있다는 점에서 상상 외의 사회적 이익이 창출되는 원동력이기도 하다.

특히 우리 사회처럼 모든 소비가 십대와 이십대에 극단적으로 편중화되어 있는 경우라면, 이 사실은 기억해 둘 충분한 가치가 있다. 세상 어디를 둘러 봐도, 효를 중시한다고 목소리를 가장 높이는 우리나라만큼 노인들을 무시하고 홀대하는 나라는 없다. 경제사정이 나빠지면 가계 지출 항목 중 제일 먼저 끊어지는 것은 부모님 용돈이지만, 그 반대로 상권이 가장 마지막까지 살아남는 곳은 대학가이다(요즘 대학가는 대학생뿐만 아니라 중·고등학생까지 흡수하여 유지된다). 그 사이 노인들이 향유했던 과거의 문화는 모두 사라졌다. 하지만 더 끔찍한 일은, 이들 문화가 사라지자 얇디얇은 젊은이들의 독점적 문화가 자기 반성적 긴장을 완전히 상실해 버린다는 점이다. 상호견제가 소멸할 때 가장 두려운 일은 비판 기능이 말살됨으로써 특정 집단의 독주를 제어할 수 없다는 사실이다. 마치 지금 우리 사회가 꼭, 그러한 것처럼.

## 전통 풍경

일본어 과외를 받으러 다녔던 미즈하야 씨 댁에는 4대가 살고 있었다. 결혼은 했지만 부모님과 더불어 조모도 계셨고, 유치원생인 류쿠와 소라까지. 이렇게 연세가 지긋한 분들이 사는 집에는 으레 부츠단(仏壇)이 있기 마련이다. 부츠단은 불단을 소형화한 것으로 일반 가정에서는 선조나 가족의 신위를 모시는 단인데 사람들은 아침에 일어나 제일 먼저 부츠단의 문을 열고 아침 인사를 하는 것으로 하루를 시작한다. 아침 식사 전 밥과 물을 조금 떠서 단에 올려놓고, 출근을 할 때나 외출할 땐 마치 살아계신 부모님께 그러하듯 다녀온다는 인사도 한다. 퇴근해서 돌아왔을 때에도 인사를 잊지 않고 잠들기 전 부츠단 문을 닫으며 하루를 정리한다. 부츠단

부츠단

우측 상단에 있는 것이
가미다나

에는 항상 싱싱한 꽃을 두도록 신경을 쓰고, 햇과일이나 선물로 들어온 음식은 부츠단에 올려놓고 나서 맛을 본다.

그리고 부츠단 말고 가미다나(神棚)라는 신단(神壇)도 으레 함께 있는데, 사진에서 보는 것처럼 부츠단의 상단에 일본의 중심신인 아마테라스(天照大御神), 혹은 지역의 씨족신인 우지가미(氏神) 등을 모시고 있다. 그리 오래되지 않았을 이런 전통이 언제부터 생겼고, 그 사회적 의미가 무엇인가 하는 문제 등은 다른 자리를 빌려 연구해야 할 필요가 분명 있을 테지만, 미즈하야 선생 댁에서 본 이 전통 풍경은 이미 우리에겐 없는 것이기에 오래 마음에 남았고, 부츠단과 가미다나가 이 집에 남아 있는 한, 미즈하야 선생의 할머니도 눈칫밥을 먹으면서 살 필요는 없겠단 생각을 했다.

## 소비 주체로 부상하는 단카이 세대

최근 단카이(團塊, だんかい) 세대라 불리는 노인들이 새로운 소비 주체로 주목받고 있다. 단카이 세대란 1947년에서 1949년 사이에 급격히 증가한 출생 인구(베이비 붐)를 지칭하는데, 바로 이들이 일본의 고도성장을 이끈 주역이라는 점, 그리고 이 자부심이 그들 간의 강한 결속력을 만들었다 하여, 경제평론가인 사카이야 다이치가 자신의 소설 제목으로 사용하여 유행했던 용어다. 이들은 전후 민주적 교육의 수혜 세대로 세탁기, 냉장고, 컬러TV 등 물질적 혜택을 입으며 서구적 라이프스타일을 즐기는 세대로 지칭된다. 때문에 이들은 나약하고 소외된, 노인에 대한 기존의 이미지를 벗고, 자기계발을 위한 교양 학습, 인간관계, 취미 생활과 여유를 통한 건강한 삶을 매우 중시하고 있고, 이로 인해 그들을 위한 의료, 문화, 여행, 패션 등 관련 업계는 이들을 위한 판매 전략에 열을 올리고 있다.

얼룩 고양이 지지

얻어먹되 길들지 않으며,
머물긴 하지만 결코
정주하는 법이 없으며,
더불어 살 뿐
위계를 만들지 않는 놈들.

그놈이 우리에게 어떻게 왔는지는 잘 모른다. 이 방의 전 거주자가 떠나면서 버린 놈일 수도 있고, 매일 아침 베란다에서 무엇인가를 기다리는 듯한 그 놈의 애잔한 눈빛이 우리의 향수에 와 닿았을 수도 있다. 어쨌거나 한국이었더라면 기겁을 하고 내쳤음에 분명한 그놈을 위해 아내는 인터넷을 뒤져 고양이에 대한 정보를 하나 둘 모으기 시작하더니, 까마귀가 새 둥지를 짓기 시작할 무렵, 슈퍼마켓에서 사료와 통조림을 사와 그 놈을 거두었다. 그렇게 시작되었다. 하루에 두 번, 기숙사 관리인의 눈을 피해 밥을 주면, 달게 먹고는 양지 바른 곳에서 웅크려 반시간 가량 쉬었다 가곤 했다.

아내의 측은지심을 자극한 것은 아마도 그 놈의 배였을 것이다. 무심한 내 눈엔 보이지도 않았던 그 놈의 불러온 배를 보곤, 멸치를 빨아서 사료에 버무려주기도 하고, 더러 염장 안 된 생선을 토막 내어 건네기도 했다. 그러기를 한 달쯤, 정확하던 출근 시간이 흐트러지고 더러는 빼먹는 날까지 생기기 시작하더니, 마침내 삐쩍 말라 아주 볼썽사나운 꼴을 하고는 우리 앞에 나타났다. 게걸스럽

얼룩고양이 지지와 그 새끼

게 먹이를 먹어치우는 걸로 보아서는 배를 곯고 있음이 분명한데도, 작은 소리에도 아주 예민해져 먹이를 두고도 어디론가 쏜살같이 달려가곤 했다. 아마도 두고 온, 눈 못 뜬 제 새끼가 염려스러운 모양이었다.

이즈음 장마가 시작되지 않았더라면 그 놈의 뒤를 미행하는 일 따위는 없었을 것이다. 큐슈 지방의 장마는 마치 열대의 스콜처럼 쏟아지다 말다를 반복할 뿐만 아니라 단시간의 강우량도 엄청나서 하수관이 역류하면 어디든 순식간에 물바다가 되곤 했기 때문에, 칠칠치 못한 어미가 새끼를 어디다 숨겨놓았는지 자못 걱정이 되었던 까닭이다. 하지만 미행은 번번이 실패였다. 사람의 길과 고양이의 길이 같을 리 없었으므로, 그 놈이 담장 위를 걷거나 좁디좁은 건물 사이로 파고들면 그걸로 미행은 늘 끝이 나곤 했다.

하지만 그 놈이 사라진 그 길 위에서 아내와 나는 예기치 못한 것들과 조우하곤 했다. 사람의 길로부터 벗어나니, 지금까지 보이지 않던 장소들이 불현듯 펼쳐지곤 했던 것이다. 하루는 담장을 타고 가다 훌쩍 사카모토 씨네 후원 구석으로 사라지는 그 놈을 눈으로만 좇다가, 우리는 문득 그 후미진 곳에 버려진, 우리들 유년의 기억을 발견하기도 했다. 비켜가는 오후의 거친 햇살 속에서 나뭇결이 선명한 낡은 쪽마루가 있고, 그 앞에 놓인 디딤돌 가장자리로 물기를 잔뜩 머금은 푸른 이끼들과, 그리고 땅 위에 패어진 선연한 낙숫물 홈들을 보았다. 사소하기 짝이 없는 것들, 사소하기 때문에 다 지워져버린 것들, 그렇기에 현재로 소환될 수 없어 절단된 채 과거 속에 유폐된 이미지들이었다.

우리는 사카모토 씨네 나지막한 담장 위에 가슴을 괜 채, 우리의 몸을 관통하고 있는 질긴 식민지의 역사를 오래 음미했다. 여태껏 내 감성의 한 축을 이루어왔음이 분명하지만, 이미 우리의 삶 속에서는 파기되어버린 것들의 원형을 원수의 얼굴 속에서 찾은 꼴이라니…. 하지만 지금 그 식민지 잔재를 일소한 후 세

사람은 사람의 길이 있고 고양이는 고양이의 길이
있다. 그런데 가끔 사람이 고양이의 길을 따라가다
보면 사람의 길 위에서는 보이지 않던 것들이 보이
기도 한다.

기요미즈 씨네 현관.
봄비에 떨어진 때죽나무꽃이 예쁘다.

운 우리의 높은 아파트들 또한 그 원형이 우리 것이 아니라는 점에서 비극적인 역사는 계속되고 있다고 말할 수 있다. 수입된 황소개구리들처럼, 제 땅에서는 스스로의 질서를 따라 도드라지지 않고 살아왔을 그놈들이, 남의 땅에선 순식간에 포식자로 변해버린다. 아파트라는 거죽만 오고 그들의 공동체적 살림살이라는 내용물은 버리고 온 탓이다.

그런 점에서 보면 고양이는 참으로 지혜로운 놈이다. 얻어먹되 길들지 않으며, 머물긴 하지만 결코 정주하는 법이 없으며, 더불어 살 뿐 위계를 만들지 않는 놈들.

사카모토씨네 뒤안. 사진을 찍을 때는 단풍이 좋아서가 아니라 축축한 이끼가 좋아서 찍은 건데 카메라가 내 의지를 배반했다.

수유칸고등학교의 교정에서 만난 새. 내가 멍청이새라고 이름을 붙였는데, 어찌된 영문인지 이 새는 마치 비둘기처럼 사람을 거의 두려워하지 않았다.

## 더불어 살되 위계를 만들지 않는

'교미배란'이란 말이 있다. 대부분의 포유동물은 배란기가 되면 난소의 여포가 호르몬에 의해 터져 교미 후 자연스럽게 임신이 되는 데 반해, 특이하게도 토끼와 고양이의 경우엔 배란기가 되어도 난소의 여포가 저절로 터지지 않고 오로지 교미라는 자극을 통해서만 배란이 가능한 것을 말한다. 이때문에 다른 동물들은 짝짓기 대상을 선택하는 데는 신중하지만 일단 선택하면 그놈하고만 교미를 하는 게 일반적이지만, 고양이는 대상의 선택보다는 한 번의 발정기에 가급적 여러 마리의 수고양이와 짝짓기를 하려 한다. 교미라는 자극을 통해 배란이 이루어지므로 좀 더 확실한 임신을 위해서는 계속적인 자극이 필요하기 때문이다. 그리고 온 동네를 떠들썩하게 만드는 그 그악스런 암컷의 울음소리는 가시로 뒤덮인 수고양이의 성기 때문인데, 배란을 위해선 자극이 필요하고 그 자극을 위해 진화한 수컷의 생식기가 교미 자체를 고통스럽게 만든다. 어쨌거나 고양이의 임신 과정은 사람의 그것과는 전혀 다른 게 분명하다. 생리혈도 없고 한 번의 출산에 여러 수컷의 새끼를 동시에 낳을 수도 있고……. 그로 인해 얻어지는 이득은? 한 유전자의 독점적 지배를 막고 종 전체의 유전자를 보존할 수 있다는 것이다.

## 길고양이의 삶

길고양이를 오래 지켜보다 보면 목숨을 이어가는 일이 쉬운 일이 아니라는 걸 자주 깨닫는다. 암고양이는 암고양이대로 수고양이는 수고양이대로 사는 게 힘겹다. 태어난 제 고향에 머무는 걸 허락받는 건 암고양이뿐이다. 수고양이는 태어난 지 서너 달이 지나면 태어난 땅에서 쫓겨 나가야 하고 이때부터 오로지 홀로 먹이와 짝짓기 상대를 구하기 위해 도망과 혈투로 점철된 삶을 살아내야 한

나가사키 역 앞의 어시장에 갔다가 만난 길고양이 식구

다. 그래서 수고양이를 살펴보면 어느 놈이고 어디 성한 구석이 없다. 귀가 찢기고 눈이 애꾸눈이고…. 암컷은 더하다. 일 년에도 서너 차례 임신과 출산을 반복한다. 임신 기간이 9주 정도이니 일 년 내내 새끼를 배고 있거나 새끼를 먹이고 있는 셈이다. 그리고 그 일이 끝날 즈음 죽음을 맞는다. 그래서 집고양이들의 평균 수명이 15년 정도인데 반해 길고양이는 3년을 채 살지 못한다.

## 고양이를 부탁해

인류 정착의 역사만큼이나 긴 가축들의 순치 과정이 있었을 터이지만, 그럼에도 제 본래의 야생성을 잃지 않은 놈들이 있다. 대표적으로 고양이와 염소가 그렇다. 한국의 예술작품들도 가끔 이놈들의 지혜에 대해 이야기한다. 전경린의 「염소를 모는 여자」가 그렇고, 정재은 감독의 영화 〈고양이를 부탁해〉가 그렇다. 이들 작품 속에서 고양이와 염소는 그저 단순한 소재에 불과한 것처럼 보이지만, 이 소재를 정직하게 바라보면 바라볼수록 우리 사회의 많은 서발턴(the subaltern)들이 배워야 할 덕목이 길들지 않는 그들의 야생성에 있다는 걸 알게 된다.

드
라
마
의
힘

한국 드라마에 맛을 들인 여성들은 말 그대로 드라마 보는 재미로 살고,

남성들은 자신의 아내가 '한국' 드라마에 빠져 있다는 사실에

열패감을 느끼곤 그 반작용으로 한반도의 핵 문제나

독도와 같은 영토 문제 등에 오히려 과장된 태도로 응대한다.

아침 출근길에 연구동 행정실의 가네코 상을 만났더니, 뜬금없이 날더러 와 카메 스프(미역국) 끓이는 법을 알려 달란다. 요즘 〈기적〉이라는 한국 드라마를 보니, 가족 생일에 미역국 먹는 풍경이 너무 정다워, 돌아오는 아들의 생일에 미 역국을 꼭 끓이고 싶다고 했다. 듣고 보니 마음은 갸륵한데, 낸들 미역국 끓이는 법을 알까. 연구실로 돌아와 아내에게 전화를 내어 요리방법을 순서대로 받아 적었다. 그 메모를 그녀에게 전해주려다 보니, 새로운 문제가 생긴다. 일본에선 미역이 엄청 비싼데다가 그 또한 슈퍼에서 파는 꼴을 보면, 오이냉국에나 넣으 면 마침맞을 정도로 잘게 조각난 것들뿐이고, 게다가 쇠고기를 볶을 때 넣을 조 선간장이 있을 리 만무하다. 그래서 결국 메모지 한 귀퉁이에 '한국음식 재료 가 게에 가서 미역과 조선간장을 사라'고 이르고, '구할 수 없으면 우리 것을 나누 어 드리겠다'고 덧붙여서 메모지를 건넸다.

일본을 여행하다 보면, 드라마가 한국 문화 전도사 역할을 톡톡히 한다는 것 을 곳곳에서 느끼게 된다. 만나는 사람들마다 한국 탤런트의 이름을 줄줄 꿸 뿐 아니라 극중 인물들의 행동에 대해 지극히 일본인다운 질문을 마다하지 않는 다. 예컨대 한국의 남편들은 아내를 업어주기도 하느냐, 혹은 한국 부인들은 언 제나 그렇게 남편에게 큰소리를 치며 사느냐고 아주 진지하게 묻곤 한다. 아마 도 이런 지극히 사소하고 일상적인 대목이야말로 한국의 드라마가 일본 대중의 감성에 파고드는 지름길인 듯하다.

패전과 전후 고도 성장기에 차압당했던 부권과 그로 인한 가족 붕괴가 기정 사실화되고, 이를 무마시켜 왔던 지금까지의 집단적 목표 또한 점차 그 실효성 을 잃어가면서 그들의 내면은 공허해지기 시작했는데, 그 공허함을 메우기 위 한 한 방편이 가족이라는 환상에 매달리는 것이고, 이를 계기로 한국 드라마는 쉽게 그들의 안방에 스며들게 되었다. 그 때문에 한국 드라마에 열광하는 건 언

배용준 메가네

제나 중년의 기혼 여성들이다(그런 반면 일본 남성들은 한국 드라마에 강한 적대감을 드러낸다). 전통적 가부장제가 몸에 익지 않은 젊은이들에겐 가족 로망스가 애당초 결여되어 있고, 중년 남성들은 가족 이외의 공동체를 통해 개인적 상실감을 피해 갈 통로가 예비되어 있기 때문이다.

이렇게 보면 가족 붕괴라는 사회적 현상에 대처하는 중년 남성과 여성의 태도는 매우 다르고, 어찌 보면 정반대라고도 할 수 있다. 여성들은 아주 미시적이고 일상적인 이야기에 매달림으로써 부권을 가족 안으로 소환하려 하고 있고, 남성들은 오히려 가족 너머의 정치나 경제 같은 거시적인 이야기에 집착함으로써 군림하는 부권을 욕망하고 있다. 이런 이유로 한국 드라마에 대한 두 성별 간의 태도는 극명하게 갈라진다. 한국 드라마에 맛을 들인 여성들은 말 그대로 드라마 보는 재미로 살고, 남성들은 자신의 아내가 '한국' 드라마에 빠져 있다는 사실에 열패감을 느끼곤 그 반작용으로 한반도의 핵 문제나 독도와 같은 영토 문제 등에 오히려 과장된 태도로 응대한다.

그럼에도 한국 드라마에 대한 이 두 반응은 한국을 대하는 태도의 측면에서, 엄청난 진전임은 분명하다. 불과 몇 년 전까지만 해도 한국에 대한 그들의 이해 수준이란 오로지 일본의 정치적 현실 속에서 재구성된, 일상과는 동떨어진 매우 왜곡된 것이었다. 드라마가 힘이 있다면, 바로 이런 이유 때문일 것이다. 한국에도 자신과 다르지 않은 '사람'이 살고 있다는 걸 알려주고, '그 삶'에 동감하게 만들고, 그럼으로써 미역국을 끓여 함께 나눌 수 있게 하는 것. 그 덕분에 나도 가끔 거짓말을 마다하지 않게 된다. '아내를 업어 주냐'고 물으면 거침없이 답한다. '당근이죠.'

## 친근감과 두려움 사이의 한류

한류에 대한 일본인의 친근감은 큐슈가 가장 강하고, 혼슈 서쪽에서 동쪽으로 갈수록 점차 약화되었다가 교토와 도쿄로 가면 적대감까지 뒤섞인 묘한 분위기가 연출된다. 얼어붙은 요즘의 한일관계를 고려하면 정치적 현안에 민감할 수밖에 없는 교토와 도쿄의 이런 적대적 태도가 이해되지 않을 것도 없지만, 그런 면에서 오히려 이해하기 어려운 것은 한류에 대한 큐슈지방의 상대적 친근감이다. 이 친근함은 이 지역이 한국과 가장 가까운 곳에 위치해 있다거나 그래서 한국 관광객들을 자주 접하기 때문이라는 막연한 추측만으론 채 설명이 되지 않는다(그렇다면 대마도가 한류에 대해 가장 우호적이어야 하는데 대마도는 전혀 그렇지 않다. 대마도의 연간 수입 중 관광수입이 전체의 60%에 가깝고, 또 관광객 중 95%가 한국인인데도 불구하고). 물론 그런 현실적인 이유도 일부 작용하긴 하겠지만, 또 하나의 추측을 덧붙이자면, 여기엔 큐슈라는 지역이 갖고 있는 일본 내의 특이한 역사적 조건도 간과하긴 어려울 듯 보인다.

말하자면 이 추측은 도쿠가와 막부체제 260여 년 동안 이 지역이 줄곧 감시와 의심의 대상이었다는 데 근거한다. 애초에 도쿠가와가의 집권을 반대함으로써 에도시대 내내 중앙권력으로부터 탄압의 대상이 되어 왔던, 일명 도자마 다이묘(外様大名)라 불린 사쓰마번과 죠수번, 그리고 도사번이 주로 큐슈 주변에 몰려 있었고, 이 때문에 이 지역은 중앙권력이 제공해 주지 않는 존재감을 스스로 증명해야 한다는 강박을 항시 안고 있었다. 이 강박은 때때로 특정한 조건 속에서 매우 강한 힘으로 분출되곤 했는데, 그중 가장 강렬한 분출은 쇄국정책으로 일관하던 도쿠가와 막부와 달리 매우 신속하게 근대문물을 받아들여 메이지유신을 열었다는 것이겠지만, 그 외에도 난학(蘭學)과 종교봉기 등도 그런 좋은 예에 속한다.

이를 통틀어 '문화적 개방성'이라 할 수 있다면, 한류에 대한 이 지역의 친근함 또한 이 지역의 체질적인 개방성과 결코 무관하다 할 수 없는 것이다. 이런 설명이 이해가 잘 되지 않는다면, 우리나라의 제주도를 떠올려보면 된다. 섬이라는 이유로 조선의 중앙집권적 통치의 변방에 위치해 있었고, 게다가 4·3사건이라는 국가적 폭력이 자행되었을 때, 제주도 사람들의 무의식에 각인된 두려움은 서둘러 자신의 고유성(특히 언어)을 자발적으로 파기하는 것이었고, 국가정책에 서둘러 동조하는 것으로 국가로부터의 존재감을 증명하려 했다. 현기영의 일련의 소설들은 이 무의식적 두려움을 매우 섬세하게 다루고 있다.

## 가족 로망스

가족 자체가 환상이지는 않다. 인류가 정착생활을 시작하면서 어떤 형태로든 가족은 있어 왔고 외부의 위협을 완충하는 효과적인 방어선이 가족이기도 하다. 하지만 가족의 기능은 결코 한결 같지 않았고, 때와 장소에 따라 부과되는 역할 또한 매우 상이했다. 말하자면 조선 초기 농촌에서의 가족과 지금 우리시대의 가족은 전적으로 다르다는 뜻이다. 육아와 교육이 몽땅 가족에게 부과되는 우리 시대완 달리 조선시대엔 이를 해결할 좀 더 공적인 공동체가 있었을 것으로 상상된다. 지금보다 훨씬 많은 수의 장애자들이 있었겠지만 가족의 힘만으로 그들의 일상이 유지되었을 리 없다면 그들의 삶은 마을이라 불리는 공동의 손에 맡겨져 있었던 셈이다. 그만큼 가족의 울타리가 낮았다는 것이고, 크고 작은 생활의 애로들이 그 낮은 울타리 너머의 손길로 해소 가능했다는 뜻이다. 그런데 지금 우리는 어떤가? 이제 가족은 울타리가 아니라 철옹성이다. 재산이든 고통이든 가족 너머완 나누지 않고 나눌 수도 없다. 나누지 않으니 고여 썩고 그것은 늘 꿈으로 변한다. 생물학적인 아버지가 부성(남근, phallus)이 아니고, 현실 속에 아버지가 존재하지 않아서 부성의 결핍이 발생하는 것도 아니다. 오히려 존재하기 때문에 결핍이 생기고 그 결핍을 해소하려는 욕망이 꿈/환상을 불러들인다. 가족이라는 공간에 입구와 출구가 닫히면 생기는 현상이다. 그래서 프로이트는 이 병적 징후를 가리켜 '가족 로망스'라고 불렀다.

## 심야식당

아베 야로의 〈심야식당〉을 보면, 집 근처의 동네 술집조차 우리완 전적으로 다른 가족적 분위기를 연출한다. 익명의 누군가를 위해서가 아니라 먹을 사람을 직접 떠올리며 음식을 만든다거나, 자신들의 속살을 술집에 앉은 사람들과 어렵지 않게 공유하기도 한다. 더러 우스갯소리로 신년이 되면 자신의 남편을 일 년 동안 잘 보살펴주었다고, 남편이 즐겨 가는 이자카야(居酒屋) 주인에게 선물을 주곤 한다는 이야기도 한다.

타인의 시선

택시를 탔더니 나이 든 운전기사가 그랬다.
운전을 하면서 가장 힘든 건, 수입이 적다는 사실이 아니라
목숨 같은 이 작은 수입이 존중받지 못하는 것이라고.

혼히들 '외국에 나가봐야 애국자가 된다'고 말한다. 사실이 그러한지는 모를 일이나, 경험에 비춰보면 집을 떠나 멀리서 바라볼 때 제 집이 보다 객관적으로 보이는 건 사실인 듯하다. 남의 나라에 얹혀 살다보면, 자연스럽게 남의 눈을 통해 제 나라를 바라보게 되고, 이 눈칫밥 섞인 타인의 시선이 예전에는 보이지 않던 것들을 보이게도 만든다. 한국을 떠나온 지 반년도 채 지나지 않았는데도, 일시 귀국하면서 부딪혔던 한국의 일상적인 모습들이 퍽이나 낯설게 느껴졌기에 하는 말이다.

후쿠오카에서 배를 타고 들어오면 가장 먼저 만나게 되는 곳이 신선대와 백운포 쪽이다. 해안선이 자연 그대로 살아 있던 시절에는 잘 몰랐는데, 아파트가 난립해 있는 현재의 모습은 그곳이 부산의 첫 이미지라는 데 아연실색할 정도이다. 경관을 독점하기 위해 바다 쪽으로 바투 세운 아파트들이 해안선을 콘크리트로 뒤덮는 바람에, 자연을 닮아야 할 인공구조물들이 오히려 자연을 짓밟고 서 있는 모양새라 그 교만함을 한국 혹은 부산의 첫 인상으로 용인하기는 도저히 어렵기 때문이다.

사실상 지금까지 부산의 도시경관은 철저히 육지 쪽에서 상상되고 구성된 것이었다. 먹고 살기 힘든 시절을 이겨내기 위해 효율성을 최고의 미덕으로 여겼던 터라 중앙의 통제와 명령은 늘 절대선(善)으로 자리 잡았고, 이 때문에 서울로부터 제공된 이 단일한 시선은 달려가는 데는 적절한 것이었을지라도 자신을 돌아보기 위한 반성의 시선일 수는 없었다. 말하자면 우리의 공간은 하늘을 향해 치솟는 건축물들의 각축장이 되기는 했을지언정 그것들이 우리들의 삶에 어떤 의미를 제공해주고 있는지 반성의 대상이 되지는 못했다는 말이다. 특히 자연경관은 공공재로서 누군가에 의해 독점될 수 없는 것인데도 대다수의 시민들로부터 차단되어 사유화되어 왔고, 그 또한 제대로 된 반성은 항상 유야무야되

'고층 맨션 건설 반대'라고 써놓은 펼침막. 풍경조망권을 둘러싼 주민과 건설업체간의 갈등은 어느 지역에나 일어나는 모양이다. 그런데 이런 갈등이 지역주민과 업체 사이에서 빚어진다는 건 지자체가 이미 주민들의 이익과 반대편에 서 있다는 것을 증명하는 것이기도 하다.

곤 했다. 그 때문에 금정산의 허리까지 차고앉은 아파트들이나 해안선을 병풍처럼 두르고서 시민들의 조망권을 박탈하고 있는 고급 아파트 군락들에서 우리가 읽어낼 수 있는 것들은 시민 없는 도시, 자본만이 전횡하는 인간 부재의 시장이라는 열패감뿐이다.

절대적 궁핍의 시대는 지나갔다. 그러므로 생산을 위한 총력전의 미덕은 이제 버려야 한다. 밝음은 또 그만큼의 그늘을 만드는 법, 먹을 걸 얻기 위해 달려온 지난 삶들의 노력들이 오히려 지금 우리들의 발목을 잡고 있다. 그것들이 곧 경관을 독점하고 있는 아파트들이고, 이웃을 두고도 굳게 닫힌 현관문들이고, 남보다 더 빨리 나아가기 위해 내닫는 질주의 욕망들이다. 힘들었던 시절의 거지 근성 때문에 누군가 혹 제 몫을 넘볼까봐 우리는 늘 안절부절 못하고 있다. 오로지 제 속에 갇혀 있는 이 끔찍한 소유에의 편집증이라니.

한국에 들어오는 순간 마주쳤던 사람들에게서 발견되는 유일한 공통점은 타인의 시선 앞에서 그야말로 완전히 자유롭다는 사실이었다. 공간의 폭력적인 배치는 말할 것도 없고, 공공장소라는 말이 무색할 만큼 모든 곳은 이미 사적으로 변했고, 인간에 대한 예의는 이미 실종되어 버린 듯했다. 택시를 탔더니 나이든 운전기사가 그랬다. 운전을 하면서 가장 힘든 건, 수입이 적다는 사실이 아니라 목숨 같은 이 작은 수입이 존중받지 못하는 것이라고.

타인의 시선은 내가 행하는 바를 낯설게 인지하기 위해 반드시 필요한 것이고, 나와 타인이 다를 수도 있다는 가능성 앞에 나를 세우기 때문에 요긴한 것이다. 그리고 이 시선 앞에서만 운전기사의 가난한 삶도 인간의 꼴을 갖출 수 있게 된다.

일본에서 배를 타고 오면서 가장 먼저 만나게 되는 부산 풍경이다. 오른쪽의 섬이 부산의 상징 오륙도 등대이고 왼쪽이 백운포의 SK View라는 아파트 단지이다. 다소 먼 거리에서 찍은 것이라 절개된 해안선의 훼손된 장면이 잘 보이지는 않지만, 해안의 풍경을 사유화하기 위해 높이 더높이 키를 키웠음에도 정작 그들 자신이 어떻게 보이고 있는지에 대해선 아무런 자각의 흔적을 보여주지 않는다.
게다가 이 아파트는 이 땅이 가진 내력 때문이라도 좀 더 겸손해야 옳았다. 이 땅이 부산에서 가장 아름다우면서도 지금까지 개발되지 않은 거의 유일한 곳으로 남아 있었던 것은, 이런 아파트 단지가 건립될 것을 예비하기 위한 것이 아니었다. 원래 이 땅은 1950년대에 한센병을 앓았던(음성 판정을 받은) 사람들을 격리시키기 위해 정책적으로 강제 이주시키면서 그들에게 제공된 곳이다. 국가는 이들을 격리시키고 자본은 결국 다시 이들을 내쫓으면서 이익을 얻는다. 수십 년을 고향처럼 기대며 살아온 이들의 삶과 기억을 깨끗이 증발시킨 채….

이제 막 새벽잠에서 깨어나고 있는 부산 내항. 왼쪽에 보이는 산이 영도의 고갈산이고, 오른편의 다리가 영도다리 옆에 새로 놓은 부산대교이다. (위 사진) 그리고 아래 사진은 멀리서 찍은 후쿠오카의 하카타항이다. 배를 타고 하카타항에 오갈 때마다 항구를 찍곤 했는데, 수면의 더운 수증기 때문에 매번 사진이 이 모양으로 나왔다.

## 어디가 공공재야?

좋은 경관이란 '멋진 풍경' 그 자체만을 이르지는 않는다. 멋지다는 말은 그것을 보는 지점(point of view)이 전제되어야 하는데, 대체로 자연경관인 경우 이런 장소는 매우 제한적일 수밖에 없다. 바다가 아름답다면 그건 내가 멀리까지 조망이 가능한 높고 좁은 언덕에 서 있다는 뜻이다. 그러므로 '멋진 자연경관은 공공재로서 모든 사람이 향유할 수 있어야 한다'는 말

을 제대로 실천하려면 바다라는 경관 자체가 아니라 이 경관을 볼 수 있는 언덕을 공공재로서 인식해야 한다. 하지만 이 인식이 결여될 경우, 해안선을 따라 아파트들이 병풍처럼 경관을 둘러싸 공적인 것을 몇몇 소수의 개인들이 사유화 하게 된다. 지금까지 부

산은 이 몰염치한 부도덕을 허가라는 이름으로 지자체가 용인해 왔고, 품격이라는 말로 건축업자들이 시민들을 유혹함으로써 완성되어 왔다.

## 한국이 동방예의지국?

아직도 한국 사람들은 한국이 동방예의지국이라고 믿고 있는 것 같다. 이 상식 같지 않은 상식이야말로 진실을 가로막는 최대의 장벽이다. 예의란 상대의 인격을 대하는 말투나 몸가짐이다. 그런데 세상 어디를 다녀 봐도 사람들의 몸이 한국만큼 훈육되지 않은 나라는 찾아보기 힘들다. 아시아뿐 아니라 유럽과 미국에서도 공적 질서는 어릴 때부터 매우 엄격하게 교육된다. 도서관과 지하철, 식당 같은 공공장소뿐 아니라 가정의 식탁에서조차 기본적 예의는 반드시 요구되고 관철시킨다. 훈육이란 우리들의 몸에 타인의 시선을 새겨 넣는 일이고, 이 시선을 통해 보호되는 건 타인이 아니라 궁극적으로 자기 자신이다.

# 회복해야 할 시민공동체

일본 내에서 신사의 영향력은 매우 일상적인 것이다.
우리의 동사무소와 파출소가 할 법한 업무가 이곳에서 진행되고 있고,
특히 주민 개개인의 일상적인 삶이
행정과 직접 접합되는 지점이라는 데 그 중요성이 있다.

일본에서 내가 가장 보고 싶었던 건, 시민공동체의 실상과 그 가능성이었다. 대의제를 정치 참여의 거의 유일한 수단으로 삼는 현 정치체제에서 시민 개개 인이 자신의 입장을 정치적으로 구체화하여 재현하는 건 쉬운 일이 아니다. 모 든 정치적 결정이 개인으로부터 너무 멀리 있고, 그 결정의 잘잘못을 따지기엔 스팸 정보가 너무 많으며, 이에 대처할 건강한 여론의 장 또한 거의 전무하기 때 문이다. 시민공동체가 필요한 건 이 때문이다. 시민공동체는 개인의 현실적 입 장을 정치적 힘으로 전환시키는 공론장일 뿐 아니라 대의제로부터 무력화된 개 인의 주체성을 회복시키는 가장 근본적이고도 강한 힘이다.

우리 사회는 이러한 시민공동체가 지난 반세기 동안 거의 절멸되다시피 했 다. 지역공동체는 잦은 전출입으로 완전히 망실되었고, 직장공동체는 고용시장 이 불안해지면서 이해집단으로 변질되어 가는 중이며, 대학공동체는 가속화되 는 탈근대화 이후 정치적 대안세력으로서의 기능을 거의 상실해버렸다. 이 틈 새를 비집고 반상회와 어용노조와 각종 시민단체와 인터넷 동호회들이 그 자리 를 차지했지만, 급변하는 정치적 현실의 속도를 따라잡기는커녕 오히려 이것들 이 시민의 의사결정권을 분쇄하는 역기능까지 보였다. 결국 이러한 현실은 개 인의 정치적 좌표를 점점 더 모호하게 만들었을 뿐 아니라 위로부터의 명령에 비판적으로 대응할 수 있는 수단을 확보하는 데 어려움을 배가시키고 있다.

일본(뿐만 아니라 이전의 제국주의 국가들이 다 그렇지만)의 시민사회가 부 러운 것은, 국가경제를 위해 개인을 사지로 몰아갈 때 이에 저항하는 최후의 보 루로서 전통적인 시민공동체가 버팀목이 되어 준다는 사실이고, 더러 이 기반 이 흔들릴 때조차 이 공동체적 가치로부터 새로운 대안을 모색한다는 사실 때 문이다. 일본의 신사神社는 이런 차원에서 우리로서는 주목하기에 충분한 기구 이다. 우리에게 신사는 A급 전범의 위패가 안치된 야스쿠니靖國 신사의 쇼비니

코요신사라는 동네의 자그마한 신사에서 시치고산 행사를 치르고 있다. 시치고산이란 매년 11월 15일, 아이들이 7살, 5살, 3살이 되는 해에 아이들의 건강과 성장을 축원하는 행사이다. 이런 행사를 보면서 나는 신사가 어떻게 주민들의 일상영역 안에서 작동하는지를 이해했다.

즘적 이미지로 다가오지만, 일본 내에서 신사의 영향력은 이와 달리 매우 일상적인 것이다. 우리의 동사무소와 파출소가 할 법한 업무가 이곳에서 진행되고 있고, 특히 주민 개개인의 일상적인 삶이 행정과 직접 접합되는 지점이라는 데 그 중요성이 있다.

우리에게 행정의 말단 조직은 동사무소와 파출소이고, 이곳은 주민들의 일상적 삶과는 대체로 무연한 장소로 이해될 뿐 아니라 금기를 만들고 통제가 행사되는 부정적인 공간으로 인식되기까지 한다. 이와 함께 주민 자치조직이라 부를 만한 부녀회나 반상회, 청년회 등을 떠올려 봐도 사정은 전혀 다르지 않다. 관변단체화되어 있는 이들 조직은 지금까지 정치적으로 전혀 중립적이지 않았고, 자치에 기반을 둔 것이 아니라 위로부터의 명령을 보다 적극적으로 일상에 침투시키는 관의 하부조직이었을 뿐이다. 말하자면 우리 사회엔 자신의 동네와 이웃의 일을 주민들 자신의 입장에서 표현하고, 이를 여론으로 생성시킬 상시적인 장이 전적으로 결여되어 있다는 것이다.

이 결여가 갖는 사회적 함의는 실로 엄청나다. 복지와 치안, 지역문화와 지역경제의 근간은, 바로 이 시민공동체를 통할 때만 효율적일 수 있고 지속성을 가질 수 있다. 반대로 이것이 결여된다는 것은 당연히 이 시민공동체에서 이루어져야 할 주민의 일상적 자치행위가 곧바로 사회적 문제로 대두한다는 것을 의미하고, 또한 이를 해결하기 위해 막대한 사회적 비용을 지불해야 한다는 것을 뜻한다. 그뿐이겠는가. 시민공동체의 자치적 활동은 그 능동성으로 말미암아 개인을 시민적 주체로 만들지만, 그 반대의 경우엔 즉각적으로 국가의 통제 대상으로 전락하고 만다. 지금 우리처럼 연대는 없고 파편화된 개인만 남게 된 것도 바로 그 때문이 아닌가.

신사에서 전통의상을 입고
시치고산 행사를 치르고 있는
동네 아이들

## 일본 불교의 몰락과 신도의 부상

조선 사회와 달리, 근대 이전의 일본, 특히 도쿠가와 막부는 지배계급의 이데올로기를 하층 계급에게 강요하지 않았다. 통치에 문제가 야기되지 않는 한 두 계급의 상대적 독립성은 관례적인 것이었다. 그리고 이 관례가 가능할 수 있었던 건 두 계급을 이어주는 사찰이라는 고리 때문이었다. 출생과 사망과 같은 인구동향은 사찰을 통해 번주에게 보고되었고, 조세는 사찰을 통해 마을 단위로 부과되었다. 하지만 불교사찰의 이 중요한 역할은 메이지 정부가 천황의 정통성을 확보하기 위해 신도(神道)를 격상시켜 주로 마을 공동체 신을 모시던 지방 신사와 국가 신사(대표적으로 이세신궁)를 하나로 조직하면서 급격히 약화되었다. 1871년 모든 신사는 국민의례를 거행하는 정부기관으로 공식 지정되었고, 이후 내무성 하에 신사국(神社局)을 설치해 신주(神主)에게 면허를 교부함으로써 근대국가와 대중의 일상을 하나로 통합했다. 이로부터 지금까지 100여 년간 신사는 오랜 옛날부터 사찰이 갖고 있던 일상의 다양한 의례를 주관하는 장소로서의 기능뿐 아니라 이 의식을 근대국가의 통치이념과 접합시키는 이중의 역할을 수행하는 기관으로 자리매김해 왔다.

가고시마현에 있는 기리시마신궁의 토리이(鳥居). 토리이는 '새가 사는 곳'을 뜻하고, 우리의 솟대처럼 성역을 지시한다.

## 빈민촌이 뭐지요?

도시화가 이미 만연해 있는 이 시대에 지역공동체를 강조하는 건 무리가 있지만, 도시화가 비슷하게 진행된 나라와 비교해 한국의 지역공동체가 심하게 약화되어 있다는 점에서 이 문제는 한번쯤 점검해 볼 필요가

기온마치에 있는 만교시(萬行寺). 구시다신사와 길 하나를 사이에 두고 있지만 늘 참배객들로 붐비는 신사와는 달리 조용하기 그지없다. 100여 년 동안 위축되어 온 불교의 현위치를 말해주는 것이겠지만, 그럼에도 이 정도 위용으로 시내 한가운데에 자리잡고 있을 수 있는 건, 본당 뒤에 있는, 본당의 몇 배나 되는 납골당 덕분일 것이다.

있다. 후쿠오카에 정주를 하면서 가까운 이들에게 '빈민촌'을 보고 싶으니 위치를 알려달라고 부탁한 적이 있었다. 그런데 이 질문에 대한 일본 사람들의 반응은 한결 같았다. '빈민촌이 뭐지요?'였다. 짧은 영어와 일본어로 거푸 더듬거리며 설명한 끝에 그들이 날 인도한 곳은 이미 공동화되어 버린 '부라쿠민 마을'과 '조선인 탄광노동자 집성촌'이었다. 에도시대의 천민 집단을 뜻하는 부라쿠민(部落民)이나 재일조선인 집성촌이 아직도 그 흔적이 남아 있다는 건 놀라운 일이나 내가 정작 보고 싶었던 것은 '빛나는 자본주의의 그늘'이었으니, 이후로도 나는 관심을 끊지 않고 도시 변두리를 두리번거리고 다녔다. 하지만 종국에는 빈민촌이라는 단어를 이해하지 못하는 그들을 이해하게 되었다. 다른 대도시도 이와 같은지는 확인해 본 바 없지만, 단적으로 말해 후쿠오카에는 빈민촌이 없다. 특별한 이유가 없는 한 나고 자란 곳을 쉽게 떠나지 않는다는 그들에게 값싼 주거지에 모여든 경제적 게토는 형성되지 않았던 모양이다. 그 덕분에 일본인들은 우리가 상상도 못할 혜택을 누리고 산다. 자신의 성장과정을 모두 알고 있는 동네 어른들에게 아이들은 함부로 대할 수 없고 아이들의 눈이 있으니 어른들의 행동거지 역시 조심스럽기는 마찬가지다. 뿐만 아니라 경제적으로 여유가 있는 사람과 없는 사람이 어울려 살고 있으니 돈 자랑하기가 쉽지 않고 그로 인한 문화적 단절도 훨씬 완화된다. 아파트 현관만 나서면 남의 나라가되는 우리와 달라도 한참이나 다른 세상이다. 아이들의 가정교육에 목을 맬 필요도 없고, 경찰의 힘을 빌리지 않아도 동네의 치안은 어느 정도 해결된다. 그렇다면 우리에게 이것이 불가능해져 버린 이유는? 두말 할 것도 없이 잦은 이사 때문이고, 이를 부추긴 국가의 부동산 정책 때문이다.

## 신자유주의 이후의 마을 모습

스티븐 달드리 감독의 〈빌리 엘리어트〉라는 영화는 마을공동체가 살아 있을 때와 소멸했을 때 신자유주의라는 거대한 괴물에 대항하는 방법과 정도가 얼마나 다를 수 있는지를 잘 보여준다. 이 작품은 영국의 대처리즘이 수

백 년 역사를 가진 탄광공동체를 해체하려 하는 시점에서 발레리노를 꿈꾸는 빈곤한 11살 소년의 성장과정을 다루고 있지만, 한국 관객의 입장에선 이다지 비현실적인 꿈이 도대체 어떻게 실현 가능한지에 관심이 모여질 법하다. 대처의 입장에서 탄광공동체란 값싼 수입원탄을 가로막고 복지재정을 좀먹는 기생충 같은 존재겠지만, 마을 사람과 빌리의 입장에선 자신이 누군지 그 답을 알려주고 이로부터 자신의 꿈을 실현할 수 있는 최소한의 조건이다. 영화는 빌리가 그 유명한 매슈 본의 〈백조의 호수〉에서 수석 무용수로 성공하는 다소 비현실적인 결말로 끝을 맺지만, 그건 영국인들의 관심사일 뿐이고, 우리의 관심은 그런 꿈같은 결말이 아니라 탄압하는 정부와, 그것에 맞서는 탄광공동체와, 탄광이 요구하는 남성다움이 현저히 결여된 빌리의 꿈이 마구 뒤엉키는 와중에서, 그럼에도 빌리를 소수자로 내몰지 않고 제 꿈을 찾을 수 있도록 보듬어주는 마을공동체가 가진 수용력이다. 예컨대 빌리가 자신의 재능을 깨닫는 체육관은 복지재정으로 운영되는 마을회관이고, 빌리의 재능에 형태를 부여하는 선생은 동네 아줌마이며, 발레리노와 게이를 혼동하면서도 런던왕립발레학교에 오디션을 보기 위해 필요한 경비를 모금해 주는 것도 마을사람들이다. 11년 동안의 대처 재위기에 많은 지역공동체들이 훼손되었지만, 그럼에도 이후 영국의 감독들은 무너지고 있는 공동체적 가치에 기댐으로써 세계가 주목할 만한 작품들을 지속적으로 생산해냈다. 〈브래스드 오프〉, 〈풀 몬티〉, 〈레이닝 스톤〉, 〈앤젤스 셰어: 천사를 위한 위스키〉 등이 그러한 작품들이다.

## 거대한 국가의 함정

한국의 근대가 식민지 경험으로부터 시작되었다는 것은 매우 불행한 사실이지만, 이 불행은 국권의 상실과 경제적 착취에 국한되지 않는다. 오히려 어떤 면에서 이보다 더 큰 불행은 식민지가 끝난 이후 주권 상실의 보상 심리가 과잉결정한 지나치게 '거대한 국가'의 도래이다. 국가의 재건을 위해 시민적 자율권은 아낌없이 양도되었고, 또 국가는 경제 부흥과 반공이라는 기치를 걸고 국민 개개인을 직접 호명하고 통제했다. 그로 인해 국가 권력을 감시하고 비판할 시민사회의 정당한 권리는 지속적으로 억압되어 왔을 뿐 아니라 드물지 않게 이적 행위로 둔갑해 탄압의 대상이 되곤 했다. 최근의 '용산 참사'나 '밀양 송전탑 건설 반대 투쟁'은 거대한 국가가 미약한 개인을 사지로 몰 때 이를 중재할 기구가 우리에겐 이젠 거의 남아 있지 않다는 것을 반증하는 듯 보인다.

이런 현실 속에서 한국인들이 시민사회를 상상하는 것은 매우 어렵다. 사실 시민사회란 각종 NGO 기구들이나 다양한 시민단체 같은 비일상적 조직만을 지칭하지는 않는다. 오히려 어떤 면에선 어려움에 처한 이웃을 돕기 위해 열리는 동네모임이나 마을 축제를 준비하는 위원회 같은 매우 일상적인 조직이 시민사회의 핵심이다. 물론 우리에게도 이런 활동을 하는 유사조직들이 있지만, 이들 조직을 배후 지원하고 있는 것이 언제나 관(官)이라는 점에서 자율적인 시민사회완 전적으로 다르다. 예를 들어 우리의 이웃에 결식아동이 있다고 가정해 보자. 대부분의 사람들은 이 사실을 알지 못하거나 안다 하더라도 우리의 선량함은 기껏 학교와 동사무소 등에 이 사실을 알리고 무료급식의 가능성을 타진해 보는 정도일 터이다. 다시 말해 우리의 일상적 어려움은 국가와의 접속을 통해서만 해결방안이 마련된다(고 믿는다). 하지만 다른 대처방안도 얼마든지 존재한다. 마을사람들이 돌아가며 도시락을 싸줄 수도 있고, 동네의 모금활동을 통해 급식비를 대납할 수도 있다. 이런 일을 행할 선량한 이웃이 한국에 없기 때문에 불가능한 것이 아니다. 오히려 근대화에 박차를 가해온 60여 년 동안 사소하지만 중요한 우리 자신들의 자율적인 의사결정권을 모조리 국가에 헌납해 버린 결과 우리는 이웃을 이웃으로 대할 길을 잃어 버렸다. 이 결과가 용산참사이고 밀양사태이다. 그러므로 변변찮아 보이지만 시민사회의 힘은, 공권력을 앞세운 거대 국가의 횡포가 언제든 자신에게도 닥칠 수 있다는 가능성 앞에서 발휘되는 참여와 연대의 힘이고, 이 사소한 역능에 의해서만 대의제의 한계는 극복 가능하다.

마
츠
리 祭り

감탄하는 일이야 무엇이 어려울까.

그리고 이 감탄 끝에서 천편일률적이고 작위적인 우리의 축제에

절망하는 일은 또 얼마나 쉬운가.

7월이 시작되면 후쿠오카엔 약 보름 동안 '하카타 기온 야마카사 마츠리'博多
祇園 山笠 祭リ라는 축제가 열린다. 이 기간 동안 매일 다양한 행사가 진행되긴 하지
만, 하이라이트는 마지막 날 새벽 5시에 시작되어 해가 뜰 무렵 끝이 나므로, 이
진풍경을 구경할라치면 꼭두새벽부터 부산을 떨어야 했다.

　새벽 네 시 반. 축제의 시발점인 구시다 신사 주위엔 이미 엄청난 인파가 운집
해 있었다. 대부분이 밤을 꼬박 샌 구경꾼이지만, 핫피와 시메코미를 착용한 행
사 주체들의 수 또한 적지 않았다. 그것도 그럴 것이 이 마츠리는 야마카사라는
가마를 메고 달리는 일종의 속도 경주로서 7개의 팀이 각축을 벌이므로, 팀 당
150명만 참가한다 해도 주체 인원만 최소 천 명 이상이 되는 셈이다. 참가자 수
만 놀라운 건 아니다. 1톤에 가까운 야마카사를 메고 달려야 하는 힘겨운 속도
전임에도 참가자의 연령대는 실로 다양하여, 하얗게 머리가 센 중늙은이에서부
터 앳된 젊은이까지 성기만 간신히 가린 채 다 함께 '오이샷'을 외치는 모습은
그 자체만으로도 엄청나게 강한 문화적 충격을 제공한다.

　경기 진행 방식은 단순하다. 후쿠오카 시내의 7개의 지역에서 각각 팀을 만들
어, 자신들이 직접 만든 야마카사를 멘 채 앞뒤로 응원군과 함께 5km의 시내를
달려 시발점으로 다시 돌아오는 방식이다. 팀이 모두 일곱이므로 새벽 5시에
첫 팀이 출발한 후 5분 뒤에 두 번째 팀이 출발하는 식으로 진행하며, 가장 빠른
기록을 낸 팀이 그해의 우승팀이 된다. 하지만 경기 방식의 단순
함은, 경기 내내 뿜어져 나오는 열기와 전통적인 의상과 살
아있는 몸들이 빚어내는 역동성, 그리고 구경꾼조차 축
제와 한 몸이 되어 벌이는 스펙터클로 인해 쉽게 상쇄된
다. 한마디로 '아, 이런 것이 축제구나' 싶다.

　하지만 감탄하는 일이야 무엇이 어려울까. 그리고 이 감

탄 끝에서 천편일률적이고 작위적인 우리의 축제에 절망하는 일은 또 얼마나 쉬운가. 그 때문에 우리는 늘 감탄과 절망이라는 이 양 극단 사이를 오락가락할 따름이다. 만일 그렇지 않고 이 감탄으로부터 절망을 넘어서고자 한다면, 우리 는 지난 백여 년 동안의 근대 역사를 그 뿌리째 반성해야 할 것이다. 우리에게 근대란 선택과 집중의 과정이었고, 이는 곧 모든 대중들의 영혼을 국가의 손아 귀에 맡긴다는 것을 뜻했으므로, 대중들은 속악한 민족주의에 봉인되는 한편으 로, 지금까지 자신을 모태로 감싸 안았던 작고 자율적인 조직을 스스로 파기하 지 않을 수 없었던 때문이다.

축제란 모름지기 자연과 신에게 한 집단의 안위와 풍요를 기원하는 집단적 제전이다. 이 마츠리가 신사에서 주관되고, 각 동네의 상공인 조합으로부터 조 직·후원되며, 지역 주민들의 자발적 참여라는 세 박자의 조화를 통해서만 완성 되어, 비로소 한 도시의 상징문화가 되는 것도 그러한 이유 때문이다. 인간을 인 간답게 만드는 건, 국가만으로 가능할 리 없으며, 이 일은 국가 너머, 혹은 국가 를 견제할 수 있는 시민공동체로부터 가능한 것이다. 그러니 이미 작고 자율적 인 시민공동체를 속악한 근대 민족주의에 자진 헌납해버린 우리로서는 감히 부 러움을 표하는 것조차 민망할 노릇 아닌가. 그러므로 요즘 우리의 모든 지자체 가 축제 개발에 열만 올릴 뿐 매번 실패하는 이유를 알고 싶다면, 다음과 같은 질문 앞에 서 보기만 하면 된다.

'나는 나와 내 가족을 위해 누구와 함께 춤출 것인가?'

이 답 앞에서 국가와 보험회사 이외엔 아무 것도 떠올릴 것이 없다면, 그들 속 에서 생성되는 모든 축제는 항상 실패이다. 그런 건 축제가 아니라 돈벌이 이벤 트이고, 풍요의 기원이 아니라 자본에의 예속일 따름이다.

참여하고 있는 사람들의 복색을 하나하나 뜯어보는 것도 재미있다. 머리에 두른 데노고이도 사람마다 다르고, 아랫도리를 감싼 시메코미도 색색이다.

머리에 묶은 데노고이(手拭)는 지위를 나타내기도 하는데 그중에서도 아카데노고이(붉은색)는 야마카사에 공헌도가 높은 어른이라는 표시로 참가한 젊은이들에게 선망의 대상이다. 윗옷 미즈핫피(水法被)는 오직 마츠리에 참여하는 사람만 입을 수 있다. 허리를 감은 하라마키(腹卷き)는 복부를 보호하고 아래에 시메코미(締め込み)는 길이가 3미터 정도의 면으로 색깔은 흰색과 푸른색이 기본이다. 애초에 야마카사 복장은 시메코미만 착용했는데 메이지 시대 하카타에 들어온 외국인 눈에 그 광경이 야만적인 것으로 보였던 모양이다. 이에 정부에서 야마카사를 금지하려는 움직임이 보이자 사람들은 핫피를 입어 화를 면했다. 종아리는 카얀(脚絆)으로 보호하고, 신발은 메이지 말까지는 짚신이었는데 이후 보급된 지카타비(地下足製)를 미끄러지지 않도록 고안해서 물기가 많은 길을 잘 달릴 수 있도록 했다.

## '마츠리'의 어원

'마츠리'라는 단어는 일본어의 어원으로는 분석이 되지 않는다. 이용운 교수는 '마츠리'를 한국어의 '맞으리'라는 단어로부터 유래하지 않았을까 추측하기도 한다. 그의 추측이 옳든 그르든 이런 추측이 가능한 건 일본과 한국 사이에 언어 문화적 친연관계가 매우 긴밀하다는 것을 전제해야 한다는 점이다. 그래서 언어적 친연성을 보이는 이런 예는 얼마든지 찾을 수 있는데, 하카타 마츠리와 관련된 언어들만 꼽는다 해도, 하카타라는 지명 자체와 마츠리에서의 구령 등을 들 수 있겠다. 가령 하카타(博多─한자를 우리 식으로 그대로 읽으면 '박다')는 바다를 건너온 한국인(백제인)이 도착했을 때 밝다라고 표현한 것에서, 마츠리에서 외치는 'わっしょいわっしょい(왓쇼이, 왓쇼이)'가 한국어의 '왔소'라고 설명하기도 한다.

## 야마카사 마츠리

야마카사 마츠리는 카자리야마(飾り山, 장식용)의 정적인 것과 카키야마(舁き山, 경주용)의 동적인 것이 어우러진 축제이다. 야마카사의 기원은 1241년 하카타 지역에 유행하던 전염병을 구제하기 위해 시아귀(施餓鬼) 제단을 타고 감로수(甘露水)를 뿌린 데서 시작되었다고 보는 견해가 많다. 처음부터 속도전이 벌어졌던 것은 아니고 1687년 경 다테마치(에비스 나가레)남자가 처가댁인 도이마치(도이 나가레)에 갔을 때 그곳 남성들에게 모욕을 당한 것이 알려져 그 해 여름에 열린 마츠리에서 에비스 나가레 사람들이 도이 나가레의 야마카사를 앞지르려고 하자 서로 경쟁이 붙은 데서 오이야마(追い山)가 시작되었다고 한다. 그리고 전

후쿠오카의 중심지에 있는 기온역 에스컬레이터 옆에 붙어 있는 광고 사진. "변해가는 마음도 있지만, 변하지 않는 마음도 있다"고 써놓았는데, 양복과 마츠리 의상이 이 문구에 무척 적절해 보인다.

깃줄이 놓이기 시작하자 야마카사가 걸리는 사고가 발생하자 크고 화려한 야마카사는 카자리야마로 남겨두고 높이가 낮은 야마카사를 별도로 만들어 경주를 벌이게 되었다.

## 야마카사 마츠리의 주체, 나가레(流)

산업화·도시화 과정에서 전통적 공동체가 쇠락하고 인간관계에서 점차 개인화되는 문제는 일본도 예외가 아니다. 그럼에도 마츠리는 남녀노소를 막론하고 참가하고, 더러는 직장 때문에 다른 지역에 나가 있던 젊은이들도 행사에 맞춰 돌아올 정도로 주민들의 참여가 높다. 마츠리 하나만으로도 전통적인 공동체가 도시의 주민들을 어떻게 결속하고 있는지를 추측할 수 있게 하는 대목이다. 조금 더 설명해 보자면, 그 중심에는 수십 개의 마치(町)로 구성된 나가레라는 자치조직이 있다. 나가레는 1587년 도요토미 히데요시가 하카타 상인들을 보호하는 정책을 펴 상업 활동을 장려하면서 실시한 '다이코마치와리'라는 구획정리에 따라 만들어진 상호부조 자치 조직이다. 이후 전후 사회 변화, 도시 성장에 따른 인구 감소 등으로 행정 개편이 이루어질 때마다 그 경계와 명칭이 달라졌지만, 옛 마치(다이코쿠 나가레, 에비스 나가레)와 새로운 마치(제2차 세계대전 후 새로 생겨난 나카스 나가레, 지요 나가레), 그리고 신·구 마치가 혼합(1966년 구획 정리 사업 계기로 더해져 성립된 니시 나가레, 히가시 나가레)되기도 하면서 오늘에 이르고 있다. 마츠리를 지도·운영하는 사람들은 대개 존경 받는 토박이 상인이지만 마츠리 지도자가 되기 위해 필요한 것은 사회적 신분이 아니라 지역사회에의 공헌도이다.

마츠리라는 축제가 경제적 측면을 지나치게 강조하는 한 실패를 면하기는 어렵다. 마츠리에 온 몸으로 참여하고 있는 저 많은 꼬마들이야말로 마츠리의 진정한 저력 아닌가. 전통을 과거의 형식이 아니라 현재적 체험으로 보관하고 계승할 그릇은 저 꼬마아이들의 몸이니까.

# 휴대전화의 진화

이제 더 이상 휴대폰을 '이동용 전화기'로 정의하는 사람은 없다.
그러므로 우리는 이 기기가 문화적으로
자리 잡는 방식에 대해 깊은 고민을 해야 한다.

어느 날 아침, 나는 아주 특이한 경험을 했다. 전날, 하카타 마츠리를 구경하느라 온 시내를 뛰어다녀 녹초가 되었던 터라, 늦잠이라도 잘 양으로 알람용 휴대폰의 전원을 꺼두었다. 하지만 웬 걸, 7시가 되자 어김없이 알람이 울기 시작했다. 엥? 전원이 꺼져 있어도 알람이 울리다니, 도대체 이게 뭔 일?

불과 몇 년 전만 해도 휴대폰 생산 기술은 일본이 앞서 있었지만, 주지하다시피 놀라운 기술적 도약으로 근래엔 한국이 이 분야를 오히려 선도하고 있다. 하지만 이 말 속엔 약간의 오해가 숨어 있는데, 그것은 특정 기기의 기술적 우위가 문화적 우위를 뜻하지는 않는다는 것이다. 하나의 매체가 사회적 의미로 실천되는 데는 문화적 맥락화 과정이 따르기 마련이고, 이 때문에 특정 기기의 사회적 가치는 그것이 사회 통합에 기여하는 정도에 따라 결정될 문제이기 때문이다. 그런 면에서 우리의 휴대폰 문화는 일본과 비교해 볼 때 많은 부분에서 되새겨 봐야 할 점들이 있다.

전원이 꺼져 있음에도 알람이 작동하는 앞의 예는 동일한 하드웨어를 갖고도 일상 속에서의 문화적 활용이 얼마든지 달라질 수 있음을 보여주는 대표적인 사례이다. 자동차 통행이 그리 빈번하지 않은 작은 골목길에조차 신호등을 설치하고, 그것을 엄격히 지키고 사는 일본인의 태도로 볼 때, 이런 기능은 아주 자연스럽기까지 하다. 역사적으로 집단의지를 개개인의 개체적 의지보다 우위에 두고 지금의 문명을 이룬 그들로선 실수와 결함을 이미 내포하고 있는 개체적 의지를 불신하는 것이 차라리 정당한 것일 수도 있기 때문이다.

뿐만 아니라 일본인의 휴대폰은 우리와 다소 다른 환경에서 진화를 거듭했다. 우리에게 정보 검색과 전자적 네트워크는 이미 일찌감치 발전한 인터넷 환경을 통해 해소되었던 터라 휴대폰과 인터넷은 서로 독립된 형태를 띠며 발전해 갔지만, 일본의 경우는 가정으로의 PC 보급이 상대적으로 더딘 편이기 때문

에 그들은 휴대폰 하나에 이
두 기기의 기능을 융합시키
는 쪽으로 나아갔다. 그 덕택
에 일본의 휴대폰은 2G폰일
때조차 그야말로 못하는 것
이 없었다. 예를 들면 그들은
휴대폰으로 C메일(문자 송수
신)과 E메일(휴대폰에서 PC
로의 메일 송수신)이 가능했
을 뿐 아니라 우리로서는 엄
두도 내지 못할 장문의 전송
또한 익히 가능했다. 그뿐 아
니라 내비게이션과 3자 통화
및 인터넷 누리집의 문서 작
성과 댓글 달기 기능 또한 무
난히 해결되곤 했다. 특히 인
상적이었던 기능 중의 하나는,
배차 간격이 1시간 정도인 노
선버스들의 도착시간(후쿠오
카 시내의 많은 지선들의 배차
간격은 대체로 이 정도이다)을
실시간으로 제공받는 것이고,
버스 또한 이를 결코 어기지 않

후지사키 역에서
지하철을 기다리고 있는 사람들.

는다는 사실이었다.

이제 더 이상 휴대폰을 '이동용 전화기'로 정의하는 사람은 없다. 그러므로 우리는 이 기기가 문화적으로 자리 잡는 방식에 대해 깊은 고민을 해야 한다. 사실상 우리에게 휴대폰이란 매체는 일본만큼 사회통합적 기능을 수행해 왔다고 주장하긴 어렵다. 아니 오히려 기능이 다양해질수록 세대 간, 계층 간의 단절은 더 심화되어 가고 있다. 이에 대한 책임 중 많은 부분은 휴대폰 기기의 진보에 역행하는 이동통신 3사의 파행적인 운영방식에다 물어야 옳겠지만(스마트폰이 일반화된 지금에 와선 사정이 달라졌지만, 일본에서는 휴대폰 인터넷 사용 요금이 거의 무료였음에 반해 한국의 통신사들은 이에 대한 설비 투자는커녕 모든 비용을 소비자에게 떠넘겨 왔다), 이와 별개로 이 사실을 알고도 적극적인 대응을 못하고 있는 정부와 학계 그리고 소비자 주체도 그 책임

한국이 세계의 휴대폰 생산 기술을 선도한다고들 하지만, 이 말이 곧 문화적으로 잘 정착되었다는 뜻은 아니다. 기술과는 무관하게 휴대폰이 문화적으로 진화하는 방식은 일본과 한국이 매우 다르다.

으로부터 자유로울 순 없다. 휴대폰이란 더 이상 인간이 손쉽게 부려 쓸 수 있는 테크닉이 아니다. 오히려 일상 속에 파고들어 우리의 삶을 뿌리째 재규정하는 테크놀로지이다.

넓은 간선도로에 접속하는 작은 골목길에도 어김없이 신호등이 설치되어 있고 이를 꼬박꼬박 지키는 일본인들을 보면, 성질 급한 한국인으로선 이해하기가 힘들 때가 많다. 신호등이란 가장 소극적인 규칙일 뿐이니 이를 적극적으로 해석해, 갈 것인 지 말 것인지를 결정하는 건 개인의 자율적인 판단에 맡겨야 한다고 나는 믿고 있기 때문이다. 그런데 이런 류의 나의 상식은 일본인의 의식구조와 늘 상충하곤 했다. 개인을 정의하는 방식이 지리, 역사, 정치적 환경에 따라 근본적으로 다르기 때문 일 것이다.

## 자연재해와 무의식적 공포

이 지점에서 개인보다 집단적 의지에 과도하게 의존하는 일본인의 집단성에 대해 좀 더 존재론적으로 생각해 보자. 거창하게 붙인 '존재론적'이란 표현은, 역사와 정치 같은 우연적이고 한시적인 조건보다 더 우선하는 지형과 지질, 기후와 해류 같은 요인이 지금과 같은 일본인의 의식을 결정했을 가능성을 염두에 둔 것이다. 알다시피 일본은 태평양판과 유라시아판의 경계에 놓여 있어 심한 지각변동을 상시적으로 감내하며 살아야 하는 곳이다. 후쿠시마 원전사고의 원인이었던 2011년 동북지역의 엄청난 지진이야 말할 필요도 없겠지만, 최근 10여 년 동안만 해도 리히터 지진계 6.0 이상의 지진과 화산활동이 매우 빈번하게 발생했다.

사실 전쟁 같은 정치적 인재는 그 피해가 엄청나더라도 증오의 대상이 있다는 점에서 인간의 무의식에 미치는 영향은 자연재해와는 근본적으로 다르다. 자연재해는 예측이 불허되고 참상의 규모가 광범위할 뿐 아니라 원망의 대상도 없는데다가 오로지 홀로 재해를 감당해야 한다. 일본인들에게 이 두려움은 오랜 시간 동안 내면화되어 왔고, 이 때문에 그들은 개인의 판단보다는 집단적 의식을 더 신뢰하는 쪽으로 문화를 형성시켜 왔다. 헤아릴 수 없이 많은 대중문화물들, 즉 오시이 마모루의 〈공각기동대〉, 미야자키 하야오의 〈바람계곡의 나오시카〉, 〈천공의 성 라퓨타〉, 안노 히데아키의 〈신세기 에반게리온〉, 모치츠키 미네타로의 〈드래곤 헤드〉 등이 직간접적으로 이 무의식적 공포를 반영하고 있고, 심지어 무라카미 하루키의 소설에 진하게 배어나오는 특유의 허무주의 또한 이 근원적 두려움을 거론하지 않고는 설명이 되지 않는다. 그뿐 아니라 현재 일본인이 취하는 두 극단적인 정치의식, 즉 개인적 허무의식을 강하게 반영하고 있는 정치적 무관심과 무력한 개인의 힘을 집단성에 의탁하는 과격한 우경화 역시 이와 무관하다고 할 수 없지 않을까.

## 어느 것이 먼저야? 휴대전화? PC?

기기의 대중화, 혹은 정보의 호환성이라는 측면에서 보자면, 한국은 PC
가 휴대전화에 비해 5년 정도 앞서고, 반면 일본은 휴대전화가 PC보다 먼
저 대중화되었다. 이 문제는 정보와 네트워크에 대한 욕구가 어떤 기기를
통해 실현되는가 하는 문제와 연결되고, 기기의 진화 방향을 결정하는 척
도가 된다. 한국의 1가구 1PC 시대를 연 것은 1994년 김대중 정부의 IT
산업 진흥 정책에 따라 가정용 컴퓨터 보급을 적극적으로 추진하면서부터
이다. 포털 서비스인 네이버, 다음, 네이트(라이코스 코리아)도 이 시기에
사용되기 시작했는데 다음은 무료 웹메일인 '한메일'을 시작으로 '까페 붐'
을 일으키며 온라인 커뮤니티 문화를 열었다. 특히 다음의 온라인 토론방
'아고라'와 네이버의 '지식in'은 인터넷 대중화로 인해 지식 정보를 다루는
행위를 크게 변화시켰다. 매체에 의해 일방적으로 생산되는 지식이 아니
라 사용자가 서로 묻고 답하는 과정에서 지식을 생산하며 일종의 집단지성
을 창출하게 된 것이다. 하지만 PC의 이런 대중화는 뒤늦게 2000년을 전
후하여 대중화되기 시작한 휴대전화의 욕망을 상당 부분 제약했다. 이용
자에게 일방적으로 요구된 비싼 인터넷 요금이 자유로운 정보 생산과 유통
을 저해했고, PC라는 대안이 있었으므로 이에 대한 욕구가 사회적 요구로
이어지지도 않았던 것이다.

반면 일본은 한국에 비해 상대적으로 PC 보급률이 낮고 인터넷 환경 또한
좋지 않은 편이다. 다양한 이유가 있을 수 있겠지만, 가장 직접적인 원인
은 1986년에 이루어진 일본전신선화국(NTT)의 민영화에서 찾는 것이 타
당할 듯하다. 민영화 이후 NTT는 자본금과 회선 규모에서 미국의 AT&T
에 이어 세계 2위의 상장회사로 거듭났지만, 이러한 성장이 국민 대중에
게로 그대로 적용된 것은 아니었다. 국민들은 민영화 이후 인터넷 사용을
위해선 비싼 통신료를 지불해야 했는데, 이런 조건 때문에 공공기관을 제
외하곤 개인의 인터넷 접근성이 현저히 떨어짐에 따라 광케이블 설치 같은
인터넷 인프라 구축 또한 지연될 수밖에 없는 악순환이 계속되었던 것이

다. 바로 이 지점에서 무선 휴대전화가 대중화되자, 우리와 달리 일본인들은 인터넷 정보에 대한 갈증을 2G 폰으로부터 해결하려는 다양한 시도를 모색했다. 지금 우리가 스마트폰에서 사용하는 앱의 기능을 이미 그 이전부터 매우 일상적으로 사용할 수 있었던 건 그런 이유에서이다.

텐진 버스정류장 풍경. 2G폰으로 버스 시각을 확인하고 있는 여성.

스미마셍 済みません

일본어 중에 '스미마셍'이란 말은 활용의 폭이 참으로 넓다.

미안함이나 양해를 구하는 표현뿐만 아니라

고마움을 표할 때조차도 이들은 모두 '스미마셍'을 쓴다.

일본어 중에 '스미마셍'이란 말은 활용의 폭이 참으로 넓다. 미안함이나 양해를 구하는 표현뿐만 아니라 고마움을 표할 때조차도 이들은 모두 '스미마셍'을 쓴다. 하지만 이것만이 아니다. 일본인들은 식당에 앉아 종업원을 부를 때도 이 말을 쓴다. 우리 같으면, '저기요'라고 하거나 '언니'라고 부를 때, 이들은 '스미마셍'이라고 말한다(그런데 요즘 우리는 남자 종업원에게도 '언니'라고들 부른다). 그래서 그런지 일본인들은 미국에 가서 종업원을 부르면서도, 'I am sorry'라고 한다는 우스갯소리가 있다. 이 말이 참말인지 거짓말인지는 모르겠지만, 일본인의 심리구조를 가만히 들여다보면 전혀 터무니없는 말인 것 같지는 않다.

언제부터인가 세상은 거의 모든 가치를 화폐의 양으로 따지는 데 익숙해져버렸다. 슈퍼에서 배추 한 포기를 사면서 우리는 그것이 얼마인지에는 관심을 기울이지만, 농사짓는 이의 고생 따위를 떠올리지는 않는다는 말이다. 하지만 이 험난한 세상, 농부만 고생하며 사는 것도 아니고 배추를 사먹는 소비자들 역시 힘겹기는 마찬가지이니 서로의 고생 이야기는 서로 상쇄하고 오직 시장의 가격 결정에 따라 마음이 아니라 화폐를 지불하면 그만이라는 게 우리들 생각이다. 그래서 우리는 시장이 결정한 금액만 지불한다면 그 대상이 무엇이든 소유하거나 소비하는 게 언제든 가능하다고 믿는다. 이것이, 이 편한 세상, 자본주의의 논리이다.

이런 논리는 세월이 흐를수록 더 강화될 것이라 예상되지만, 그렇다고 지금 우리의 세상살이가 전적으로 이 논리에 지배되고 있는 건 아닌 것 같다. 식당에 들어가 종업원을 향해, '스미마셍'이라거나 '언니'라고 부르는 게 이를 반증한다. 제 돈을 내고 먹는 음식이고 서비스이니, 당연히 '종업원'이라고, 보다 건조하고 객관적인 명칭과 어법을 사용하는 것이 더 논리적임에도 불구하고, 가능한 한 그들을 인격체로 대하려 하지 그들을 하나의 사물화된 상품으로 대하지 않거나 못하고 있는 건 그 때문이다. 그러므로 일본인이 종업원을 향해 '스미마셍'이라고 하는 건 인간간의 접촉이 시장 논리로는 결정될 수 없다는 문화적 표현이고, 이는 종업원을 '언니'라고 부르는 우리에게서도 마찬가지다.

문제는 '스미마셍'과 '언니'라고 표현할 때, 이 두 표현 사이에 적지 않은 문화 심리적 차이가 존재한다는 사실이다. 다시 말해 오로지 시장 논리만이 전횡하도록 내버려 두지 않겠다는 대중들의 저항 심리가 어째서 두 나라에서 각각 이토록 다른 방식으로 발전해 왔을까 하는 점이다. 일본의 '스미마셍'은 상대를 인격체로 대하고 있음에도 나와 너 사이에 심리적 거리를 전제하고 있는 반면, 우리의 '언니'나 '이모'는 이 심리적 거리를 말끔히 지우고 그 자리에 가족 호칭을 가져다 놓은 것이기 때문이다.

사실 우리의 일상 속에는 '이모', '언니', '오빠'가 너무 많다. 사랑이 없는 사회일수록 사랑이 강조되고, 돈 없는 사람일수록 돈타령을 일삼는 법. 그럼 우리에겐 언니, 오빠, 이모가 없다는 뜻인가? 아마도 그럴 것이다. 시장 논리로부터 버팀목이 되어주지 못하는 언니, 오빠, 부모가 무슨 소용이 있을까? 실재하고는 있지만 없기보다 못한 그들이고, 그러면 그럴수록 더 자주 강조되고 그리워지는 게 또한 그들, 혹은 그들에 대한 환상 아닌가. 이런 호칭이 시장 논리에 대한 대중의 저항으로부터 온 건 사실이지만, 이런 호칭이 다시 시장 논리를 강화한다는 건 참으로 쓸쓸한 역설이다.

니시진 시장 안에 있는 스시집 주인인데, 이 양반이 대화 중에 가장 빈번하
게 사용하는 말이 스미마셍이다. 미안해도 스미마셍, 고마워도 스미마셍,
쑥스러울 때도 스미마셍, 말을 걸 때도 스미마셍….

## 잠시만요, 보라언니 시계 차시고 가실게요

어릴 적 형님의 친구들이 우리 부모님들에게 '아버님' '어머니'하고 부르는 건 참 듣기 좋았다. 명절이 되면 잊지 않고 찾아와 인사를 하고, 이사할 땐 하루 종일 우리와 함께 짐을 나르고, 집안의 대소사 때도 먼 사촌보다 먼저 궂은 일을 하는 그야말로 가족이었다. 하지만 가족 호칭이 발을 뻗을 수 있는 지점은 이 정도까지가 합리적일 듯하다. 더 나아가면 객관적이고 이성적이어야 할 관계까지도 합리성을 잃기 쉽다. 말하자면 '이모'라는 호칭이 식당 주인의 심금을 울려 밥 한 공기를 얻게 할 수는 있겠지만, 그래 본들, 그 한 공기의 밥은 주변머리 없는 나 같은 사람의 정량에서 앗아간 것일 뿐이니, 이모의 시혜보다는 합리적인 상식을 믿고 살자는 뜻이다.

그런데 이게 우리나라에선 참 잘 안 된다. 지난 반세기 동안 인간관계의 사회적 형식이 거의 다 망가졌기 때문이다. 그것을 잘 보여주는 것이 존칭체계의 훼손이다. 상대를 높이는 것이 존칭의 기본이지만, 상대에 따라 존대의 단계가 있다. 조금 높이는 방법(예사높임)도 있고 많이 높이는 방법(아주높임)도 있다. 그런데 사회적 관계가 망실되면 높임의 다양한 단계는 다 사라지고 딱, 하나만 남게 된다. 학생들이 자신의 1년 선배에게 하는 존대의 정도나 교수에게 하는 정도, 연세가 많은 조부께 드리는 존대의 정도가 모두 같아지는 것이다. 같아지는 것까지는 그렇다 쳐도 전석으로 하향평준화된다. 문제는 서양사회처럼 이런 예사높임이 사회적 관계로 이행되면 좋은데 사정은 전혀 그렇지 않다는 데 있다. 지금까지 한국은 그 어떤 조직도 합리성에 바탕을 둔 상호평등한 관계가 아니라 매우 위계적인, 정서적이고 가족적인 관계를 통해 발전해 왔다. 이 불일치를 어떤 기준으로 어떻게 통합할 것인지는 우리 사회가 앞으로 계속 고민해야 할 문제임에 분명하다.

요즘 TV 개그 프로의 단골 소재인 이상한 존대법도 이를 반영하고 있는 것이지만, 방송을 보고 있으면서도 마냥 재밌지 않고 서글프기 짝이 없는 것은 잘못된 존대법이 마치 옳은 것인양 들린다는 사실 때문이다. "고객님, 이 시계는 브래드 피트가 차던 시계이시구요, 이 시계를 구입하시면 고객님의 사회적 지위가 한껏 높아지실 겁니다." 얼마나 정직한 표현인가? 사람의 가치와 품격을 사람 스스로가 만드는 것이 아니라 옷과 차와 아파트와 시계가 결정하는 세상이 아닌가. 그러니 존대의 대상은 물건, 아니 비싼 물건일 수밖에….

손님에게 주문을 받고 있는 일본의 '언니'.

일기예보와 지역의 삶

일본의 일기예보가 신통하리만치 잘 맞는 것은

각 지역이 정보를 중앙에서 독점하기보단

상호 공유하면서 지역의 기상청이 정보를 스스로

생산 유통하고 있기 때문이다.

근자의 기상청 업무는 이전과 비교할 수 없을 정도로 급증했다. 더 많은 데이터를 수집 관리하고 있음에도 주간 예보는 물론 당장 다음날의 예보조차 빗나가기 일쑤이다. 아무래도 대기에 대한 거시적 분석만으로는 점차 변화무쌍해지고 있는 국지적 변인들을 극복하기는 어려운 모양이다. 사실상 도시화와 산업화가 급격히 진행되면서 도시가 방출해내는 엄청난 열은 크고 작은 대기의 변화를 야기한다. 그래서 어떨 경우엔 한 도시의 이쪽과 저쪽에서 서로 상반되는 날씨를 보이기도 한다. 이것이 소위 국지성 강우인 셈인데, 사정이 이러니 언제부터인가 기상청은 다음 날의 일기예보를 '비가 온다 아니 온다'로 하지 않고 확률로 표시하더니, 이젠 장마의 시작과 끝도 예보하지 않겠다고 공표했다.

그런데 일본에 살다 보면, 이 일기예보라는 것이 참 신통하리만큼 잘 맞는다는 생각을 하게 된다. 자연재해가 많은 나라이니 이에 대한 장기간의 연구와 투자가 이런 결과를 가져왔지 싶다. 하지만 이것만이 이유의 전부이지는 않아 보인다. 다음 날의 일기예보를 매 시간 단위로 제공해주고 또 그 예측에 큰 실수가 없는 가장 결정적인 이유는, 기상청의 지역적 분권과 그 자립성 때문이다. 말하자면 우리처럼 지방의 기상청 분국에서 보내오는 데이터를 서울에서 일괄 처리하여 그 정보를 지방으로 통보하는 방식이 아니라, 각 지역의 정보를 중앙에서 독점하기보단 상호 공유하면서 지역이 기상 정보를 스스로 생산 유통하고 있기 때문이다.

정보란 그 내용이 무엇이냐는 것보다 누가 만든 것이냐가 훨씬 중요하다. 아프리카에 대한 유럽인들의 정보는 역사적으로 아프리카에 유리하도록 작용한 적이 없다. 유럽인들이 아프리카의 식민 지배를 위해 생산한 정보이다 보니 그 진위 여부와는 무관하게 유럽에 유리하도록 취사선택되고 유럽의 지식을 통해 번역됨으로써 그 모든 정보가 아프리카의 현실로부터 유리될 수밖에 없었던 때

TNC는 도쿄에 본사를 두고 있는 후지TV의 후쿠오카 지사 이름이다. 지방분권이 대체로 잘 정착한 일본이지만, 유독 언론만은 미군정기 이후 중앙의 지배로부터 자유롭지 못해 오랫동안 집권당인 자민당의 수구 노릇을 해 왔다. 하지만 한국의 지역방송국과는 비교할 수 없을 정도로 제작 환경과 재정적 측면에서 자율성을 갖고 있다. 한국의 지역방송국은 노래자랑 한번 하려해도 악단을 서울에서 공수해 와야 하지만, 오사카나 후쿠오카 같은 일본의 지역방송국에서는 장편 드라마까지 자체 제작한다. 이 말은 드라마 제작 기술만을 지칭하는 것이 아니다. 장편 드라마를 제작하기 위해선 지역에도 연기자 풀(pool)이 독립적으로 존재해야 하고 제작을 뒷받침해 줄 중앙과 같은 광고주가 존재해야 하는데, 이런 인적·물적 인프라가 지역에도 구축되어 있다는 뜻이다. 그 덕분에 후쿠오카나 오사카에서 제작된 드라마가 도쿄를 비롯한 각 지역 방송국에 판매되는 경우는 그리 드문 일이 아니다.

문이다. 이것이 정보와 지식이 권력에 대해서 갖는 슬픈 운명이다. 실제로 세계 전쟁이 끝나면서 해방을 맞이한 과거의 식민 국가들이 가장 화급히 실현하고자 했던 것 중의 하나가 자신의 역사를 자신들이 직접 기술하는 일이었다. 일제강점을 경험했던 우리 역시 사정은 마찬가지였다.

그럼에도 불구하고 이와 정반대의 일들이 최근 몇 년 사이 우리 사회엔 너무도 당당하게 벌어지고 있다. 그 대표적인 예가 2009년 7월 국회에서 날치기 통과된 '미디어법 개정안'이 그것이다. 언론의 공공성을 위해 국가가 안고 있던 지분을 시장에 내놓음과 동시에 거대 신문사로 하여금 이 지분을 회수하도록 책려하는 것을 골자로 하고 있는 이 개정안은 그야말로 정보의 민주화에 역행한다는 표현 외엔 달리 할 말이 없다. 실제로 미디어법 개정안이 발효되고 난 이후 방송의 공공성은 심각하게 위축되었을 뿐 아니라 이에 따라 시청자들의 퇴행적 반동성은 그악스럽게 증가했다.

그리고 무엇보다 걱정스러운 것은 확대된 종편이 몰고 온 지방 언론사들의 변질과 고사이다. 가뜩이나 재정적으로 어려운 지방의 언론

후쿠오카 타워의 오른쪽에 있는
건물이 TNC 방송국 건물이다.

사들은 중앙으로 집중되는 광고주를 지방으로 돌려세우기가 더더욱 어려워졌고, 뿐만 아니라 이런 조건 속에선 중앙 언론을 비판하는 것은 물론, 지역을 이해하고 지역 고유의 정보를 생산하는 건 꿈조차 꿀 수 없는 일이 되어 버렸다. 중앙 집권적 발전이 한계에 봉착했다는 사실은 이미 오래 전부터 공인되었음에도, 서울과 중앙정부는 이미 얻은 기득권을 조금도 양보할 의사가 없고, 오히려 지방의 혈세를 아전인수 격으로 가로채 가고 있기 때문이다.

지역의 삶을 정확히 예측하는 건, 서울이 제공하는 정보만으론 턱없이 부족하다. 국지적 변인들은 날이 갈수록 강화되고 있는데, 어떻게 서울의 일기 예보에 지역들의 내일을 가늠하라고 하는지 알다가도 모를 일이다.

## 서양이라는 기준의 허구

백인과 흑인 사이의 식민 관계는 총과 칼이라는 억압적 도구만으로 만들어
진 것이 아니다. 흑인을 스스로 흑인이라고 인식하게 만드는 것, '흑인성'
이라고 말해지는 '검고', '더럽고', '아이같이', '야만스럽다'는 백인의 지식체
계 속에 흑인이 놓여있도록 만드는 것이다. 이는 유럽의 지식체계 속에서
만들어진 동양의 인식과 다르지 않다. 이를 에드워드 사이드는 오리엔탈
리즘이라고 불렀는데, 이 말은 작은 서유럽이 거대한 동양을 지배하고 조
정하며, 단일한 것으로 통합하고자 하는 목적의식에서 탄생했다. 유럽인
이 갖는 동양에 대한 인식들, '야만적이다', 혹은 '신비하다'라는 상반되는
이미지는 유럽이 동양을 지배하기 위해 나아간 두 가지의 통로라는 점에서
이 양자는 구분되지 않는다. 동양이라는 실체가 중요한 것이 아니라 유럽
인이 상상적으로 구축해 놓은 허구적인 텍스트들(동양에 대한 역사뿐 아니
라 황금을 꿈꾸는 동화, 고고학적 지식, 미지의 대륙에 대한 문학, 동양적
형태와 색을 꿈꾸는 미술작품 등등)이 동양을 결정한다.

그러나 더 큰 문제는 이 허구적 표상이 나중에는 진실로 탈바꿈한다는 데
있다. 그 대표적인 예가 일본의 전통문화이다. 일본을 대표하는 문학평
론가 가라타니 고진의 표현처럼 '일본의 전통은 원래부터 있었던 것이 아
니라 서양인의 시선과 욕망에 부응하는 과정에서 생산된 것이다. 말하자
면 서양이 만든 기성품을 표준이라고 믿는 순간, 이 옷이 맞지 않는 내 몸
은 순식간에 부끄러운 것이 되고, 살을 깎는 노력으로 마침내 이 옷을 입게
되었을 때, 동양은 서양 기성품 시장의 노예로 이미 변질된 것이라는 뜻이
다.

## 지역은 식민지다

긴 지배의 과정이 있었듯, 지역의 자율성이 회복되기 위해서는 보다 근원
적인 구조적 처방이 있어야 한다. 지금, 지역의 인재는 서울의 교육시장과
기업의 공급자원으로 다 떠나보내고, 골목 상권마저 속속들이 서울의 유

통업계에 점유 당하고, 자신의 시장을 다 빼앗겨 버린 문화 예술 출판계는 관객과 독자를 만나지 못해 공동화되어 버렸다. 중앙집중적 구조가 자신의 터전인 지역보다 서울을 우선 고려하도록 작용하고 있기 때문이다. 그때문에 시민들의 목소리를 대변해야 할 지역 언론과 지방 방송국은 서울 소식을 전하는 데 급급해 정작 피폐한 이 땅의 이야기를 어떻게 정론화할 수 있을지 전혀 알 수 없는 패닉 상태에 빠져 있다. 일제강점기 식민지 조선이 그러했듯, 이것이 식민 도시 부산의 가감 없는 모습이다.

## 언론의 다양성 막는 미디어법

2008년 국회에서 한나라당이 미디어관련법을 제안하면서 불거진 미디어법 핵심 논쟁의 핵심은 개인이나 기업이 두 가지 종류 혹은 그 이상의 커뮤니케이션 산업을 소유할 수 있도록 허용하는 "신문·방송 겸영"에 관한 것이었다. 찬성측은 대기업이 방송사 지분에 참여할 수 있도록 방송 부문 규제를 완화해 미래의 성장 동력으로 삼아야 한다는 것이 기본 골자인데, 그 논거로 지상파 방송사의 독과점 지배구조를 극복하고 콘텐츠 산업의 경쟁력을 강화하는 것이 세계적인 추세라는 점을 제시하고 있다. 이에 대해 민주당과 언론노동조합은 방송·신문 겸영을 허용하는 국가에서도 언론 독과점을 막기 위해 최소한 교체소유 등 다양한 규정을 마련해 놓고 있다고 주장하면서 미디어법 반대에 나섰다. 특정 재벌, 정파가 소유하는 방송사가 많아지는 것이 곧 언론의 다양성을 확보하는 것이 아니기 때문이다. 그럼에도 불구하고 2009년 7월 22일 한나라당은 신문법, 방송법, IPTV법(인터넷멀티미디어법)을 차례로 가결시키며 문화체육관광부를 통해 미디어법 홍보 광고를 내보냈다. 종합편성채널 사업자로 조선일보(TV조선), 중앙일보(JTBC), 동아일보(채널A), 매일경제(MBN)가, 보도전문채널은 연합뉴스(뉴스Y)가 선정되어 2011년 12월 1일 TV조선, JTBC, MBN, 뉴스Y가 개국했다.

## 서울 날씨, 전국 날씨

방송사는 방송통신위원회로부터 방송권역을 허가받아 방송을 송출하는데 지상파 방송 3사(KBS, MBC, SBS)는 전국 단위의 방송이 가능한 체제이다. 한국의 방송 3사의 경우 콘텐츠 제작과 송출을 관리하는 키스테이션을 서울에만 두고 지역 방송을 관리한다(KBS는 지역 방송을 직영하고, MBC는 서울 본사가 대주주로 지방의 MBC들이 계열사 형식, SBS는 신생 민영 방송과 협약). 때문에 시청자 대부분은 서울 본사에서 제작된 프로그램을 보게 된다. 그러나 국민 '모두'가 한자리에 모여 같은 프로그램을 본다고 해서 '통합'을 이루는 것은 아니다. 지난 2010년 태풍 곤파스가 한반도에 상륙했을 때 태풍의 영향력이 소멸하고 있었으나 유독 수도권 지역을 통과하면서 대한민국 전체가 태풍의 피해지가 되었다. 그 반대로 서울 중앙국의 동의 없이 자체편성이 어려운 방송 구조에서 지역의 현안 문제는 늘 소외될 수밖에 없었다. 지역의 현안을 스스로 공론화하고 이해와 소통의 장을 형성하지 못한 채 중앙에서 형성된 여론을 소비할 수밖에 없는 지역 방송의 현 구조는 중앙 권력에 의해 식민지화되는 지역의 현실을 반영하고 있다.

# 〈해운대〉와 〈일본침몰〉의 차이

자연재해란 인간의 의지로는 어찌해 볼 수 없는
매우 우연적이며 불가항력적인 대상이다.
하지만 바로 이 때문에 자연재해는 지금까지 인간이 쌓아올린
과학 문명을 근본적으로 반성하게 만든다.

---

암이 두려운 이유는 그것이 죽음에 이르게 할 만큼 치명적인 질병이어서가 아니다. 암이 두려운 건, 우리의 코앞에 불쑥, 죽음을 들이밀기 때문이다. 죽음의 얼굴은 삶의 의미를 집요하게 캐묻고, 마침내는 누구와도 소통할 수 없는 허허벌판 위에 홀로 서 있는 것이, 삶이란 걸 가르친다. 바로 이런, 홀로 세상에 버려져 있다는 적막감과 외로움이야말로 암이 두려운 가장 결정적인 이유이다.

재난영화는 주인공만이 아니라 영화 속에 등장하는 모든 사람에게 이 두려움을 아낌없이 부여하는 특이한 장르이다. 그럼에도 어떤 사람은 이 두려움을 극복하고 영웅이 되고, 또 어떤 사람은 이 두려움 앞에 무릎을 꿇고 흔적도 없이 소멸한다. 그런 의미에서 재난영화는, 이미 영웅이 사라져버린 우리 시대의, 영웅의 재등장을 갈망하는 영웅영화이기도 하다.

그런데 어찌된 일인지 이런 재난－영웅영화는 한국에서 거의 만들어지지 않았다. 자연재해를 다룬 작품으로 유일한 것이 윤제균 감독의 〈해운대〉이다(엄밀히 따지면 이 영화도 재난영화이지 영웅영화는 아니고…. 한국에선 영웅이 너무 많아서 그런가?). 이 영화를 보고 있으면, 히구치 신지樋口真嗣 감독이 만든 〈일본침몰〉을 떠올리게 된다. 기상학자 베게너의 판pan 이론을 가져와 일본 열도의 침몰과 그 영웅적 희생을 그린 이 작품은 여러 모로 〈해운대〉와 비교가 된다. 아니 정확히 이야기하자면 비교적 최근 한일 양국이 제작한 두 편의 재난영화에서 영웅의 모습은 너무 다르다는 것이고, 이 차이가 혹시 양국이 가진 문화적 차이를 무의식적으로 드러내고 있는 건 아닐까하는 생각을 했다.

매우 주관적인 인상에 불과한 것이겠지만, 〈해운대〉는 인간들을 죽음으로 몰아간 자연재해로서의 쓰나미를 두 남녀 주인공들의 사랑을 위한 도구로만 활용할 뿐 이를 불안한 인간 존재의 은유로서 제시하지 않는 반면, 〈일본침몰〉은 거대한 지각변동으로 초토화된 인간의 어두운 이면을 통해 영웅이 이 사회에 왜 필연적인지를 보여준다. 물론 이 차이가 작품의 질을 결정하는 요소는 아닐 것이다. 그럼에도 두 작품 모두 각각의 나라에서 근자에 보기 드문 흥행을 기록했다는 것을 염두에 두면(〈해운대〉는 지금까지 만들어진 한국영화 중 관객 1130만 명을 동원한 역대 4위이다), 영웅에 대한 대중심리가 이 두 나라에서 매우 상이하게 작용하는 건 사실인 듯하다.

　자연재해란 인간의 의지로는 어찌해 볼 수 없는 매우 우연적이며 불가항력적인 대상이다. 하지만 바로 이 때문에 자연재해는 지금까지 인간이 쌓아올린 과학 문명을 근본적으로 반성하게 만든다. 이것이 재난영화로 하여금 숭고미를 최고의 미감으로 취하게 하는 이유이기도 하다. 숭고미란 해석 불가능한 대상에 대해 인간이 취하는 한없이 낮고 겸손한 마음으로부터 비롯되는 정서이기 때문이다. 〈일본침몰〉은 이 장르적 규칙을 그대로 따르고 있고, 〈해운대〉는 이 규칙을 저만큼 벗어나 있다.

　〈해운대〉는 자연재해에 대해 극히 무심하거나 혹은 이에 대해 매우 낭만적인 태도를 취한다. 작품 속의 재해는 등장인물들의 세속적인 갈등을 화해시키는 도구일 뿐이고, 영웅적 희생을 담고 있는 최형식(이민기 분)의 죽음조차 작은 에피소드로만 다루어질 뿐이다. 쓰나미 같은 소재가 우리에겐 다소 비현실적인

〈해운대〉와 〈일본침몰〉 포스터. 자연재해를 대해는 태도가 두 나라에서 각각 어떻게 다른지를 명징하게 보여주는 작품이다.

것이기 때문에 빚어진 현상일 테지만, 쓰나미가 아니라 하더라도 사정은 크게 달라지지 않았을 것이다(자연재해는 아니지만 일종의 재난영화로 분류되고 있는 봉준호 감독의 〈괴물〉도 재해가 숭고미를 생산하지는 않는다. 그 때문에 괴물과 맞서 싸우고 있는 주인공들 또한 영웅적 면모를 띠기보다는 지극히 평범하고 때로는 희화화되기까지 한다). 지금 우리 사회엔 일본 사회에 비해 숭고미가 생산될 기제가 거의 없고, 모든 것들은 세속화될 대로 세속화되었다. 한마디로 무서울 게 없는 세상이다.

누구나 제 마음 속에 하나씩의 두려움은 가지고 살아야 하지 않을까 싶다. 그것이 누군가를 향한 존경심이어도 좋고 자기를 희생해도 좋다고 여길 사랑이어도 좋을 듯하다. 그런 거울이 없고서야 부끄러운 제 모습을 어디에다 비추고 무엇으로 반성할 수 있을까.

## 혹독한 자연환경을 견뎌온 삶의 지혜

판구조론(Plate tectonics)은 현재 지진의 발생 원인을 이해하는 대표적인 이론이다. 지구 표층의 암석권은 10개의 판으로 나뉘어져 있는데 판들이 움직이면서 저항이 발생하다가 한계 지점에 이르러 지각이 튕기거나 어긋나면서 지진이 발생하는 것이다. 그래서 판과 판의 경계 지역에 화산 폭발과 함께 지진이 자주 일어나게 된다. 지구 전체에서 발생하는 지진의 90% 이상이 환태평양조산대에서 발생하고 있고, 일본 열도는 4개의 판(유라시아판, 필리핀판, 태평양판, 북아메리카판)이 만나는 접점에 위치하여 세계 그 어느 곳보다 지진이 자주 발생한다. 도호쿠(東北), 주부(中部)지역에 피해가 집중되었지만, 지진의 영향으로부터 비교적 안전하다고 여겨지던 후쿠오카현 역시 2005년 서쪽 앞바다에서 규모 7.0의 지진이 발생하여 충격을 주었다.

그로 인해 일본인들은 오랫동안 이런 혹독한 자연환경을 견디며 살아내기 위해 각고의 노력을 해 왔다. 전통적으로 일본인들은 지진 진동을 흡수하여 무너지더라도 충격을 완화할 수 있도록 목조 주택을 선호해 왔지만, 이 목조주택은 또한 화재에 약해 1995년 한신·아와지 대지진(阪神·淡路大震災) 때처럼 대재앙을 불러오는 원인이 되기도 한다. 그래서 가급적이면 집 안으로 화기를 들이지 않으려 해서 일본에서의 겨울나기는 여간 어렵지 않다. 특히 온수 보일러 덕택에 겨울조차 속옷 바람으로 사는 한국사람들이라면, 아열대에 가까운 후쿠오카에서조차 살인적인 추위를 경험하게 된다. 작은 미진에도 터질 수밖에 없는 온수 배관은 감히 넘볼 수 없고, 열풍기가 거의 유일한 난방 방법이다. 이조차 없었던 시절에는 코타츠(こたつ)와 유탄포(湯たんぽ)로 견뎠다.

예전엔 우리 주위에 일본인이 살았던 이런 적산가옥이 적지 않았다. 참 따뜻해 보인다. 이렇게 따뜻해 보이는 건 우리가 경험적으로 이런 건물이 춥다는 것을 알고 있기 때문일까? 사실 일본 가옥들은 그만큼 춥다.

이런 사정을 알아야 그들의 가옥구조를 비로소 이해할 수 있게 된다. 최소한의 공간만 허락하는 작은 집들, 좁고 긴 복도, 옆방의 소곤거리는 소리까지 들려오는 얇디얇은 벽, 다다미라는 바닥재 등. 아, 그리고 하나 더. 매일 저녁에 욕탕 가득 물을 받아 할아버지부터 손자까지 차례로 목욕을 하는 것도, 잠시라도 몸을 데워야 이 살인적인 겨울밤을 견딜 수 있기 때문이다.

## 2005년 후쿠오카 지진과 후쿠오카 시민 방재 센터

2011년 3월에 발생한 도후쿠 지역의 지진은 9.0의 가공할 만한 위력이라 설명이 필요치 않지만, 이 이전에 일본 열도를 강타한 지진 중 가장 위력적인 것은 1995년 1월의 한신·아와지 대지진(혹은 고베대지진이라고도 한다)이었다. 규모 7.2였고 사망자만 6천3백 명이었으니 그 참상이 어떠했을지는 짐작이 간다. 일본은 이 대참사를 겪고 난 후 바로 재해대책기본법을 개정하고 방재 수준을 대폭 향상시켰다. 재난관련 정보는 중앙과 지방자치단체 그리고 주민이 공유할 수 있도록 했고, 중앙에 못지않은 방재 시스템을 지방도 갖출 수 있게 되었다. 모모치 바닷가 쪽에 있는 '후쿠오카시민방재센터'도 이 때 세워졌는데, 지진에 대한 경각심이 크게 없던 후쿠오카에 2005년 3월, 강도 7.0의 지진이 발생하자 이 시설에 대한 인식이 지금은 크게 달라졌다. 지진체험관을 무료로 상시 개방하고 있으므로 놀이기구를 좋아하는 사람이라면 재미삼아서라도 한번쯤 들러볼 만하지 싶다.

후쿠오카 시민 방재 센터.
후쿠오카에 관광 온 한국인이라면 빼먹지 않고 방문하는 곳이 후쿠오카타워인데, 굳이 타워에 오로지 않더라도 모모치 해변 주변은 산책 삼아 둘러볼 충분한 이유가 있는 곳이다. 잘 정비된 가로는 말할 것도 없고, 방송국과 박물관, 돔 야구장, 매년 한국영화제를 여는 시립도서관이 있고, 그리고 후쿠오카 시민 방재 센터도 이곳에 있다.

# 자이니치 在日, 그 곤혹스러움

문화가 정치보다 더 윤리적인 건,
정치가 대상을 직접 대면하지 않고
오로지 표상으로만 다룰 때, 문화는 그 표상을 지우고
숨결과 피부로 대상을 만난다는 데 있다.

 텐진天神에 있는 아시아미술관에서 아주 특별할 공연이 있다고 타무라 교수가 자못 상기되어 이야기했을 때도 난 차라리 냉담했다. 후쿠오카에 도착한 후 더러 재일 한국인들을 만나봤지만 들어설 자리를 도무지 내주지 않는 그들의 완고함을 이미 보아왔던 터라 그의 흥분에 선뜻 동의할 수 없었던 것이다. 그리고 그의 그런 태도가 나의 심사를 묘하게 비튼 것도 사실이다. 도와줍네 하고 남이 마치 내 가족의 치부 속으로 파고드는 느낌을 지울 수 없었던 탓이었다.

 공연장은 작고 오붓했다. 관객은 백 명을 넘지 않았고, 관객의 대부분도 이 공연을 주선한 후쿠오카에 거주하는 오사카 사람들과, 자이니치在日 한국인 문제에 관심을 가진 시민단체 회원들이었다. 아마도 공연자인 조박趙博 씨가 오사카 출신에다 그곳이 그의 주된 활동 근거지이기 때문인 듯했다. 조박 씨는 이미 몇 년 전 KBS의 '한민족 리포트'에서도 소개된 바 있는 인물로, 일본에서는 가수라기보다는 1인 무대 공연자 겸 사회운동가로 알려져 있다. 교포 3세로 일본에서 태어나 간사이關西대학에서 러시아어를 전공한 후 대학 강단에 섰지만, 민족 차별의 벽을 넘지 못해 이를 포기하고 자이니치라는 이 특별한 사회 문제를 이야기와 노래 혹은 연극의 형식으로 제기해 왔으며, 그 공연 횟수만 해도 일본 내외를 포함 200회를 훨씬 상회한다고 했다.

 간이의자 몇 개와 천장에서 비추는 키 라이트 조명이 무대 설치의 모두였지만, 조박 씨의 무대 장악력은 대단했다. 그 장악력은 기타를 치며 미소라 히바리美空ひばり의 엔카를 개사하여 부르거나(참고로 쇼와 시대 엔카의 여왕이라 불렸던 미소라 히바리 역시 조선인 2세이다), 김광석의 〈이등병의 편지〉를 하모니카와 함께 멋들어지게 잘 불러서가 아니었다. 오히려 노래는 그가 구성지게 풀어놓는 세상 이야기의 효과음 같은 것이었다. 일본 속에서 자이니치가 어떤 존재인지를 이야기할 땐 엔카의 단조음이 무척 잘 어울렸고, 한반도의 분단과 통

일을 이야기할 땐 김광석의 고즈넉한 멜로디가 힘을 더했다.

북치고 장구치고, 울고 웃으며 노래 부르고 이야기하는 동안 두 시간 가까운 공연은 금방 끝이 나버렸지만, 그가 했던 마지막 말은 그 후로도 오래 여운으로 남았다. 그는 아주 분명한 어조로 말했다. "나의 고향은 오사카이고, 나의 모국 어는 일본어이다." 이 이상 더 무슨 말이 필요할까? 그럼에도 공연지 호텔에서 그가 쓴 숙박계를 보고 프론트 직원은 늘 그의 유창한 일본어 실력에 놀라곤 한 다고 실소를 머금었다(숙박계엔 국적란이 있고 재일조선인들은 거기에 '한국' 혹은 '북조선'이라고 명기해야 한다). 자신의 모국어가 언제나 외국어일 수밖에 없는 이 현실이야말로 디아스포라의 실존적 고통이 가장 정직하게 표현된 사례 가 아닌가.

조박 씨는 자신이 한국인이 아님을 거듭 강조했다. 그리고 그의 이 의도된 부 인은 자이니치 문제에 지금까지 우리가 얼마나 자기중심적으로 접근해 왔는지 를 문득 깨닫게 했다. 자이니치 문제는 이제 더는 우리의 문제일 수 없는 것이 다. 이 말은 한반도의 역사가 이 문제에 더 이상 책임을 질 필요가 없다거나 도

움이 필요치 않다는 뜻이 아니라, 지금까지 우리가 보여 온 배타적인 민족주의
적 정서로는 이 문제를 제대로 이해하는 게 어렵다는 뜻이다. 이미 '우리'가 될
수 없는 그들을 동포라는 미명으로 우리 안에 가두는 것을 멈추고 그들이 일본
시민으로 잘 정착할 수 있도록 그저 곁에서 돕는 일이, 지금 우리가 할 수 있
는 전부일 따름이다.

그러니 이 공연이 한국에서 온 나를 향하지 않고, 자이니치를 사회적 타자로
배제해 온 일본인을 향하고 있는 건 당연한 것이다. 그 때문에 공연 내내 나는
내 위치가 매우 불편했지만, 아마도 이 느낌은 혈연주의를 내세워 못 본 듯 외면
해 왔던 우리의 외국인 노동자, 이주 여성들에 대한 사회적 차별을 불현듯 부끄
러움으로 환기해야 했던 때문일 것이다.

그나마 다행한 건, 요즘처럼 한일 정치관계가 경색 국면을 면치 못하고 있음
에도 가볍게 나부끼는 정치와 달리 민간 차원의 문화교류는 그 저변에서 꾸준
히, 그리고 묵묵히 이루어지고 있다는 사실이다. 큰 힘을 발휘할 것 같진 않지
만, 큰 힘이란 게 뭔가. 작은 것들이 모여 커진 것이 아니라면, 큰 것들이란 언제
나 가짜인 법. 큰 정치가 광풍으로 사람들의 옷을 벗기려 하지만 그것이 햇빛만
은 하겠는가. 조박 씨의 공연을 보고 우리 식구는 부산과 쿠루메시久留米市의 미
술작가 교류 레지던시 프로그램에 참여했다. 후쿠오카에서 1시간 여 차를 몰고
간 쿠루메시는 한창 가을걷이를 앞둔 평화롭고 푸른 소도시였다. 거기에서 우
리가 한 것은 들판에 나가 함께 허수아비를 만들고, 함께 국수를 삶아 먹고, 부
추전을 구워 먹고, 한일 작가들이 그곳에서 함께 작품을 만들고, 함께 감상하는
것이었다. 문화가 정치보다 더 윤리적인 건, 정치가 대상을 직접 대면하지 않고
오로지 표상으로만 다룰 때, 문화는 그 표상을 지우고 숨결과 피부로 대상을 만
난다는 데 있다.

## 한민족과 한국 국적

우리는 오랫동안 한국이 단일민족국가라고 믿어왔지만, 이렇게 국가와 민족을 하나로 묶어 상상하는 게 매우 위험한 시대에 살고 있다. 이 점을 보다 구체적으로 이해하기 위해 지난 2007년 4월 미국 버지니아 공대에서 일어난 총격 사건, 일명 조승희 사건으로 불린 참사와 이에 대처한 한국정부와 한국민의 태도를 살펴보는 것은 도움이 된다. 최근 들어 미국의 학내 총기사건은 매우 빈번하지만 그 중에서도 32명이 총상으로 숨진 이 사건은 미국뿐 아니라 전세계의 이목을 집중시키기에 충분한 것이었다. 한국의 언론 역시 이 사건을 접하고는 곧바로 특집기사를 내보냈는데, 문제는 이 사건을 대하는 그들의 태도였다. 사건의 범인이 한국인(국적이 아니라 민족)이라는 이유로 내남없이 사과와 반성의 내용을 내보냈던 것이다. 이 정도로도 부족했는지, 한국 정부는 미국 정부에 대해 공식적으로 사과문을 보내기도 했다. 이런 반응이 미국 내 한인사회에서 빚어진 것이라면 혹모를까(이 또한 이 사건을 매우 그릇 호도한 것임이 분명하지만), 한국 국

민과 한국 정부가 보일 태도로는 정도를 넘어도 한참이나 넘은 것이다.

사실 이 사건은 다민족 국가로서의 미국 내에 형성된 자신들의 정치·문화적 맥락 속에서 발생한 일이고, 그런 만큼 한국 정부와 한국인의 요란한 사죄는 이 사건을 정직하게 바라보아야 할 미국인의 객관적 판단에 심한 저해 요인으로 작용할 뿐이다. 그때문에 "참사 직후 한인들이 촛불 예배를 여는 등의 과민 반응이 오히려 혼란을 야기하며 심지어 어떤 면에서는 조롱거리가 되고 있다"는 〈필라델피아 인콰어러지〉나 〈LA타임즈〉의 지적은 매우 정당한 것이다.

이와 함께 비슷한 시기에 발생한 '여수 외국인보호소 화재 참사'를 이 사건과 나란히 세워놓고 보는 것도 흥미롭다. 당시 출입국관리법 52조에는 미등록 이주노동자 보호에 대해 20일을 초과하지 못한다고 명시되어 있었지만 10명이 사망하고 17명이 중상을 입은 이 화재사건 희생자 중엔 임금체불과 비자발급 등의 이유로 1년 이상 구금되어 있는 사람도 있었다. 남의 나라 일임에도 동일 민족이라는 이유로 넘치는 사과를 하고, 자국의 일임에도 무관심하기 짝이 없는 이 비대칭적 모순이 왜 한일 양국에서 이다지도 유사한 양태로 나타나고 있는지는 오래 숙고해 볼 일이다.

## 1인 무대 공연자 겸 사회운동가 조박

조박 씨는 자신을 한국인도 아니고, 일본인도 아닌, 오사카인이라 말한다. 조박(趙博, 53) 씨의 가족사는 한국과 일본의 근현대사 100년의 역사와 맞물려 있다. 그의 할아버지는 일제강점기 오사카 지역으로 징용 온 노동자 중 한 명이었고, 그의 장인 장모는 '제주 4.3항쟁' 중에 일본으로 밀항했다 일본에 남았다. 그는 일본에서 태어나 살고 있지만 일본은 그에게 외국인으로 등록하게 했고, 일본 사회에 발 딛는 것을 용납하지 않았다. 그는 일본인이 아니지만 그러나 한국인도 아니다. 대한 제국 역시 그의 가족을 버렸고, 대한민국은 그들을 모른 체했다. 그는 20세가 될 때까지 조선인이라는 사실을 숨기고 일본인으로 살았다고 한다. 더 강한 일본인이 되기 위해 유도를 배웠고, 전국 대표 선발전에서 조선인
이라는 사실이 들통날까봐 출전을 포기했다고 한다. 그
는 고베 외국어대학교 러시아어과를 졸업하고 간사이대
학교 대학원을 수료한 후 간사이 대학교에서 강사 노릇
도 했지만 그리 오래가지 않았다. 차별의 벽은 높았고 학
업을 계속할 수 있는 교수의 꿈을 버린 이후 그는 일본에
서 차별받는 소수자의 애환을 달래고 차별정책을 공론화
하기 위해 노래를 불렀다. 인간은 '누구나 인간답게 살고
싶고 행복을 추구한다'는 지극히 당연한 권리가 당연할
수 없는 것은 국가와 민족을 혼동하고, 또한 민족을 단일하다고 오인하고
있기 때문이다. 그는 사람들이 평화롭게 살고 싶다면 국가를 배경으로 할
것이 아니라 거주 지역의 이웃끼리 좋은 관계를 유지해야 한다고 말한다.
이것이 그가 '오사카인'인 이유이다.

## 재일 조선인 서경식 교수와 디아스포라

재일 조선인 1세대는 일본이 전쟁을 치르면서 병력과 노동력을 보충하기
위해 실시한 징용령에 의해 노동자로 건너온 사람들이다. 당시 이들의 국
적은 일본이지만 민족은 조선적(朝鮮籍)으로 구분되어 있었다. 전쟁이 종
식되고 일본은 자국의 정치·경제적 문제를 해소하기 위해 당시 일본에 거
주하고 있던 200만 여 명의 조선인을 돌려보내려 했지만 남한과 북한의
정치적 대립은 이들을 받아들일 상황이 아니었고 하루아침에 일본인도,
한국인도 아니게 된 많은 조선인들은 그대로 일본에 남게 되었다. 이후 전
쟁에 휘말린 한반도의 상황에 따라 재일조선인 역시 남한과 북한을 지지하
는 세력으로 나뉘어지기 시작해 서로를 경계했고, 일본은 일본대로 '자기
나라로 귀국하지 않고, 더군다나 일본으로 귀화할 생각도 없는 이들을 보
호할 이유가 없다'는 방침에 따라 재일 조선인들은 일본 사회에서 각종 차
별에 시달려야 했다.

재일 조선인은 일본과 분단 한국의 배타적 국민국가의 경계에 서 있다. 1951년 교토에서 태어난 서경식 선생은 한국과 일본의 국가적 경계에서 지적 소양을 쌓아온 대표적인 성찰적 지식인이다. 제국주의의 침탈과 식민지 분할 과정에서 자기가 속했던 공동체로부터 이산을 강요당하고 이주한 곳에서도 여전히 이방인으로 머물 수밖에 없는 사람과 그의 후손을 가리키는 용어로 디아스포라, 코리안 디아스포라라는 말을 사용한다.

남한과 북한, 일본의 경계가 명확하다고 생각하는 현재 우리에게 코리안 디아스포라라는 경계적 사유는 여전히 낯설다. 그러나 우리가 그토록 당연하고, 고정적이며 안정적이라고 생각하는 한국과 한국인이 식민지배와 냉전체제를 거치면서 '한국인이 아닌 것'을 차별하고 배제함으로써 형성해 왔다는 사실을 상기하면 그의 성찰은 단일민족국가같이 우리가 굳건하다고 믿는 사실들이 얼마나 유동적이고 불안정한 것인가를 재사유할 수 있는 길을 열어준다. 그의 디아스포라적 시선은 외모, 언어, 국적이 다른 다양한 사람들과 함께, 새로운 틀을 만들어야 하는 오늘날 한국 사회에 시사하는 바가 크다. 이주민에게 일방적인 한국화를 강요하는 것이 아니라 새로운 차원의 연대를 실천하기 위해서라도 우리는 이제까지 있어온 민족, 국민이라는 개념을 비판적으로 사유해야 할 때이다.

자이니치(在日) 문제를 디아스포라의 측면에서 오랫동안 연구해 온 서경식 교수. 2013년 2월 필자가 관여하고 있는 연구소 심포지움에 참석해 소수자들의 삶을 성찰하는 길로서 예술과 교양의 책무를 이야기하고 있다.

이질적인 것들의 귀환

거미와 도마뱀이 징그럽다고 느끼는 건,
내 것만이 세상의 기준이라는 아집 때문이다.
나와 다른 것을 모두 나쁜 것으로 재단하고,
나쁜 것이니 박멸하다 보면 오히려 이것들은
엄청난 재앙으로 다시 부활한다.

　도마뱀 한 마리 때문에 난리가 났다. 해가 중천에 걸리도록 늦잠을 잔 일요일 아침, 식탁을 차리다가 거실 벽에 붙어 빤히 제 쪽을 보고 있는 도마뱀을 보고는 딸아이가 혼비백산한 것이다. 집 밖에서야 재재거리며 돌아다니는 녀석들을 더러 보아온 터였지만 이렇게 불쑥 집 안으로 들어오기는 처음이었다. 딸아이는 어떻게든 그놈을 밖으로 내보내려 안간힘을 썼지만, 그러면 그럴수록 쫓기는 그놈은 거실 안쪽으로 더 깊숙이 들어와 급기야 세면장으로 줄행랑을 치더니 고 귀여운 몸뚱이를 어디론가 숨기고 말았다.

　무에 그리 호들갑이냐고 딸아이에게 큰소리를 치긴 했지만, 도시의 아파트에서만 30년 가까이 살아온 나에게도 그놈의 길고 미끈둥한 몸뚱이가 이물스럽기는 마찬가지였다. 사실 끔찍하기로 따진다면야 도마뱀이 거미만 하겠는가. 도마뱀이야 이렇게 가끔 우리를 놀래킬 뿐이지만 거미란 놈은 거실이고 침실이고 를 가리지 않고 아예 제 집인 양 상주해 산다. 그나마 다행이라면 거미줄을 치지 않는 종이라는 정도이겠지만, 더러 큰 놈은 몸통이 엄지손톱만한데, 이놈들이 화장대나 침대 위를 통통거리며 뛰어다니는 걸 보면 기겁을 한다. 그렇긴 해도 허구한 날 그렇게 불쑥불쑥 나타나는 놈들을 보이는 족족 죽일 수도 없는 노릇이니, 징그럽긴 해도 어느 날부턴 그저 멀찌감치 쫓을 뿐이다.

　도시화의 진행이 너무 갑작스럽고 과밀해진 인구 탓

도심 속의 아타고 신사 숲에서 사람들과
더불어 사는 왜가리들과 솔개.

도 있겠지만, 어린 시절 우리 주위에서도 흔하게 보이던 그놈들이 종적을 감춘 데에는 우리의 주거 문화에도 큰 원인이 있다. 이미 도시 인구의 7할이 넘는 사람들이 살아가는 한국의 아파트라는 공동주택은 '나 홀로'를 지향한다는 데 그 특징을 두고 있다(2010년 현재, 서울의 경우 아파트 주거 비율은 59%이고 여기에 24%에 이르는 다가구주택까지를 포함하면 80%를 이미 상회한다). 아파트의 설계가 복도식을 지양하고, 주민들의 동선을 개별화시키는 방식으로 진화하고 있는 건 이런 이유 때문이다. 말하자면 나 혹은 우리만의 독립된 공간을 확보하기 위해 외부와의 접촉 단면은 최대한 줄이려는 욕구가 지금 이 나라를 세계 유일의 아파트 왕국으로 만드는 심리적 기제일 터이다.

우리 안에는 우리 것이면서 동시에 우리가 아니고 싶은 많은 잡것들이 살고 있다. 우리 안에서 내몰고 박멸해 버리고 싶지만, 그건 가능한 일이 아니다. 쓰레기는 숨길 수 있을 뿐 만들지 않고 살아갈 방법은 없기 때문이다. 그러니 숨기는 데 에너지를 사용할 게 아니라 퇴비로 함께 사는 게 현명하다. 하카타 레이센공원 여름.

　우리 사회가 외부와의 접촉을 꼭꼭 닫고 가족이라는 표백된 순수성만을 욕망하게 된 데는 나름의 이유가 있겠지만, 이 욕망이 전적으로 환상에 기초해 있는 것이어서 그 어떠한 노력에도 그런 환상이 실현 불가능하다는 데 문제의 심각성이 있다. 왜냐하면 나 혹은 우리라는 존재 자체가 이미 사회적 관계망의 산물이기 때문에 전혀 순수하지 않다는 게 그 첫 번째 이유이고, 혹 순수한 것으로 가정한다 쳐도 그렇게 문을 닫아걸고 막으려 했던 외부의 이물질은 결국 바깥에서가 아니라 순수하다 믿었던

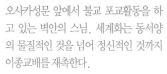

오사카성문 앞에서 불교 포교활동을 하
고 있는 벽안의 스님. 세계화는 동서양
의 물질적인 것을 넘어 정신적인 것까지
이종교배를 재촉한다.

나가사키 우라카미성당에 있는 피폭 당시 부
서진 종각이다. 패전의 고통은 일본인의 뇌리
속에 가장 지우고 싶은 기억이다. 이 기억은
현재의 일본을 이끈 이미지들과 아프게 부딪
히면서 현재의 모습을 계속 반성하게 하기 때
문이다. 바로 그 때문에 이 낯설고 이질적인
것들은 반드시 우리 속에 함께 살아야 한다.

나와 우리의 내부로부터 터져 나오기 마련이라는 것이 그 두 번째 이유이다. 이
는 우리 몸속의 대장균을 적으로 몰아 전멸시키면 대장균과 함께 우리 역시 죽
음에 이르는 것과 같은 이치이고, 대장균이 내 몸의 일부이듯 외부와 내부는 결
코 단절할 수도 순수할 수도 없는 것이기 때문이다.

거미와 도마뱀이 징그럽다고 느끼는 건, 내 것만이 세상의 기준이라는 아집

가끔 사람 아닌 놈들의 시선으로 사람세상을 바라보면 눈이 맑아지는 느낌이 든다.

때문이다. 나와 다른 것을 모두 나쁜 것으로 재단하고, 나쁜 것이니 박멸하다 보면 오히려 이것들은 엄청난 재앙으로 다시 부활한다. 지금 전 지구적으로 확산되고 있는 '신종 플루'도 그런 현상 중의 하나이다. 하지만 더 끔찍한 건 '신종 플루'가 창궐하면 종국에는 병을 발생시키는 바이러스가 아니라 내 이웃과 내 가족의 감염자가 더 두렵다는 사실이다. 이질적인 것들을 포용해야 하는 궁극적인 이유는 바로 이것이다.

일본에 살면서 느낀 건데, 일본에 있는 야생동물들은 사람을 그다지 두려워하지 않는다는 거였다. 인기척만 들려도 꽁지가 빠져라 도망가는 한국과는 달리 위협을 가하지만 않으면 고양이는 물론 새들까지도 사람들과 매우 가까운 거리에서 살아간다. 이건 도대체 어떻게 설명이 가능한 걸까….

## 우리는 모두 감염자다

공포가 공격성을 야기한다는 증명을 떠올리지 않더라도 '나'가 알지 못하는 대상에 대한 불안감때문에 '나' 이외의 것을 적으로 간주하고 소탕, 박멸하려는 사례는 우리 주위에 비일비재하다. 최근 조류독감으로 인해 도살처분이 용인되고 있는 닭과 오리는 인간에게 고기와 알을 제공하는 지극히 인간과의 관계에서만 존재할 수 있는 것들이 그 관계를 벗어나버렸다는 점과, 언제라도 인간에게 해를 끼칠 수 있는 병균을 박멸해야 한다는 점에서 동의를 얻고 있다. 인간이 아닌 그 이외의 것들은 인간 내부에서 통합되어야 하고 그렇지 못할 때 버려져야 하는 것들이다.

그런데 연가시에 감염되어 자신의 의지를 잃고 물속으로 뛰어드는, 좀비를 연상시키는 박정우 감독의 〈연가시〉(2012)는 우리 사회를 위험에 빠뜨릴 수 있다는 이유로 배제하고 박멸해야 할 적의 모습이 가족의 얼굴을 하고 나타나는 데서 공포를 유발한다. 더구나 연가시 감염 경로가 여름철 가족과 함께 물놀이를 떠났던 계곡에서이다. 전국의 물이 있는 곳 어디에나 시체가 즐비하자 비상사태를 선포한 정부가 할 수 있는 일은 감염자를 수용·격리해 감염자가 물속으로 뛰어들지 않게 만드는 것이다. 정부가 두려워하는 것은 감염자의 안전이 아니라 그들의 존재가 외부에 알려져 건강한 사람들이 불안해하고 동요하는 것이다. 때문에 수용소 내의 상황이 SNS를 통해 유포되지 않도록 감염자들의 핸드폰은 즉각 압수된다.

안전과 위생이라는 이름으로 가해진 폭력을 통해 얻어진 '우리'라는 공동체의 동질성은 그간 새로운 적대를 만들며 장애인, 동성애자, 환자, 이주노동자를 추적해 배제하고 추방해 오지 않았는가. 이들은 '우리 몸'에 들어온 이물질이고 건강함을 훼손하는 존재들이며 '우리'를 불편하게 한다. 그러나 우리를 불편하게 하는 것은 영화에서 보이듯 숙주의 영양분을 모조리 빼앗고 결국 죽음으로 내모는 연가시뿐만이 아니다. 자신의 사리사욕을 위해 변종 연가시를 개발, 유포하고 유일한 치료제 보급을 통제해 주가를 높여 팔려고 한 제약회사 연구원과 경영진들이다. 자신이 살기 위해 타인의 건강을 훼손하고 불편하게 만든다는 의미에서 우리는 모두 연가시일지 모른다. 그러니 우리는 '나도 감염될지도 모른다'가 아니라 실은 '나 자신이 감염자'라는 사실을 회피하고 왜곡해 온 것이다.

## 나오미 캠벨, 그 빛나는 저주

이제 난 옷가게에서 내 옷을 스스로 사지 않는다. 그 대신 아내가 사온 옷을, 혹 마음에 들지 않는다 해도, 기꺼이 입는다. 언제부터인가, 나는 내가 입고 싶은 옷과, 내가 입어 어울리는 옷이 엄청나게 다르다는 것을 알게 되었다. 그리고 살아가면서 점점 이 둘 사이의 간극이 결코 좁혀질 것이 아니리는 걸 알겠다.

입고 싶은 옷과, 입어서 어울리는 옷이 일치하는 사람이 세상에 얼마나 될까. 모르긴 해도 아마 지극히 드물지 싶다. 사람들은 자신이 가지고 있는 것을 고맙게 여기기보단 가지지 못한 것에 대한 그리움이 훨씬 강렬하기 마련이니까. 내가 입고 싶은 옷이란 따지고 보면 내 체형에 대한 열등감이 타인의 몸에 대한 선망을 낳고, 그 욕심이 내 몸을 전도시킨 결과 나타나는 자기기만에 불과한 것이다. 그래서 좋은 모델이 되기 위한 가장 중요한 덕목은, 옷으로 자신의 흉을 잘 가리는 게 아니라 활짝 드러냄으로써 제 흉을 아름답도록 만드는 일이다. 나오미 캠벨이 흑인으로서 맨 처음 모델이 되었을 때, 그리고 그 놀라운 데뷔가 모델사의 역사가 되었을 때, 그녀가 발휘한 마술은, '검어서 아름답다는 사실'이 아니라, '검어도 아름답다'는 사실이었다.

그러나 섣부른 오해는 삼가야 한다. 나오미 캠벨을 두고 좋은 모델이라 세상이 입을 모아 아무리 칭찬을 해도, 그녀가 자신의 피부색에 대해 절망하지 않는 것은 아니라는 사실. 철저히 백인중심적인 사회에서, 그래서 자신의 몸에 대한 대가를 백인들이 지불하고 있는 세상에서, 그녀가 하얀 피부를 갖고 싶어 하지 않을 거라고 생각하는 건, 글쎄, 어불성설이기 쉽다. 그녀는 범인들과 다르게, 다만, 입어서 어울리는 옷과 입고 싶은 옷이 너무나 다르다는 것을, 누구보다, 뼈저리게 알고 있을 따름이다. 그럴 수만 있다면, 그녀 또한 백인들이 입어 돋보이는 옷을, 그런 옷을 입을 수 있는, 하얀 피부를 갖고 싶을 것이 분명하다. 마이클 잭슨처럼.

검은 피부에 대해 전혀 호의적이지 않은 세상이기에 흑인으로 태어나는 것은, 저주이다. 그럼에도 불구하고 이미 천형으로 받아들여야 할 몸이라면, 아니, 천형이기 때문에, 이 불길한 검정색은, 문득, 축복이 되기도 한다. 아무도 자신의 흰색을 고마워하지 않을 때(검지 않아서 다행이라곤 생각하겠지만), 그리하여 오로지 검정색만이 흰빛의 진가를 알 때, 흰빛은 오로지 검정 속에서만 빛나고, 검정색만이 흰빛을 제 속으로 안아 들인다. 그 순간, 오랫동안 검정색에 가해진 흰색의 폭력은, 검은 눈물 속에서 가만히 스러져 간다.

오늘도 나는 옷장을 열고, 망설인다. 결코 중단되지 않을 이 망설임 끝에서, 나는 나의 검은 피부를 본다. 내가 가질 수 없는 것들, 가져서는 안 되는 것들, 그리하여 마침내 숭고해지는 불길한 나의 것.

# 한국에도 자동차가 있어요?

한국에 대한 아이들의 질문을 한마디로 요약하면,
'한국에도 자동차가 있는가'였단다.
내가 보기에 이 질문에는 아시아에 대한
일본인의 뿌리 깊은 편견이 고스란히 내비치는 듯했다.

보름 전부터 딸아이는 잔뜩 흥분해 있었다. 후쿠오카 인근 도시인 기타큐슈의 어느 초등학교로부터 수요일 특별활동의 일일교사로 섭외를 받은 모양이었다. 통화하는 걸 옆에서 듣고 있자니 자신은 교사 경험이 전혀 없어 적임자가 아니니 다른 사람을 찾아보라고 고사했지만, 저쪽의 권유도 만만찮았던지 수줍은 듯 승낙을 하는 듯했다. 하지만 전화를 끊자마자 문제의 심각성이 느껴지기 시작했는지 채 열흘도 남지 않은 수업 내용이며 수업 방식을 놓고 틈만 나면 식구들을 들볶아 댔다.

이제 겨우 대학 1학년을 마치고 온 터수이니 무엇 하나 제대로 아는 게 있을까마는 마치 적진에 뛰어드는 장수 같은 강한 전의는 이곳이 일본이어서 그런 것일 테고, 수업 내용을 하나하나 챙기는 꼼꼼함은 제게 섭외가 오기까지 도와준 이웃 분들의 고마움을 가볍게 여기기 어려웠던 때문일 거였다. 학교 측에서 요구해 온 건, '아이들이 재미있어 할 만한 내용으로 한국과 한국의 문화를 소개해 달라'는 정도였지만, 대상이 초등학교 저학년이다 보니 한 시간 동안 아이들의 시선을 사로잡을 방식이 문제였다. 오랜 고민 끝에 딸아이가 내린 결론은 마냥 이야기만으론 아이들의 흥미를 끌기 어려우니 그들의 손과 입을 움직이게 하자는 거였고, 그래서 준비한 게 '색종이 접기'와 '노래하기'였다. 색종이 접기는 한국의 전통 색동저고리를 만드는 거였고, 노래는 제 플롯을 가지고 가서 피아노 반주와 함께 '아리랑'을 가르쳐 준다는 계획이었다.

오전 10시에 수업이 시작되지만 기타큐슈가 하카타역에서 국철로 한 시간 이상의 거리이고 학교에서 마중을 나온다고는 해도 낯선 도시인지라 딸아이는 7시가 되기도 전에 집을 나섰다. 아내와 나는 멀찌감치 떨어져 제 하는 꼴만 바라보고 있기는 했어도 한시라도 무사히 끝내고 돌아와 이야기 한 보따리를 풀어놓기를 기대했다. 하지만 딸아이는 해가 저물어서야 돌아왔고, 표정도 영 신통

일본 대학 측에서 나에게 제공해 준 연구실이 담 하나를 두고 초등학교와 맞닿아 있어 쉬는 시간이면 재잘대는 소리가 한여름 맹꽁이 소리보다 더 심하게 세상을 채우곤 했다. 그런데 드물지 않게 담을 넘어 아주 익숙한 멜로디가 들려오곤 했는데, 주로 아리랑, 오돌또기 같은 한국 민요들이었는데, 아마도 다문화사회에 대한 정책이 이런 식으로 반영된 모양이다. 그럼에도 역시, 문제는 콘텐츠가 아니라 이 콘텐츠를 수용하는 방식일 것이다.

찮았다. 종이접기는 잘 끝났다는데, '아리랑'은 시간이 없어 불러보지도 못했고, 한국에 대한 이야기는 처음부터 난항이었단다. 나조차도 전혀 예상치 못한 것이었는데, 한국에 대한 일본 아이들의 선입관이 지독히도 왜곡되어 있더란 말이었다.

한국에 대한 아이들의 질문을 한마디로 요약하면, '한국에도 자동차가 있는가'였단다. 내가 보기에 이 질문에는 아시아에 대한 일본인의 뿌리 깊은 편견이 고스란히 내비치는 듯했다. 일테면 한국에도 자동차가 있냐고 물을 때 묻어나는 고도 기술력에 대한 숨길 수 없는 일본인들의 자만심이 그 중 하나이고, 또 하나는 이 자만심이 궁극적으로는 패전 이후 미국에 대한 열등감이라는 동력을 통해 얻어진 것이었으므로 미국 이외엔 그 어떤 민족과 국가, 특히 아시아와의 소통과 대화는 필요치 않다는 청맹과니의 오만함이 그것이다. 딸아이가 절망한 것은 일본인의 이 요지부동의 편견을 새삼 확인해서가 아니라 그 대상이 이제 겨우 초등학교 삼학년 아이들이라는 데 있었다.

딸아이 말로는 이런 질문 말고도 많은 질문들이 오갔다 했다. 한국 아이들은 뭘 하며 노는지, 한국의 전래 동화에 대해 이런 저런 것들을 배웠는데 선생님도 알고 있는지 등등. 이에 대해 딸아이는 한국 아이들은 밖에서 뛰어노는 것보다는 집에서 컴퓨터로 게임을 하고 노는 걸 더 좋아한다고 했더니, 아이들은 그럼 집집마다 컴퓨터가 있다는 말이냐고 깜짝 놀라더라 했다. PC 보급률이 일본에 비해 한국이 월등 높으니 놀랄 만한 일이기도 했다. 그랬는데, 수업을 마칠 때쯤 한 아이가 던진 질문은 과연 압권이더라 했다.

"선생님, 일본에 와서 처음 지하철을 타 보니 기분이 어땠어요?"

기타큐슈의 초등학교 특별활동 시간에
'한국과 한국문화'에 대한 수업을 마치고
아이들과 찍은 기념사진.

# 한국에도 자동차 있다

큐슈라는 이 땅을 밟고 지나갔던 무수한 사람들,
백제 사람들과 아스카 사람들과
고려 사람들과 헤이안 사람들과
조선 사람들과 에도 사람들과,
그리고 지금의 일본 사람들의 족적은 모두가 하나씩이고,
이 무수한 족적 위에서 역사로 하여금 춤을 추게 하는 일,
그것이 지금 우리가 해야 할 일이다.

며칠 동안 아이는 우울해 있었다. 처음으로 맞닥뜨린 국가 혹은 조국의 이미지가 식민지를 바라보는 과거 식민 모국의 지극히 왜곡된 것이었으니, 당연한 일이었다. 게다가 세계지도도 제대로 그릴 줄 모르고, 세계사뿐 아니라 한국사조차 제대로 배운 바 없는 청맹과니 세대이니 그 충격과 혼란스러움은 짐작이 가고도 남았다. 우리 세대처럼 지나친 피해의식도 문제이긴 하지만, 과거사의 굴욕적인 경험도 때론 미래를 바라보는 좋은 길라잡이일 수 있을 터인데, 한국 교육은 젊은 세대들의 눈과 귀를 지나치게 차단해 왔다.

하여 아이와 함께 모지항門司港으로 바람을 쐬러 나섰다. 부러 지난번 아이가 수업했던 기타큐슈시北九洲市를 한 바퀴 돌면서 잠잠해진 분노를 다시 일으켜 세워 시모노세키항이 바로 코앞에 있는 간몬교關門橋를 바라보게 할 작정이었다. 우울할 땐 더 우울한 영화를 봐야 하듯, 일종의 이열치열인 셈인데, 이 청맹과니 세대들에겐 과거사를 바라볼 제3의 지점이 필요하기 때문이다. 말하자면 국가를 넘어 사유한다거나, 인간의 가치를 굳이 국민의 범위 안에 가두지 않고서도 정의될 수 있는 지점이 있을 수 있다는 사실을 깨닫는 일은 요즘처럼 경직된 한일 관계를 고려하면 꼭 필요한 일이다. 점점 경색되어 갈 뿐 조금도 나아지지 않는 한일관계는, 두 정부가 이런 모색을 하고 있지 않거나, 더 정확히는 공히 이 길을 차단함으로써 대중의 무모한 증오를 생산하고, 이를 정치적으로 악용하려 하기 때문이다. 이럴 경우 한일 양국의 대중들에겐 친일/반일(친한/혐한)의 극단적 선택 외엔 그 어떤 선택지도 주어지지 않는다.

지금도 보이지 않는 곳에서 많은 사람들이 이 제3의 지점을 모색하고자 힘을 쏟고 있겠지만, 일제강점기에도 식민-피식민이라는 폭력적 관계를 넘어 사유하고자 했던 많은 사람들과 실천들이 있었다. 나가노 시게하루中野重治의 다음 시는 이를 잘 예증하고 있다.

## 비 내리는 시나가와역

辛이여 잘 가거라

金이여 잘 가거라

그대들은 비 오는 시나가와역에서 차에 오르는구나

李여 잘 가거라

또 한 분의 李여 잘 가거라

그대들은 그대들 부모의 나라로 돌아가는구나

그대들 나라의 시냇물은 겨울 추위에 얼어붙고

그대들의 ××반항하는 마음은 떠나가는 순간에 굳게 얼어

바다는 비에 젖어서 어두어가는 저녁에 파도성을 높이고

비둘기는 비에 젖어서 연기를 헤치고 창고 지붕에서 날아다닌다

그대들은 비에 젖어서 그대들을 쫓아내는 일본의 ××을 생각한다

그대들은 비에 젖어서 그의 머리털 그의 좁은 이마 그의 안경 그의 수염 그의

보기 싫은 곱새 등줄기를 눈앞에 그려본다

비는 줄줄 내리는데 새파란 시그널은 올라간다

비는 줄줄 내리는데 그대들의 검은 눈동자가 번쩍인다

그대들의 검은 그림자는 개찰구를 지나

그대들의 하얀 옷자락은 침침한 플랫폼에 흩날려

시그널은 색이 변하고

그대들은 차에 올라탄다

그대들은 출발하는구나

그대들은 떠나는구나

(…)                    (1928. 5)

모지코레토로에 갈 때마다 '원숭이 아저씨'는 큰 인기를 모으고 있었다.
이런 쇼조차 이 공간에선 아주 자연스럽다. 뒤편으로 길게 서 있는 건물
이 구로가와 기쇼가 설계한 레토로하이마트다.

격한 어조로 일본에서 강제 송환 당하고 있는 조선인들을 걱정하고 있는 나가노 시게하루의 이 작품은 시의 말미에서 마침내 천황을 물리쳐, 왜곡된 현실을 극복한 두 나라 사람들이 함께 환희하는 상상으로 끝을 맺는다. 뿐만 아니라 해방 직후의 소설들에는 한국 땅에서 자신의 모국인 일본 제국주의에 맞서 싸운 일본인들에 대한 기록도 적지 않다(대체로 이들에 대한 묘사는, 해방/패전 후 배를 타지 못해 조선사람들로부터 일본인이라고 핍박 받는 모습으로 그려진다). 친일과 반일이라는 선택지밖에 주어지지 않을 때, 우린 이들을 이해할 어떠한 방법도 갖지 못한다. 역사는 오히려 이들에 의해 앞으로 나아가고, 이들에 힘입어 궂은 역사를 건너는 법인데….

간몬교 아래에서 준비해 간 이 시를 읽어주었다. 더불어 나가노 시게하루의 이 시에 화답하여 쓴 임화의 〈비 내리는 요코하마의 부두〉도 함께 읽었다. 1930년을 전후하여 일본은 세계대공황의 여파로 몰아친 경제적 어려움을 새로운 식민지 개척과 수탈로부터 극복하려 했고, 이에 방해되는 모든 활동을 탄압하기 시작하면서 일본 내 불량 조선인들을 색출, 강제 송환시켰다. 나가노 시게하루와 임화의 시는 역과 부두라는 강제송환의 상징적 장소를 내세웠지만, 시모노세키항 또한 이 슬픈 역사로부터 예외는 아니었으니, 이 두 시를 가만히 읊기엔 저만치 시모노세키항이 보이는 이곳이 가장 적합한 장소인 셈이다.

큐슈와 혼슈를 연결하는 간몬교는 총길이가 1068m이니, 말이 바다이지 두 항의 거리는 큰 강을 사이에 두고 있는 정도밖엔 되지 않는다. 시모노세키가 조선을 식민지화하면서 번성한 항구도시라면, 모지항은 그보다 더 일찍 큐슈의 물류 집산과 혼슈로의 이동을 위해 일찍부터 근대적 항구로 발전했다. 하지만 (세계 최초의 해저터널이라는) 간몬터널이 뚫리고 간몬교가 놓이면서 항구로서의 기능을 상실하자, 은성했던 옛 자취를 관광지로 전환하여 현재의 모지코

레토로レトロ를 조성했다. 그 결과는 매우 성공적이어서 이곳은 과거의 산업유산을 가장 잘 보존하고 현대화한 모범적 사례로 일본에서뿐 아니라 세계적으로도 관심을 모으고 있다.

'뒤돌아본다'는 의미의 'Retrospective'를 일본식으로 축약하여 '모지코레토로'라고 칭한 이곳은 원래 미항美港이기도 했다지만, 정비를 통해 마치 동화 속에서나 나올 법한 매끈하고 앙증맞은 공간으로 조성되어 있다. 그럼에도 이 공간이 결코 가볍게만 느껴지지 않는 이유는, 과거를 다만 구경거리로 만들지 않으려는 의지가 곳곳에서 묻어나기 때문이다. 건축적 가치가 뛰어나 국가중요문화재로 지정되었음에도 여전히 제 기능을 다하고 있는 모지코역이 대표적 사례라면, 해안선을 따라 늠름한 자태로 서 있는 근대 초기의 르네상스풍의 건축물들, 구 오사카상선 건물과 미츠이물산 영빈관이었던 모지미츠이클럽 건물, 옛 모지세관 등이 현대적 구조물과 만나 빚어내는 배치의 방식은 과히 모지코레토로의 꽃이라 할 수 있다.

모지코레토로에 서면, 대부분의 사람들은 갓 지어진 듯한 근대건물들의 깨끗한 보존 상태에 제일 먼저 감탄을 쏟아낸다. 그리고는 곧 옛 모지세관 옆에 삐쭉이 솟아 있는 건축물에 의아해한다. 구로카와 키쇼黑川紀章가 설계한 이 건물은 모지코레토로에 강한 역동성을 부여한다. 만일 이 건물이 없었더라면 모지코레토로는 나가사키 하우스텐보스와 별반 다를 바 없는 매우 정적인 공간으로만 남았거나 아주 우스꽝스러운 장소로 변했을 것이다. 그럴 수밖에 없는 것이 이 장소는 그 자체로 동적 에너지가 넘쳐나고 있어, 이 에너지를 끌어오지 않는

모지항 주변 창고

부산 남항 주변 창고

옛 모지세관

국제우호기념도서관

옛 미츠이물산 영빈관

한 주변 공간과의 조화를 확보하기 어렵기 때문이다. 31층에 전망대가 있는 레토로하이마트라는 이 건물은, 마치 수문장처럼 간몬해협의 시퍼런 파도와 높다랗게 지나가는 간몬교와 현수교 케이블의 거친 풍광을 잠재운다. 그리고 모지코레토로의 인기상품인 블루윙(보행자 전용 도개교)도 이 건축물이 버텨주기에 치기스러움을 겨우 면할 수 있게 되었다.

집으로 돌아오는 길에 아이와 나는 시간을 견뎌내는 방법에 대해 이야기했다. 수십 년 전의 과거사가 지금 우리의 발목을 잡듯, 과거는 현재와 늘 함께 하는 것이지만, 그것이 현재의 숨결로 생명을 얻는다면 방금 본 모지코레토로가 되겠지만, 그것을 유령으로 만난다면 아이의 초등학교 수업처럼 폭력이 되고 마는 것이다. 그러므로 시간을 견딘다는 건 시간을 절단하지 않고 긴 흐름 속에 자신의 생명을 맡기는 일이다. 큐슈라는 이 땅을 밟고 지나갔던 무수한 사람들, 백제 사람들과 아스카 사람들과 고려 사람들과 헤이안 사람들과 조선 사람들과 에도 사람들과, 그리고 지금의 일본 사람들의 족적은 모두가 하나씩이고, 이 무수한 족적 위에서 역사로 하여금 춤을 추게 하는 일, 그것이 지금 우리가 해야 할 일이다.

내 이야기가 지루했던지 아이는 눈을 감고 있었다. 그때 우리 옆을 빠르게 지나가는 차는 분명 그랜저였다. 일본에선 거의 보이지 않는 한국 차였던지라 반가운 마음에 큰 소리로 '한국 차 지나간다'고 외쳐댔더니, 졸고 있는 줄 알았던 아이가 나를 보며 그랬다.

"아빠, 한국 차가 아니라 현대 차예요."

부자 나라, 가난한 국민

그렇다면 월프런은,

국가는 부자인데 왜 국민은 가난하냐고 물을 게 아니라,

가난한 그들이 부자가 되기 위해 무엇을 버렸었냐고 물어야 옳았다.

　일본의 특이한 사회구조에 대한 가장 대중적 표현은 '부자 나라 가난한 국민'이다. 이 표현 속엔, 패전 이후의 복구기와 고도 성장기를 거치는 동안 국가는 세계 제일의 경제부국으로 거듭났으나, 이를 위해 국민들에게 강요되었던 생활양식이 경제만큼 삶의 질을 보장하지 못했다는 비판이 담겨 있다. 국가의 부는 일부 대기업의 주머니로만 편중되었고, 이 때문에 더욱 심화된 관료독재사회는 국민들이 주체적인 시민으로 성장하는 것을 막아왔다는 것이다. 네덜란드 저널리스트인 카렐 반 월프런의 『정치화된 사회의 허위적 현실』(한국 제목은 『부자 나라 가난한 국민』)이라는 일본 비판서에서 제기되었던 이야기다. 그리고 그 예로서 일본의 닭장 같은 작은 집들과 가족 내 가장들의 실권, 그리고 현실정치에 대한 국민들의 수동성 등과 같은 현상들을 꼽는다.

　하지만 월프런의 이 비아냥거림에 가까운 비판은 여러 모로 곱씹어볼 여지가 있다. 무엇인가를 본다는 것은 보고 있는 위치가 어딘지를 고려하지 않으면, 극히 주관적인 진술조차 객관적이고 절대적인 진술로 오인하기 쉽기 때문이다. 일본 사회에 대한 월프런의 비판은 그가 일본으로 오기 전 그를 키워냈던 60년대 유럽의 전후 경제적 호황과 시민적 주체에 대한 강한 신뢰 위에서 이루어진 것이고, 이 지점이 그의 일본 비판의 출발점이다(그는 30여 년 동안 일본에서 생활했다). 그러므로 그가 문제점으로 지적했던 일본의 열악한 주거환경, 국민들의 정치적 무관심, 가족 내 부권의 망실 등은, 유럽인의 입장에서 볼 때, 이 정도 경제력을 갖고 있다면 자신은 이렇게 살지 않을 것이라는 비판적 자신감으로부터 포착된 것이다.

　문제는 그의 이 자신감이 충분한 근거를 갖고 있느냐이다. 안타깝게도 그가 일본에서 생활하면서 일본을 관찰하고 있는 동안, 그에게 이런 비판적 시야를 제공했던 유럽식 인식기반은 급격히 퇴조했다. 주체적 개인을 기반으로 한 시

민사회에 대한 종전의 신
뢰가 갑자기 붕괴해 버렸
고, 기왕의 시민사회라는
것 또한 다른 대륙에 대한
유럽의 오랜 식민 지배가
보장해온 문화적 전리품이
라는 깊은 반성이 제기되
었던 것이다. 그 결과 월프
런이 일본 비판의 전범으
로 삼았던 유럽사회는 근
래에 들어 오히려 어느 대
륙에 비할 바 없는 극심한
사회변화와 경제적 위기를
경험하고 있는 중이다.

아타고 신사에서 내려다본 동네 풍경.
일본의 집들은 서로간의 간격이 매우 좁
고 그 내부 또한 매우 작은 공간으로 나
뉘어져 있다.

　　사실상 일본뿐만 아니라 한국과 중국, 그
리고 아시아의 여러 국가들은 짧은 근대 역
사 동안 참으로 눈부신 발전을 이루었다. 하
지만 발전이라는 이 단선적인 이해는 대체
로 특정의 모델을 상정할 때만 가능한 것이고, 지금까지 그 모델이 서구사회였
음을 부인하기는 어렵다. 일본의 가옥이 서구사회의 그것에 비해 작고 좁으며,
그들이 장시간의 노동에 시달리고 있거나 그 때문에 가족 내 부권의 위치가 약
화되었으며, 또한 정치적 의사결정 과정에서 개인의 역할이 서구에 비해 상대
적으로 경시되고 있다는 건 틀린 말이 아니다.

그럼에도 만약 이러한 것들이 문제일 수 있다면, 그것은 아시아의 국가들이 국가 발전을 위해 자신의 전통적인 의사결정 구조를 너무 쉽게 파기한 데서 그 원인을 찾아야지, 결코 덜 서구화되었던 데 그 원인이 있는 것은 아니다. 그렇다면 월프런은, 국가는 부자인데 왜 국민은 가난하냐고 물을 게 아니라, 가난한 그들이 부자가 되기 위해 (수천 년 동안 일본 사회를 지탱해 왔던 전통적 가치) 무엇을 버렸었냐고 물어야 옳았다. 일본만이 아니라 동아시아의 미래는 이렇게 질문을 바꿔야 미래를 향한 진정한 해법을 찾을 것이기 때문이다.

## 부자 기업 가난한 국민

요즘 한국의 경우도 이 전철을 그대로 밟고 있다. 2013년 무역수지를 보면, 거의 대부분의 국가가 무역적자를 면치 못했음에도 한국은 독보적으로 흑자를 기록했다. 그런데 여기저기서 수출 대국 일본을 앞지를 것이라는 장밋빛 전망과는 다르게 그 이면은 그리 밝지만은 않다. 한국의 무역수지 흑자는 수출구조가 중국에 집중되어 있는데다가 일본의 엔저(円低) 현상에 영향을 입은 바가 크기 때문이다. 그리고 휴대폰·반도체·자동차 등 주력제품에 편중되어 있어 삼성을 제외한 나머지 기업들의 영업 이익은 오히려 급락했다. 삼성만의 눈부신 활약에 힘입은 무역수지 흑자 기록에 만족하는 순간 중소기업의 대외 경쟁력은 갈수록 하락할 수밖에 없을 것이고 그만큼 국내 내수 시장의 활성화는 기대할 수 없다. 1인당 국민소득이 2만 4천 달러를 달성했다고 놀라워하지만 그것이 경제적 안정을 뜻하는 것일 리 만무하며 대다수 국민들이 불안정한 고용시장(고용율 59.1%, 정규직 21%)과 늘어나는 가계 부채에 궁핍한 살림살이를 견디는 현실에서 무역수지 흑자 기록은 부자 '삼성' 나라의 가난한 국민이라는 이면을 가리고 있다.

그리고 통계청의 발표에 의하면, 일본의 1인당 국민소득은 2007년 현재 한국의 1.76배이고, 물가지수는 한국의 1.34배 정도이다. 이 통계치는 한국인이 자신의 수입으로 일본에서 살아갈 경우 자신의 소비를 가늠할 대략적인 지표는 된다. 하지만 모든 통계가 다 그러하듯, 이런 평균적인 지표는 구체적인 상상을 제공하는 덴 거의 도움이 되지 않는다. 한국에서조차 자신의 계층 이외엔 그 소비 형태를 짐작하기 어렵거늘 하물며 남의 나라 일이고, 뿐만 아니라 두 국가 사이엔 전혀 다른 소비 패턴이 존재하기 때문이다.

## 카렐 반 월프런과 일본학

1941년 네덜란드 로테르담 출신인 카렐 반 월프런은 중동, 인도를 여행하며 1962년 일본 와세다 대학에 영어 강사·일본 생활을 시작했다. 그는 일본뿐만 아니라 인도, 태국, 베트남, 필리핀, 한국 등을 돌아보며 아시아 각국의 정치, 사회에 관한 글을 써온 저널리스트이기도 하며, 1987년 필리핀 혁명 보도로 네덜란드 저널리즘 대상을 수상하기도 했다.

월프런의 『정치화된 사회의 허위적 진실』의 한국어 번역본

이 책을 출간하기 전에 그는 이미 『일본 권력 구조의 수수께끼』 (The Enigma of Japanes Power)를 발표하여 일본 관료제를 비판한 바 있으며, 이 책은 이를 바탕으로 하고 있다. 그런데 재밌는 것은 각국에서 출간될 때 상재된 이 책의 제목이다. 주지하다시피 원 제목은 『정치화된 사회의 허위적 진실』(The False Realities of A Politicized Society)이다. 이것을 일본에서는 『사람을 행복하게 하지 않는 일본이라는 시스템』(人間を幸福にしない日本というシステム)이라는 제목으로, 그리고 한국에서는 『부자 나라, 가난한 국민 일본』이라는 제목으로 출간했다.

월프런은 경제적 팽창을 목표로 일본사회가 어떻게 지금과 같은 전체주의라는 정치화된 사회가 되었는지를 살피면서, 국가에 종속된 국민 개개인의 무력한 시민의식을 비판하고 있는 데 반해, 일본 제목은 '행복'에 초점을, 그리고 한국 제목은 '가난'에 초점을 맞추었다. 대중의 입맛을 고려하려는 출판사의 의도야 이해 못할 바 아니지만, 궁금증은 왜 굳이 그 단어들이어야 했는가에 모아진다. 월프런 혹은 유럽인의 입장에선 파시즘의 망령을 떠올렸을 법하고, 한국은 오로지 먹고 사는 문제에, 그리고 일본은 행복이라는 문제(얼마 전 우리 사회의 각성을 촉구하며 재등장한 대자보 열풍의 제목이 '안녕들 하십니까'라는 것을 상기하자. 이 안녕이 행복의 의미이지 싶다)를 표제화 했다.

여기에서 일본 제목을 조금 더 살펴보자. 『사람을 행복하게 하지 않는 일본이라는 시스템』이란 제목에선 어쩐지 자학적인 어감이 물씬 배어나온다. 자국의 사회에 대해 정치한 논리로 비판하고 있는 책에 대해 좀 더 그 논리를 예각화한 제목을 붙여도 시원찮을 판인데 훨씬 추상화시키고 '우린 왜 이러냐'는 식의 일반화한 제목을 붙인 건, 이 글의 필자가 외국인, 아니 서양인이기 때문일 터이다. 이런 추측은 80년대를 정점으로 일본 출판계의 최대 트렌드였던 '일본학' 열기와도 무관하지 않다. 『일본문화의 숨은 形』, 『일본의 자아』, 『일본인의 심리』, 『일본적 경영』 등등의 '일본'이란 단어를 붙인 수많은 책들이 쏟아져 나왔고, '혼네', '다테마에', '나카마' 같은 유행어를 만들어냈던 이 열풍의 기저엔 결코 숨길 수 없는 '서양의 눈'이 따라다닌다. 언뜻 보면 이 책들은 '나는 누구인가'라는 질문에 대한 일본의 자성을 담고 있는 듯 보이지만, 찬찬하게 살펴보면 '너는 누구냐'라는 대타자의 질문에 대한 응답으로 일관하고 있음을 알 수 있다. 월프런의 책에서도 이 점은 거침없이 지적되어 있지만, 이 특이한 대중적 콤플렉스가 지금까지 조금도 누그러지지 않고 있다는 건 여러모로 새겨 둘만한 사실일 것이다.

1980년대를 정점으로 일본의 출판계를 선도했던 일본학 책들. 한국의 소화출판사에서 이 중 많은 책들을 번역 출간했다.

희망은 오로지 절망으로부터

학생들의 눈을 하나하나 바라보면서,
강상중 씨와 나가노 시게하루와 프란츠 파농의 절망을,
그리고 그 절망으로부터 길어올린 작은 희망들을
이야기했을 뿐이다.
이들이 꿈꾸었던 세상과 희망들이
그들 마음속에 있는 지식의 그릇을 한
번쯤 흔들어주기를 기대하면서.

10월 들면서 대학이 개강을 했다. 이번 학기에 내가 맡은 과목은 '오리엔탈리즘과 일본 대중문화オリエンタリズムと日本の大衆文化'라는 다소 난해한 제목의 교양강좌이다. 나는 평소에 일본인들 스스로 정의하는 일본과, 외부에서 바라보는 일본 사이에 적지 않은 편차가 있다고 생각해 왔다. 그래서 이 차이를 보여 줄 수만 있다면, 일본 학생들이 동아시아 혹은 세계 속의 일본에 대해 보다 객관적인 안목을 가질 수 있지 않을까, 하는 마음을 늘 가지고 있었다.

오리엔탈리즘Orientalism이란 동양의 국가들이 자신의 미래상을 세우면서 자신보다 서양의 역사와 문화를 우선적 기준으로 삼아 왔다는 것, 그리하여 서양이라는 준거 위에서 스스로 자신들의 전통을 파기한 후 마침내 자신을 서양이라고 오인한다는 데 근거해 있다. 150여 년 전 서양이 근대화라는 압도적인 힘으로 동양을 침탈하기 시작하면서 오리엔탈리즘은 뿌리 내리기 시작했고, 특히 일본은 '탈아입구'(脫亞入歐; 아시아를 벗어나 서양의 세계로 들어가자!)를 표방하면서 적극 서양을 모방하려 했으므로 동양 어느 나라보다 심각하게 이 병을 앓아 온 나라이다. 일본 학생들과 이런 이야기를 나누는 건 결코 쉬운 일이 아니겠지만, 일상적인 대중문화 속에서라면 큰 저항을 불러오지는 않을 것이라는 계산이 나에겐 있었다.

그렇긴 했지만, 사실 이런 난해한 강좌 제목에 얼마나 많은 학생들이 관심을 가져줄지는 장담하긴 어려웠다. 주변의 일본인 교수들도 교양강좌의 내용으론 너무 전문적인 게 아닌가 하고 의구심을 비추기도 했다. 하지만 〈은하철도 999〉나 〈아톰〉과 같은, 척 보면 알만한 대중문화물을 강의의 텍스트로 활용할 뿐 아니라, 자신의 외부에서 자신들을 어떻게 보는가에 대해 병적으로 집착하는 일본인들인지라 강의자가 외국인이니 의외의 호응을 조심스럽게 기대하기도 했다.

수강신청 당일, 뚜껑을 여니 반응은 놀라웠다. 수강신청이 시작된 지 불과 두어 시간 만에 제한 인원이 차버렸고, 그 대상자도 인문학부 전 학과의 1학년부터 4학년 학생까지 고른 분포를 보였다. 다양한 학생들과의 접촉을 기대했던 나로서는 대단히 만족스러운 출발이었다. 나중에 안 사실이지만, 한국에선 대중문화물을 강의 안으로 끌어들이는 일이 이미 흔한 일이 되었지만 일본에선 이런 풍경이 아직도 낯설었던지, 이 점이 학생들의 호기심을 강하게 자극했던 모양이었다.

일본대학 강의풍경(세이난가쿠인대학 제공)

하지만 호사다마라더니, 좋은 기분으로 출발했던 강의 첫 시간부터 전혀 예기치 못한 복병을 만나고 말았다. 강의의 개요를 설명하고, 당장 다음 주부터 수업에 쓸 텍스트를 하나하나 열거했더니, 학생들의 낯빛이 삽시간에 변해 버렸다. 〈요괴인간〉이 24화, 〈아톰〉이 52

대학의 식당. 담장이 없는 대학의 식당은 교직원들과 학생뿐 아니라 지역 주민들까지 누구든 이용이 가능하고, 또 가능하도록 열려 있다. 대학의 기능이란 이런 것이 아닌가 싶다.

화, 〈은하철도999〉가 113화, 〈캔디〉가 132화 등이다 보니 그 오래된 자료를 찾는 것도 문제지만, 찾는다손 쳐도 그 엄청난 양의 VTR이나 DVD 대여료가 도대체 얼마냐는 눈치였다. 한심스럽게도 이 반응에 당황했던 건 오히려 내 쪽이었다. 불법 다운로드의 왕국, 한국에선 전혀 문제되지 않았던 것이었다.

어쨌거나 수업을 위해선 대상 텍스트를 보지 않을 수 없었던지라, 궁여지책으로 강의실 하나를 빌려 매주 토요일 아침부터 저녁까지 마치 영화관인양 영상물을 상영했다. 아르바이트가 있는 학생은 아르바이트 앞 뒤 시간을 이용하고, 배가 고픈 학생들은 슬그머니 빠져나가 요기를 하고 오기도 하면서, 몇 번의 토요일을 길게는 12시간이 넘는 텍스트를 큰 불만 없이 보았다. 되돌아보면, 한 학기를 무사히 마칠 수 있었던 것도 함께 보낸 이 토요일 덕분이었던 듯하다.

사실 우리가 교육에 대해 가지고 있는 가장 큰 오해는, 교육이 '교사의 지식을 학생들에게 전달하는 행위'라고 생각하는 것이다. 이런 생각은 거의 틀린 것이다. 교육이란 그렇게 일방적일 순 없다. 지식을 담을 그릇은 이미 학생들이 갖고 있고, 또 그 그릇에는 많은 정보와 지식이 이미 가득 담겨져 있다. 어리석은 교사라면 자신의 지식을 마구 학생의 그릇에 밀어 넣겠지만, 경험 많고 지혜로운 교사는 학생의 그릇과 그 속에 담긴 정보를 먼저 들여다보고, 자신의 지식이 들어갈 자리가 어디인지를 가늠하게 마련이다. 그럴 수밖에 없는 것이, 그릇 속의 정보란 쓰레기통의 휴지처럼 마구잡이로 들어 있는 것이 아니라 제 나름의 질서를 갖고 있는 것이니, 먼저 정리 정돈부터 해야 하기 때문이다. 이때 정리 정돈하는 방식은 당연히 학생 자신의 것이어야 하는데, 그것은 이 정리 정돈의 방식이야말로 학생의 정신과 영혼 그 자체여서, 이를 존중하지 않으면 교사가 전달하는 정보는 그릇 속에 남지 못하고 잠시 머물다 허공 중에 흩어져 버릴 뿐이다. 여기까지가 교육이란 과정의 8할을 차지한다. 그리고 남은 2할이 교사의 지식을 빈자리에 채우는 일이다.

강의가 거듭될수록 점점 미궁에 빠져든다는 느낌을 받았던 것도 이런 연유였을 것이다. 학기가 시작되기 전, 나는 일본 학생들에게 전해 줄 충분한 정보와 지식이 나에게 있다는 걸 전혀 의심하지 않았고, 어떤 면에선 전하는 정도가 아니라 그들의 사고를 바꿀 계몽적 전의까지 품고 있었다. 그랬는데, 시간이 흐를수록 전의는커녕 절망감에 사로잡혔다. 교육의 8할이 정리 정돈인데, 난 아예 그들의 그릇을 구경조차 할 수 없었던 탓이다. 생각해 보면 너무 당연한 것이었는데, 내 의지가 너무 강해, 가장 중요한 사실을 잊고 있었던 것이다. 내 입과 얼굴을 바라보고 있는 그들. 그들이 누구인지, 무엇을 생각하는지, 무엇을 욕망하고 있는지 아무 것도 아는 것이 없다는 걸, 뒤늦게 깨달았다. 다행히 이 깨달음이 너무 늦지 않았던 건, 순전히 토요일 영상물 상영 시간 덕분이었다. 가끔 함께 벤또를 까먹고, 방금 본 작품에 대해 이야기를 나누고, 좋아하는 음악을 나누어 들으면서, 아주 먼 거리에서나마 그들 속에 숨은 그릇을 구경할 수 있었던 때문이다.

세이난가쿠인 대학의 축제

세이난가쿠인 대학의 법학대학원

이 후부터 난 가급적 그들의 이야기를 듣는 것으로 수업을 진행했다. 이미 교사의 자격이 부족하다는 것을 알았으니, 듣는 것이 옳았고, 간간히 내 생각을 꺼내놓아 차라리 그들이 내 그릇을 바라봐 주었으면 했다. 〈헤이세이 폼포코 너구리 대작전〉(다카하타 이사오 감독)이나 곤 사토시의 〈동경 대부〉 등은 내가 이야기하지 않아도 이미 많은 질문들을 학생들에게 던지고 있었고, 학생들은 이 이야기를 주워 담으면서, 자신이 살고 있는 이 땅의 문제를 수락했다.

그리고 마지막 수업. 소피아 코폴라의 〈사랑도 통역이 되나요?〉라는 영화를 보았다. 산토리 위스키 광고를 찍기 위해 도쿄에 온, 한물 간 배우 빌 머레이가 바쁜 일정 때문에 부딪히는 일본사람들과 좁은 주택, 번잡한 도로를 짜증스러운 눈으로 기록하고 있는 이 영화는, 내 예상대로라면 가장 많은 논쟁을 불러와야 하는 것이었다. 일본이 오리엔탈리즘에 깊숙이 빠져 있다는 사실을 한 학기 내내 학생들 스스로도 누누이 되뇌어 왔던 만큼, 마침내 마주친 미국이라는 시선을 좀 더 객관적인 입장에서 토의할 수 있을 것이라 기대했기 때문이다. 하지만 놀랍게도 지금까지의 수업 때완 달리, 그들은 무거운 침묵으로 일관했다.

이 완강한 침묵이 무얼 의미하는지, 우린 안다. 오리엔탈리즘을 개념적으로 이해하는 정도로는 그들의 일상 속에 스며든 남의 눈을, 그 눈을 통해 자신들을 보아온 익숙함을 벗어나기 어려웠던 때문이겠다. 한일 간의 위안부 문제조차 미국 의회를 통해 해결해야 한다고 믿는 파행적 국가체제 내에서라면, 미국은 타인이 아니라 이미 '나'의 눈이지 않겠는가. 그러니 이 침묵을 향해 내가 해 줄 수 있는 이야기는 그리 많지 않았다. 마지막 수업이었으니, 마흔 명 가까운 학생들의 눈을 하나하나 바라보면서, 강상중 씨와 나가노 시게하루와 프란츠 파농의 절망을, 그리고 그 절망으로부터 길어올린 작은 희망들을 이야기했을 뿐이다. 이들이 꿈꾸었던 세상과 희망들이 그들 마음속에 있는 지식의 그릇을 한번

쯤 흔들어 주기를 기대하면서.

　수업을 마치고 볕이 잘 들지 않는 어두컴컴한 연구실에 혼자 앉아 있으니, 눈
이 내리기 시작했다. 이틀 동안 조금도 쉬지 않고 쏟아졌다. 쌓이지 않고, 땅에
닿는 순간 물로 변해 버리는…….

## 불법 다운로드 왕국의 명암

문자 정보의 보관과 열람을 위해 만들어진 기왕의 도서관들은 현대에 들어
급증하고 있는 전자 정보에 대해 분명한 태도를 취하기가 어렵다. 하물며
우리처럼 모든 도서관이 각종 시험의 공부방으로 전락한 나라에선 여기에
힘을 쏟을 여력도 의지도 크게 없어 보인다. 하지만 이 사이에 인터넷의 사
이버 공간은 전자 정보에 대해 일본과는 매우 다른 양상을 띠게 되었다. 일
본은 전자 자료의 표현 · 보관 · 수급을 문자 자료만큼 엄격하게 다루고 있
음에 비해 우리나라는 진작부터 불법 다운로드의 왕국이라는 오명을 뒤집
어 쓰고 국제적으로 지탄의 대상이 되어 왔다. 하지만 그럼에도 불구하고
한국의 이런 태도는 부정적인 측면에 앞서 긍정적 측면 또한 분명히 가지
고 있다. 그것은 한국의 무수히 많은 파일공유 사이트들이 그 자체로 거대
한 도서관이나 아카이브로서의 기능을 담당하고 있을 뿐만 아니라 세상에
서 가장 사용 빈도가 높은 공공장소이기도 하기 때문이다. 그러므로 지금
처럼 이 문제를 단순히 지적재산권이라는 경제논리로만 이해하려는 태도
는 잘못된 것일 수도 있다. 당연히 콘텐츠 생산자의 지적 권리는 지켜져야
옳겠지만 이것만이 지나치게 강조되면 지식 네트워크 자체의 붕괴를 초래
할 위험에 봉착하게 된다. 정보는 항상 권력과 함께 작동하는 법, 이를 피
하기 위해선 정보가 자본의 손아귀에서 벗어나 네트워크 안에서 훨훨 자유
로울 수 있는 방법을 최대한 모색하고 보장해야 하는 것이다.

## 후쿠자와 유키치(福澤諭吉)의 탈아입구

아베(安倍晋三) 총리의 야스쿠니 신사 참배를 계기로 중 · 참의원의 집단
참배가 이어지고, 역사를 왜곡하는 도발적인 발언에 자위대의 교전권 부
활 추진, 그리고 독도와 센카쿠 열도(尖閣列島, 댜오위다오Diàoyúdǎo 열
서)를 둘러싼 영토 분쟁에 이르기까지 일본의 군국주의적 부활을 암시하
는 행보에 주변국들이 긴장하고 있다. 이 배경에는 중국과 북한을 견제하
려는 미국의 동북아시아 정책과 맞물려 불황의 늪에서 좀처럼 활력을 찾지

못하는 일본 국민에 다시 '강한 일본'이라는 새로운 돌파구를 마련해 국민적 지지를 얻고자 하는 정치적인 전략이 있다.

자국의 경제를 활성화하고, 동북아시아의 주도권을 잡으려는 현재 일본의 자구책은 130년 전 "아시아를 벗어나 서양의 세계로 나아가자(脫亞入歐)"는 후쿠자와 유키치(福澤諭吉, 1834~1901)의 탈아론(脫亞論, 1885)을 재현하며 일본의 나아갈 길을 모색하고 있는 듯하다. 후쿠자와 유키치는 메이지 시기 사상가, 교육가로 활동하며 일본의 개화를 주장, 자유주의, 공리주의적 가치관을 확립한 근대 일본 사상에 중대한 영향을 끼친 인물이다. 거대한 중국이 대포를 앞세운 서구 세력에 무력하게 짓밟히는 것을 목격한 후 자국의 안전을 위해 '먹히는 나라'가 아닌 '먹는 나라'가 되어야 한다는 열망이 강력해서일까. 그는 주변국이 개화하여 함께 서구에 대적하기 위한 아시아 동맹(興亞)을 이룰 때까지 기다릴 수 없었다. 특히 조선에서 일어난 갑신정변(1884)의 실패로 인해 문명국 일본에게 미개한 아시아 주변국은 걸림돌이 될 뿐이라는 탈아론을 주장했다.

탈아론은 이후 일본의 개화 지식인의 지지를 받으며 일본 정부의 기본 국책으로 조선, 중국 등 아시아 주변국을 침략하는 동력이 되었다. 눈여겨볼 것은 후쿠자와를 비롯한 메이지 계몽 지식인들의 논리가 서구 유럽의 문명, 진보, 개화와 아시아의 정체, 혼돈, 미개를 대립시켜 세계 민족을 배치하여 우열관계를 설정하고 있다는 것이다. 때문에 일본의 문명개화는 언제나 서구 세계의 시선 속에 있다. 더구나 후쿠자와 유키치가 두려워했던 것은 일본이 완벽한 문명국이 되지 못하는 것이 아니라 미개한 중국과 조선으로 인해 일본이 그들과 같은 미개한 민족으로 보일지도 모른다는 사실이었다. 유교에 맹목적으로 집착하고, 법치 부재, 완고하고 고

일본 만원권 지폐엔 후쿠자와 유키치의 얼굴이 들어있다. 유키치가 일본인들의 정신세계에 얼마나 큰 영향력을 행사하는지를 알 수 있게 하는 대목이다.

루하며 편협한, 그리고 게으르며 염치없고 비굴하다는 등, 중국이나 조선에 대한 일본의 근거 없는 표상은 이를 증명하려는 학문적 노력을 통해 점차 실체화 되었다.

이는 유럽 사회가 동양을 '무지하고 잔인한' 혹은 '신비로운' 세계로 표상하는 것과 다르지 않다. 일본은 오리엔탈리즘을 내면화하며 스스로 서구 문명인에게 야만적으로 보일 법한 풍습을 폐지, 개선하며 문명화·근대화를 이루는 동시에 아시아 주변국들에 대해 서구와 동일한 시선으로 스스로를 주변국과 차별화하며 침략의 정당성을 얻었다. 사실 일본의 이런 오리엔탈리즘적 징후는, 한국이라고 예외는 아니다. 일제강점기에 게으르고 나태한 조선인이라 꾸짖었던 계몽의 인식과, 부지런함을 강조하며 채찍질한 근대화의 동력, 그리고 최근 동남아시아의 이주노동자나 결혼 이주 여성들에 대한 집단적 멸시 풍조도 알고보면 오리엔탈리즘의 병적 징후이다.

### 제미(ゼミ) 수업과 상호부조 장학금

일본은 우리나라의 대학이 갖고 있지 않은 '제미'라는 수업방식이 있다. 명칭 자체야 '세미나(Seminar)'수업이라는 단어를 일본식으로 줄여 부른 것이라 특이할 건 없지만, 소수의 학생들이 교수와 함께 하나의 주제를 발표하고 토론하는 이런 방식의 수업이 교육과정의 가장 핵심적인 자리를 차지하고 있다는 점은 분명 일본 대학만의 특장점이라 할 수 있다. 재미난 것은 세미나라는 단어를 수출했던 서양의 나라, 특히 미국이 이 제도를 역수입하여 매우 중요한 교육과정으로 활용하고 있고, 그 명칭 또한 원래의 'Seminar'를 버리고 '제미'라고 부른다는 것이다(이는 마치 'Animation'을 줄여 일본인들이 '아니메'로 부르던 것을 미국사람들도 덩달아 '아니메'로 부르는 현상과 다르지 않다).

제미 수업의 핵심은 교수와 학생 간의 친밀도이다. 우리는 아직도 교수를 먼 거리에서 바라보고 있고 강의는 이 거리를 보장하는 범위 내에서 이루어진다. 하지만 일본 대학은 대학에 들어와 교수 개개인들이 개설해 놓은 제미 강좌를 보고 수강 신청을 해, 그 강좌의 교육 내용을 자신의 전공으로 삼게 된다. 따라서 우리의 대학이 학과를 기본 단위로 삼아 운영되는 데 반해 일본은 명목상의 학과는 존재하지만 실질적인 기능은 교수 개인이라는 더 작은 단위에서 작용한다고 할 수 있다. 미국이 제미 수업을 벤치마킹한 것도 바로 이 점이다. 미국의 대형 대학들은 오래 전부터 대학재정 확충을 위해 외부자금을 끌어들여 교수들로 하여금 연구에 매진하도록 해 왔는데, 이 경우에 불가피하게 발생하는 교수와 학생 간의 공백을 이 제도로부터 해소하고자 했던 것이다. 사례 보고에 의하면 대형 대학보다는 지방의 소규모 대학들이 이 교육제도를 적극 활용했고, 큰 성과를 얻고 있다고 한다.

사실 이 문제는 바로 우리나라 대학의 문제이기도 하다. 김대중 정권부터 대학의 구조조정은 핵심 주제였고 이를 실행하기 위해 엄청난 국가 재원이 투자되었다. 일명 국책사업이라 불리는 연구사업비를 미끼로 대학의 구조조정을 획책했고, 이 과정에서 대학은 이 사업을 실행하는 거대한 사업조직으로 변화하면서, 정작 교육의 내실이나 교수와 학생 간의 학문적 결속은 과거보다 훨씬 약화되는 결과를 불러왔던 것이다. 2014년에 들면서 현 박근혜 정부는 과거보다 더 강도 높은 대학 구조조정을 발표했지만, 발표 내용을 보면 대학 본래의 기능이나 교육의 질에 대한 고민의 흔적은 거의 보이지 않는다. 자율적이어야 하는 시장에 국가가 개입해 이 자율성을 훼손하면 늘 빚어질 수밖에 없는 뻔한 결과이다. 그러므로 한국의 대학이 이 자율성을 회복하고자 한다면, 일본의 이 제미 수업은 반드시 고민해 봐야 할 교육과정임에 분명하다.

이와 함께 일본의 장학금 제도도 한번 눈여겨 살펴 볼 필요가 있다. 요즘 우리의 대학생들도 일본과 거의 마찬가지로 아르바이트라는 마약을 상시 복용하는 상황에 놓여 있는데, 그건 비싼 등록금에 더하여 학생 개개인의 생활비가 부모의 경제력으론 해결 불가능하기 때문이다. 그 때문에 학생들은 학업이라는 본분을 심각하게 저해하는 아르바이트를 울며 겨자 먹기로 지속한다. 이 악순환의 고리를 끊는 역할을 하는 것이 장학금인데, 내가 본 일본의 장학금 중 이에 가장 합리적으로 부응하는 것이 있었다. '상호부조 장학금'이라고 나 혼자 붙여 본 이 장학금의 내용은 대략 이런 것이다. 장학 기금은 취업한 졸업생이 자신의 급료 중 일부를 내놓는 것이고, 대학은 이 기금을 모아 원하는 학생들에게 장학금으로 배분하는 것이다. 매우 단순한 것이지만, 여기엔 규칙이 있다. 졸업생이 내놓을 기금의 총액은 학생 시절 자신이 받은 금액에 한정되는 것이고, 이 기금 장학금을 수혜받은 학생은 취업과 동시에 기금을 내놓는다는 약속을 하는 것이다.

내가 살짝 놀랐던 것은 이 약속이 의무 조항이 아니라는 사실이었고, 더욱 의무 조항이 아님에도 이 약속이 이행되지 않는 경우는 거의 없다는 사실이었다. 뿐만 아니라 이 장학금을 계기로 졸업생과 재학생 간의 유대도 매우 돈독해져 개인의 고립을 획책하는 현대사회에서 울타리로서의 기능도 매우 훌륭하게 수행하고 있다. 그러니 결국은 상호부조와 공동체만이 살길이라는 뜻이다.

오렌지夏橘와 아우라

우리가 대하게 되는,
자칫 예사롭게 지나쳐 버릴
자잘한 사건들은
아우라 없는 우리 사회의
단면들을 여과 없이
보여주곤 한다.

개학을 하고 나니 당장 점심 먹는 일이 큰 일이 되어 버렸다. 교직원 전용식당을 따로 두지 않는 걸 원칙으로 삼고 있고, 점심시간이 고정되어 있으니 계산대 앞에 길게 늘어서 있는 줄을 피하기가 여간 어렵지 않아서다. 그도 그럴 듯이 뷔페식의 식단은 일일이 저울에 음식의 무게를 달아서 그 중량만큼 가격이 매겨지는 방식이고, 그 가격 또한 우리처럼 백 원 혹은 천 원 단위로 절사되는 것이 아니라 일 엔 단위까지 표기되므로 거스름돈 주고받는 일 또한 무한정 시간을 지체하기 마련이다. 이뿐이 아니다. 식판을 들고 빈자리를 찾아 실내를 두어 바퀴 돌아야 빈자리를 찾을 수 있고, 이 또한 여의치 않으면 식당 밖에서 먹어야 할 때도 있다. 그런데도 사람들은 참 무던히도 잘 참아낸다.

이런 걸 보고 있으면, 작은 불편도 참기 어려워하는 우리와는 제도나 규칙을 대하는 태도가 무척 다르다는 생각을 하게 된다. 한번 정해지면 불편하더라도 그 규칙이 안정화될 때까지 기다리는 것과 아예 그 규칙 자체를 지속적으로 쇄신시켜 가는 방법상의 차이라고 할까. 매우 특이한 이런 한국인의 태도와 정서를 어떤 사람들은 '빨리 빨리 문화'라고 하고, 또 어떤 사람들은 한국만의 '역동성'이라 표현하기도 한다. 아마도 이는 약 반세기 동안 이루어진 급속한 근대화가 불러온 효과일 것이다. 노동 현장에서 생산성을 높이기 위해서는 빠른 게 최고고, 지긋지긋한 가난만 남겨다 준 과거의 구습이라면 더 철저히 파기하고 그 자리를 새로운 선진 문화로 바꿔야 했으므로 규칙과 제도의 변화는 거의 일상적일 수밖에 없었던 것이다.

이런 문화가 지금의 고도성장을 가능하게 했으니 고마운 일이긴 하나, 열리는 곳에서 닫히고, 닫히는 곳에서 또한 열리는 법, 지난 장점은 그로 인해 오히려 새로운 도약을 가로막기도 하는 것이다. 지금까지 거듭되어 온 우리의 많은 개혁과 제도 변화는 대중들로 하여금 제도와 규칙 그 자체에 대한 사회적 아우라(일종의 외경심)를 잃어버리게 만드는 병폐를 낳곤 한다. 아우라란 비록 허상일망정 사회구성원들의 상호 소통을 위한 최소한의 안전판이다. 이것이 너무 강조되면 변화가 불가능한 닫힌 사회가 되겠지만, 이것을 또 너무 소홀히 하면 우리네 삶은 너무 가볍고 천박해진다. 국회에는 국회의 아우라가 있어야 하고, 학교에는 학교 나름의 아우라가 있어야 개개인의 인격이 직접 맞부딪히며 싸우게 되는 일만큼은 피할 수 있다. 그런 아우라가 지금 우리 사회엔 거의 붕괴되어 버렸다.

우리가 대하게 되는, 자칫 예사롭게 지나쳐 버릴 자잘한 사건들은 아우라 없는 우리 사회의 단면들을 여과 없이 보여주곤 한다. 예를 들면, 다소 오래 전의 이야기이긴 하지만 2009년 부산국제영화제 야외상영장에서의 노점상인들의 소요도 그렇고, 2010년 서울 양천구 감나무 가로수의 과실들을 놓고 벌인 관과 주민들간의 실랑이도 그런 것이다. 모든 사람이 두루 만족하는 규칙이 있을 리 없으니 한번 정해진 규칙은 늘 갈등을 낳기 마련이지만, 그런 경우에조차 이미 정해진 규칙의 아우라를 존중하는 태도로부터 갈등의 해소책을 찾아야 한다. 말하자면 임대료 수입을 챙긴 관이든, 임대료보다 못한 수익으로 손해를 본 상인이든, 어느 쪽도 국제영화제라는 아우라를 지킬 의지를 전혀 갖지 않았던 건 분명하고, 가로수의 과실을 일괄 수확하든 시각적 즐거움을 위해 그냥 두든 그 또한 가로수 본래의 목적 안에서 고민할 문제다.

옛말에 소탐대실이라 했으니, 잦은 융통성은 오히려 대의의 근간을 잠식할 뿐이다. 후쿠오카의 거리엔 사계절이 바뀌어도 아무도 따지 않아 노란 오렌지를 주렁주렁 달고 있는 나무들이 즐비하다. 이 오렌지는 더 이상 오렌지가 아니다. 누구에게도 소유되지 않음으로써 우리 모두의 것이 되는 공적 아우라들이다.

오렌지가 주렁주렁 달려 있는 니시진의 작은 골목. 아무도 따지 않아 일 년 내내 눈요기로 좋은 이 오렌지들은 상품의 가치를 포기함으로써 몇 개의 오렌지 가치를 넘어 더 큰 공적 가치를 생산한다.

이렇게 이쁜 장미넝쿨이 늘어뜨려진 길을 걷는 것은
얼마나 즐거운 일인가.

## 아우라 없는 우리 시대의 초상 1

2009년 부산국제영화제 수영만 야외상영장에서 영화를 보던 1,500여 명
의 관람객들이 갑작스런 주변 소음에 영화 관람을 하지 못하고 되돌아가
는 소동이 벌어졌다. 야외상영장 바로 옆에서 장사를 하던 노점상들이 영
업 부진에 불만을 품고 확성기를 이용해 음악을 크게 틀어놓은 것이다. 시
끄러운 음악소리는 그대로 야외상영장으로 흘러들었고, 영화 관객들은 소

음 때문에 제대로 영화를 볼 수 없었다. 이 노점상들은 수 천만 원이나 되는 임대료를 내고 들어왔는데 장사가 되지 않자 속았다는 생각이 들어 이같은 소동을 벌였던 것이다. 한편 부산시는 요트경기장에는 노점이 들어설 수 없는데도 불구하고, 임대료 수입을 위해 사실상 노점 영업을 묵인하였던 것이다. 관이든 상인이든 부산국제영화제라는 아우라를 지킬 의지를 전혀 가지고 있지 않았음이 분명한데, 이것은 마치 기생충이 저 혼자 잘 먹겠다고 숙주의 영양분을 너무 많이 빼앗아 숙주를 죽음에 이르게 하는 것과 같은, 참으로 어리석은 소치이다.

## 아우라 없는 우리 시대의 초상 2

서울 양천구 목동 이대병원 앞길은 일명 '서울 어디에도 없는 감나무' 가로수 길이 있다. 이 감나무 가로수는 시월 말이 절정이다. 70~80여 그루에 감이 익어가는 모습은 가을의 정취를 물씬 풍기며, 까치가 날아와 감을 먹는 모습 등은 왠지 모르게 고향의 정서와 옛 길을 연상시킨다. 하지만 감이 익어 붉게 물들 즈음이 되면 양천구는 미화요원을 시켜 감을 다 딴다. 양천구는 감이 떨어진 이후 길바닥의 청결을 걱정해 미리 감을 다 따버리는 것이다. 이에 대해 시민들의 민원이 적지 않아 결국 그냥 두기로 결정했는데, 문제는 여기서 그치지 않고 또 다시 시민들 사이에서 다른 갈등을 불러왔다. 한쪽은 일괄 수확하자고 소리를 높이고, 또 한편에서는 따지 말고 관상용으로 두자고 주장했다. 갈등이야 어느 사회나 있기 마련이고, 또한 갈등이야말로 이 사회에 존재하는 다양한 차이를 드러내는 통로이지만, 우리 사회는 이 갈등을 사회의 긍정적 에너지로 전환할 능력이 부족해도 너무 부족하다.

# 낮은 담장의 풍요로움

나를 낮추니 타인이 내 속에 들어올 수 있고,
이렇게 섞인 것이 또한 나일 수 있으니,
문화란 분별하는 것이 아니라 공유하는 것이고,
섞임으로써 융성하는 것이다.
그런 문화적 건강함의 징표가 바로
낮은 담장의 다국적 화초들이 아닐지.

　너무 큰 행복은 우리를 모나게 만들지만 작은 행복은 우리의 신발에 날개를 단다. 로또복권에 1등으로 당첨되는 행운을 얻는다면 만나는 이웃이 모두 쉬파리 아닐까 의심스럽고 두렵겠지만, 담장 너머 고개를 내민 붉디붉은 장미와 눈이 마주친다면 괜스레 지나가는 사람과 인사라도 나누어야 할 것 같은 친밀감을 갖게 된다. 거리의 작은 꽃들은 문명의 낯선 익명성을 문화라는 연대로 이끄는 힘이 분명히 있다. 아무 근거도 없는 말이지만, 일본인의 그 남다른 친절의 배경에는 집집마다 키우고 있는 화초들이 있기 때문은 아닐까 싶기도 하다.

　그러니 일본이라는 나라가 외국인들에게 주는 즐거움 중의 하나는 단연 걷기이다. 그것도 큰 도로를 버리고 작은 골목으로 들어갈수록 즐거움은 더 커진다. 한길이야 이젠 어느 나라를 다녀 봐도 그 꼴이 크게 다르지 않지만, 골목길만큼은 사람들의 생이 빚어놓은 오랜 시간의 결들을 고스란히 보존하고 있기 때문이다. 특히나 일본의 골목들은 낮은 담장 덕분에 여러 시간층들이 골목으로 마구 쏟아진다. 길은 정갈하지만, 그 너머로 보이는 마당 귀퉁이에 방치된 낡은 자전거나 삭아가는 낡은 함석 낙숫통, 텅 빈 철제 그네 등은 내가 걷고 있는 이 길이 마치 여름 한낮 깜빡 오수에 빠진 엄마의 머리맡을 걷는 것마냥 조심스럽고 따사롭다.

　골목이 주는 이 풍부한 느낌들은 아마도 일본인들의 지혜로운 조경 방식으로부터 오는 듯하다. 우리의 조경은 대체로 내부를 외부로부터 차단하고 내부의 권위를 과시하기 위한 형태로 조성되므로 그 수종조차 대체로 시선의 차단이 용이한 향나무나 아왜나무, 구골나무 등을 선호하지만, 일본의 담장수들은 잎과 잎 사이가 얼멍얼멍한 홍가시나무나 협죽도, 피라칸타 등을 선호해 내부와 외부의 시선 교통이 허락되는 방식으로 조성된다. 말하자면 담장은 물리적 차단이 아니라 시각적 경계이고, 이 경계는 내부자의 자기 영역에 대한 주장이라기보다 내부와 외부라는 두 이질적 대상이 만나 공유를 촉구하는 장소이다. 그 때문에 이 공간에는 담장수만 있는 것이 아니라 언제나 알록달록한 꽃들로 화려하게 치장된다. 너무 많아 그 이름들을 다 주워섬기기조차 어렵지만, 이른 봄부터 겨울까지 담장 아래나 너머로 피어나는 꽃들은, 작은 수선화, 서양 은방울, 명자꽃, 학 자스민, 서양달맞이꽃, 란타냐, 위령선, 샤프란, 사피니아, 무스카리 등이다.

이들 원예수종들은 이젠 우리나라에서도 흔히 볼 수 있는 것들이긴 하지만, 오래 전부터 일본인들은 세상의 온갖 꽃들을 다 자신의 마당으로 불러들였던 모양이다. 그래서 한창 때인 오월이 되면, 골목은 마치 세계 꽃 박람회장 같다. 어떤 꽃은 뉴질랜드가 원산지이고, 어떤 건 남미이고, 어떤 건 인도, 또 어떤 건 중국이다. 한번은 길을 걷다 담장 너머로 나온 꽃송이가 하도 예뻐 고개를 빼고 들여다봤더니, 무궁화였던 적도 있었다. 무궁화가 그리도 낯설게 보였던 건 이 곳이 일본인 탓도 있겠지만, 지금까지 내가 보아온 무궁화는 그 의도만 도드라질 뿐 늘 사람의 관심으로부터 버려진 꽃들이었기 때문일 수도 있겠다. 애국심으로 얼룩져 오히려 외면받는 우리의 무궁화와는 달리 그놈은 부용초 꽃만큼 크고 투명했을 뿐 아니라 그 잎 또한 맑고 푸른 모습이었다.

일본의 문화를 두고 사람

길가 담장수를 전지하고 있는 이웃 아주머니

동네 빈터에서 일년 내내 꽃을 피우는 괭이밥

시이바료칸의 복도에 꽂아놓은 아기장미. 장식이라기엔 흰 회벽의 긴 복도 때문에 지나칠 만큼의 정갈함이 느껴진다. 일종의 숙연함이랄까. 그러니 이케바나를 하나미치라 하는 것이겠지….

이웃집 타키야마 씨네 5월 담장 풍경. 향이 짙은 학 자스민이 만발하면 온 동네가 족히 보름은 술렁댄다.

들은, 아이를 낳으면 신사로 가고 결혼을 할 땐 교회에 가고, 죽으면 절로 간다고들 한다. 그만큼 일본 문화가 잡다하고 일관성이 없다는 말일 터이다. 하지만 이런 비난은 매우 일면적인 것이다. 나를 낮추니 타인이 내 속에 들어올 수 있고, 이렇게 섞인 것이 또한 나일 수 있으니, 문화란 분별하는 것이 아니라 공유하는 것이고, 섞임으로써 융성하는 것이다. 그런 문화적 건강함의 징표가 바로 낮은 담장의 다국적 화초들이 아닐지.

동네 작은 맨션 입구에 핀 이팝나무꽃.

바로 이웃집인데, 여름 가리개용 넝쿨이긴 해도 정말 예쁘다. 이름은 클레마티스. 요즘 우리나라에도 많이 심긴 하던데, 후쿠오카에서만큼 꽃이 커지지도 않고 함부로 잘 자라지도 못하는 것 같다.

## 지금 한국의 정원과 조경의 뿌리는 어디일까

현재 한국의 일상문화가 대부분 그렇지만, 정원과 조경은 전적으로 무국적적이다. 그렇다고 창의적이지도 않다. 현대 건축물의 정원과 그 배치는 대체로 미국에서 온 것이고, 가로의 방식과 수종은 거의 일본으로부터 곁눈질한 것이다. 그러니 정원을 놓고 전통을 논하는 것은 자기기만이다. 박제된 궁궐과 몇몇 전통가옥에서 잔존하고 있는, 현재와 완전히 절연해버린 것을 두고 전통을 운위하는 것은 어불성설이다. 다소 지나친 표현인 줄 알지만 이렇게 목소리를 높이는 덴 이유가 있다. 이미 조성되어 있거나 조성하고 있는 한국의 여러 전통마을을 둘러보다 보면, 보는 이의 심기를 가장 불편하게 하는 것 중의 하나가 마을 내의 길과 가로와 거기에 심겨진 화초와 나무들이다.

가옥들은 과거의 형태를 복원하기 위해 애쓴 흔적이 여실히 묻어나는데(이 노력 또한 높이 평가하고 싶지 않지만) 길은 오로지 관광객의 편의를 위해서만 구성되고 상상된다. 전통마을을 보고 싶다는 것은 그 마을에 작용하던 삶의 긴장을 보고자 함이다. 그리고 이 엄숙한 긴장은 가옥들 하나하나에 있는 것이 아니라 마을의 집들이 모여 있는 방식, 가옥들의 배치를 통해 드러나는 것일 뿐 아니라, 길의 방향과 폭 등으로 표현되는 것이다. 이것이 몽땅 지워지고 남은 가옥들은 이발소 그림의 풍경일 뿐 전통에 대해 아무런 말을 하지 못한다. 여기에다 길을 따라 깍두기처럼 깎아놓은 화단들은 또 어떻고….

가고시마에 있는 치란 사무라이마을.

낙안읍성

## 정원에 대한 일본인의 태도와 그 궁극으로서의 이케바나

시민센터에서 운영하는 일본문화 교실, 와라와라구락부에 '보란티아'(조금 우스꽝스럽기는 한데, 일본사람들은 자원봉사자를 꼭 이렇게 부르고 싶어 한다)로 나오는 아베 선생은 이제 갓 마흔을 넘겼을 법한데, 마치 영감쟁이처럼 지독히도 일본 전통문화를 숭상하고 설파했다. 그 정도가 너무 과해서 중국인도 필리핀도 슬금슬금 그 양반을 피할 뿐 아니라 일본인들조차 이야기하길 꺼려했는데, 내가 작은 관심을 보이자 한동안 난 그 양반으로부터 그야말로 물심양면으로 칙사 대접을 받았다. 내가 그에게 관심을 기울였던 건, 자연을 이해하는 그의 독특한 태도 때문이었다. 그는 내가 만난 일본인들 중에서 식물에 대한 조예가 가장 깊은 사람이기도 했지만, 이 조예는 단순한 정보나 전문지식이 아니라 소위 말하는 일본 정신과 관

이 사진은 일본인들이 이케바나를 얼마나 중요하게 생각하는지 잘 보여준다. 집을 지을 때 이미 이케바나를 위한 공간을 할애했고, 오석으로 그 자리를 표시하고 있다.

쿠마모토성 천수각 집견실 미닫이문 위에 상감
기법으로 채색된 것인데, 일본 전통 화조도보다
덜 정형화되어 사실적 아름다움이 있다.

련된 것이었다. 정원과 꽃, 그리고 이케바나(꽃꽂이)에 대한 이 이야기도
그의 말을 정리한 것이다.

그의 말을 빌면, "일본인들은 식물이나 동물, 인간이 원래는 같은 뿌리에
서 파생된 자연 속의 일시적인 모습으로서 이 세상을 '최후의 은신처'라고
보는 경향이 있다. 그래서 자연 속으로 융합하고자, 가는 나무기둥을 세
우고 미닫이문을 끼워 툇마루가 집을 한 바퀴 에워싸는 형태를 주택의 기
본으로 삼는다. 그리고 정원은, 미닫이문을 열면 바로 자연이 보이도록
하는, 일종의 사람과 자연을 하나로 융화시키는 매개체인 셈이다."

옳든 그르든 그의 말을 듣고 있으면 뭔가 그럴싸한 구석이 있을 뿐만 아
니라 요사이 일본사람들과는 사뭇 다른 삶의 태도, 독특한 우주관을 마구
발산한다. 집과 정원에 대한 그의 이야기만 해도 정원이 그저 정원이 아
니고, 마루가 그저 마루가 아닌, 그것들은 사람과 우주가 만나 교통하는
길이란 뜻이니, 마치 우리 식으로 말하면 천지인(天地人)의 합일을 꿈꾸
는 도사의 상상인 것이다. 그의 이런 태도는 이케바나를 설명할 때 특히
빛을 뿜곤 했는데, 그에 의하면, 이케바나는 꽃을 꽂는 행위를 통해 마음
을 닦는 수양 도구이자, 완성된 후에는 아름다움을 완상하면서 도량을 키
우는 대상이기도 하다. 마치 우리의 선비가 글(서예)을 대하는 태도와 같
다. 서예가 예술일 수 있는 것은 그 형상 때문만이 아니라 쓰는 행위를 통
해 스며든 글쓰는 자의 마음 때문이라는 뜻이겠다. 그래서 이케바나는 하
나미치(花道)라고도 한다는데, 그래서 그런 것일까. 이 길을 따라 가고자
하는 아베 선생은 늘 외로워 보였고, 고고한 듯 보였지만 항시 아슬아슬
해 보였다.

# 전통은 옛 것이 아냐

전통이란 다만 옛것을 뜻하지는 않는다:
옛것의 이름으로 현대적 삶을
부둥켜안을 수만 있다면 이 또한 우리의 삶을
신바람나게 하기에 충분하지 않을까.

남의 나라에서 살다 보면 없던 용기도 생기는 것인지, 생면부지의 사람과 당일치기 여행을 떠나게 되었다. 미즈하야 씨가 운영하는 한국어 교실에 오카하시라는 분이 수업을 듣는데, 그분에게 내 이야기를 했더니 이번 주말 촬영 여행에 동행해 주었으면 한다고 내 의사를 물어왔다. 한국 같았으면 있기 어려운 일이고, 있다 해도 오래 망설였을 일이었겠지만, 호기심이 동해 냉큼 승낙했다. 내 호기심을 자극했던 건 촬영의 대상이 다이코大鼓라는, 외국인들에겐 아직 상품화되지 않은 일본 전통 타악기 공연이라는 데에 있었고, 더불어 이 공연단을 몇 년씩이나 쫓아다니며 기록해 왔다는 이 사진작가의 내면이 퍽이나 궁금했기 때문이다.

이이츠카시飯塚市까지는 1시간여 거리이고, 공연이 11시부터라 그의 승합차를 타고 일찌감치 집을 나섰다. 갇힌 공간에서 서로의 언어에 그리 능숙하지 않은 두 사람이 짧지 않은 시간을 공유한다는 건 쉬운 일이 아니다. 하지만 이곳에 머물면서 늘 느끼는 바이지만, 약간의 불편을 감내할 의지만 있다면 서툰 언어는 상호 이해를 도울지언정 신뢰에 장애를 끼치지는 않는다. 이 날도 역시 그랬다. 그의 한국어 실력은 형편없었고 발음 또한 대부분의 일본인들이 그렇듯 받침 발음을 죄다 초성화해서 '김치'를 '기무치'라 하고 '했습니다'를 '해서무니다'로 일관했지만, 채 하루도 되지 않은 짧은 시간 동안, 난 60년 가까운 그의 삶과 사진에 대한 그의 열정과 앞으로 살아갈 그의 희망들을 충분히 이해했다고 믿었다.

평일 낮엔 후쿠오카 시내에서 오토바이 헬멧을 만드는 공장 사장으로, 나머지 시간은 아마추어 사진작가로 산 지 이십여 년이고, 그 계기는 엔지오 의료봉사단체에서 일하던 아들 때문이었단다. 아들과 함께 동남아시아 저개발 국가들을 두루 다니면서 그들에게 일본을 소개하기 위해 늦깎이 사진 공부를 시작했고, 처음엔 주로 큐슈 지역의 사계 풍경을 카메라에 담다가 지금은 다이코 공연에 푹 빠져 있다 했다. 지금까지 내가 만나온 대부분의 일본 사회운동가들의 지적 궤적을 이 양반 역시 그대로 밟고 있는 듯했다. 자신의 내적 정체성을 외부의 시선을 통해 발견하고 그것을 심화하기 위해 자국의 전통으로 관심을 이동시키는 것. 그 때문이었겠지만 오카하시 상은 다이코 공연에 대한 나의 소감을 무척 궁금해 했다.

공연에 대한 나의 솔직한 느낌은 그저 평범함 정도였다. 〈추신구라忠臣藏〉의 이야기를 부분부분 잘라 다이코의 리듬에 맞춰 펼쳐내는 일종의 행위극이 주 내용이었는데, 다이코가 놓여 있었던 사회적 맥락이 이미 소거된 실내에서의 감상용 북소리란 그 사이에 서사적 요소를 가미하고 사이키델릭한 조명을 쏘아댄다곤 해도 과거의 그 장엄한 민중적 울림을 재현하기란 역부족일 수밖에 없다는 것이 솔직한 내 느낌이었다. 그래서 이 한계를 피하려면 우리의 '난타'처럼 차라리 타악기의 역사적 흔적을 지우고 현대적 삶에 맞게 철저히 재구성하는 것이 더 바람직하지 않을까 하는 생각을 했다. 이 날 공연은 이 둘 사이의 다소 어중간한 위치에 놓여 있었다.

하지만 나는 이런 이야기를 오카하시 상과 나누지 못했다. 공연장의 복도를 따라 길게 전시되어 있던 그의 작품 속의 다이코 공연들이 이에 전적으로 무자각적이었기 때문이기도 했지만, 그보다는 시골의 작은 읍내 같은 이 소도시에서 공연장을 가득 메운 채 세 시간이 넘도록 지켜봐 준 관객들의 성실함을 이미 보아버렸던 때문이었다. 전통이란 다만 옛것을 뜻하지는 않는다. 옛것의 이름으로 현대적 삶을 부둥켜안을 수만 있다면 이 또한 오카하시 상의 삶을 신바람 나게 하기에 충분하지 않을까 싶었다.

이런 느낌은 이 공연 외에 일본에서 본 두 번의 전통공연에서도 전혀 달라지

가부키 공연의 한 장면

지 않았다. 아니 오히려 확고해지기까지 했는데, 한 편은 가부키 공연이었고, 또
다른 한 편은 내일來日 공연(이런 말이 있나… 우린 내한공연이란 용어를 쓰니까
용어를 좀 바꾸면 그렇다)을 하러 온 김덕수 사물놀이패 공연으로부터였다. 솔
직히 가부키 공연은 난생 처음이라 구경만으로 족한 것이었지만, 그럼에도 망
치로 뒤통수를 얻어맞은 것 같은 강한 충격이 있었으니, 그건 관객들 때문이었
다. 4, 5백 명은 족히 수용할 만한 공연장을 가득 메운 관객이, 도대체 부산 인구

282

이이츠카시에 있는 일본전통극 전용
극장. 노나 가부키를 공연하기 위해
서는 특별한 무대가 필요한데, 일명
하나미치(꽃길)라고 부르는, 무대 양
측면에 객석을 향한 무대가 따로 설
치되어 있기 때문이다. 게다가 객석
또한 입식이 아니라 좌식이다(가끔
이런 객석은 스모 경기를 중계할 때
TV에서 보이기도 한다).

가부키라는 예술형식은 한국인으로
서는 대단히 이질적인 느낌으로 다가
온다. 지극히 형식화되고 절제된 이
런 연희 방식에 대해 한국인들은 거
의 노출되어 본 적이 없기 때문일 것
이다.

의 절반도 되지 않는 후쿠오카시 어디에서 이
렇게들 모여들었는지 궁금하고 또 궁금했다. 이
궁금증은 공연을 다 보고 나오는 로비에서 풀렸
는데, 우리나라의 유력인사 장례식장의 화환 수
보다 많은 화환들이 〈××전통극 구락부〉, 〈×
×전통문화 협회〉 등의 이름표를 달고 줄지어
서 있었고, 그 앞에선 일본 전통의상을 입은 할
머니, 할아버지들이 공연의 소회를 무리 지어
나누고 있었다. 한국의 전통문화가 대부분 정부
나 지자체의 지원으로 생명을 유지하고 있는 것
과는 근본적으로 다른 모습이었다. 엘리트 스포
츠에 대립되는 용어로 사회체육이란 용어가 있
듯, 이를 빌려 쓸 수 있다면 사회문화라는 말이
딱 어울리지 싶었다. 전통문화의 저변이 그만큼
넓다는 것인데, 어째서 우리에겐 가능하지 않는
일이 이 나라에선 가능한 건지, 나는 그 까닭을
남의 나라로 온 우리의 전통문화 공연장에서 보
았다.

사실 김덕수 사물놀이패의 공연 소식을 들었
을 때만 해도 기대 반 우려 반이었다. 기대는 김
덕수 사물놀이패의 신명을 익히 알고 있는 데서
온 것이지만, 우려는 여기가 일본이고, 우리 가
락에 대한 이해가 있을 리 만무하니, 관객 없는

사물놀이가 얼마나 을씨년스러울까 싶어서였다. 그랬는데 나는 공연장 입구에 섰을 때 모든 우려가 기우였다는 걸 알았다. 지난번의 가부키 공연장의 두 배는 실히 넘을 크기였지만 거의 만석이었다. 처음엔 교포들인가 했다. 그렇지 않고서야 누가, 했는데, 친절하게 제 소속을 밝혀주는 학생들의 옷차림 덕분에(7, 80년대 우리가 그랬듯 일본 아이들의 외출복은 아직도 교복이나 운동복이다), 그제야 난 손님을 맞는 달뜬 마음으로 공연을 즐겼다.

놀라움은 여기서 그치지 않았다. 흥겹게 두 시간 가까운 공연을 마친 뒤 김덕수 씨와 이광수 씨 등이 감사 인사를 하면서, '一緒にやりましょう！'(한판 놀아봅시다!)라고 소리치자 객석에 있던 많은 사람들이 무대 위로 올라가 정말로 춤추기 시작했다. 꽹과리, 날라리 소리에 맞춰 처음엔 아이들이 하는 기차놀이 같다가 트위스트로 변하더니, 마침내 우리의 춤사위가 묻어나오기 시작했다. 우리의 가락이 그들의 몸에 스며들어 관절을 깨운 모양이었다. 김덕수 사물놀이패가 늘 외국에서 큰 반향을 불러일으킨다는 이야기야 익히 들어왔지만, 눈으로 직접 보면서 느낀 감회는 전혀 다른 것이었다.

타악기만으로 이루어진 다이코 공연. 예전에는 야외에서 전적으로 리듬에만 의존했지만 요즘엔 이야기를 삽입하고 비주얼을 강화한 실내공연으로 연주되고 있다.
난타 공연이 그렇듯 다이코 공연 또한 엄청나게 다이나믹하다. 전통적인 옥외 예술이 무대가 있는 실내공연으로 바뀌었고, 이 과정에서 현대화를 모색하려는 노력이 불러온 결과일 것이다.

일본인들이 어떤 맥락에서 우리의 전통 가락을 저토록 흥겹게 받아들였는지
는 알 수 없다. 하지만 이 공연이 나에게 던진 메시지는, 원형을 지키기 위해 곱
게 싸 관리해 왔던 우리의 옛 것들이 오히려 그 때문에 박제화 되어 숨이 멎고
있다는 호소였다. 부끄럼쟁이 일본인들을 춤추게 했던 사물놀이 장단은 이미
일본인들에겐 전통이 아니었을 터, 현대적 리듬으로도 충분히 전환 가능한 저
원형적 리듬을 박제한 후, 지난 반세기 동안 우린 우리의 몸에 어떤 리듬을 덧씌
워 왔던 것일까? 고고? 디스코? R&B? 레게?

전통은 결코 과거의 것이 아니다. 아니, 과거와 현재가 절단되어선 전통이란
존재할 수 없다. 흥을 가라앉히려 공연장 밖 벤치에 앉아 삼삼오오 모여 있는 일
본학생들에게 물었다. 누구 소개로 왔고, 누구와 왔고, 소감은 어땠는지……. 내
질문에 다들 하나 같이 지어대는 멀뚱한 표정을 보고서야 알았다. 내 질문이 애
국심으로 가득 찬 오카하시
상의 질문과 전혀 다르지
않다는 것을. 어리석게도.

김덕수 사물놀이의 후쿠오카 공연
장면. 공연이 끝나고 무대인사를 하
면서 김덕수 씨는 후쿠오카가 자신
의 제2 고향이라 소개했는데, 그 이
유는 사물놀이가 세계화될 때 제일
먼저 외국 관객의 호응을 얻은 곳이
후쿠오카였기 때문이란다.

사물놀이 공연이 끝나고 김덕수 씨가 한판 놀아보자고 외치자, 부끄럼 많은 일본인들이 하나 둘 무대에 오르더니 마침내 난장이 되었다. 누가 가르친 것도 아닌데 덩실덩실 어깨춤을 추면서.

## 다이코와 〈자토이치〉

외국인으로서 일본의 다이코가 환기하는 민중적 느낌을 맛보고 싶다면, 기타노 다케시 감독이 스스로를 장님 무사로 분장하고 열연한 〈자토이치〉라는 영화의 엔딩시퀀스 약 5분간을 보길 권한다. 어차피 외국인으로선 다이코의 울림에 생래적으로 반응하기도 어렵고, 환기되는 전통적 정서도 전혀 없기 때문에 이를 보충해 줄 이야기 요소가 반드시 필요한데, 그것이 〈자토이치〉에선 얼마간 제공되기 때문이다. 에도 말기를 배경으로 하고 있는 이 작품은 사회기강이 허물어져 인간관계가 함부로 훼손되는 상황에서 가짜 장님 노릇이라도 하여 호구하고 살아가는 찌질이 무사가 벌이는 희극이다. 하지만 가짜 장님 노릇을 하면서 만나는 인간 군상들의 삶은 진실한 것이어서 작품의 끝에 오면 구제할 수 없는 이들에 대한 슬픔만 남게 되고, 이 작품은 이 슬픔을 서사로 풀어내는 것이 아니라 한바탕 다이코 춤판으로 마무리한다. 이 순간 우린 다이코라는 이 악기가 갖는 민중적 울림이랄까 한풀이 같은 쓰임새를 조금이나마 이해할 수 있게 된다.

나가사키, 기록과 기억 사이

한 사회가 안고 있는 집단적 고통을 해소하는
가장 일반적인 방식은 그 고통을
하나의 보편적인 이야기로 재구성함으로써
집단 개개인들로 하여금 그들의 고통을
그 속에서 씻어 내도록 하는 것이다.

　부산과 나가사키는 참으로 닮았다. 내륙과 바다가 만나는 가파른 지세도 그러하고, 근대화 과정에서 외세와의 교섭이 가장 왕성했던 장소였다는 점 역시도 그러하다. 그 때문인지 나가사키 시내를 두루 걷다보면 마치 부산 수정동 산복도로를 거쳐 대청동과 충무동을 거닐고 있다는 착각이 일기도 한다. 멀리 단지 모양의 만灣을 오가는 상선들이 보이고, 가깝게는 아랫집의 지붕을 윗집의 마당으로 삼는 계단식으로 형성된 산동네 사람들의 정겨운 목소리까지 흡사하다.

　하지만 이 일상적 익숙함에 사로잡히다 보면 가끔 이 도시가 갖고 있는 상처들을 잊게 된다. 아마도 이런 망각은 나가사키시가 자신의 과거를 시민과 관광객들에게 제공하는 방식, 혹은 그 기억을 인위적으로 재구성하려는 어떤 태도로부터 비롯되는 것이지 싶다. 익히 알다시피 나가사키는 1945년 패전 당시 세계 역사상 유래 없는 피폭의 경험을 안고 있는 도시이고, 또한 16세기부터 일본 최고의 개항지로서 각 나라의 상관商館들이 설치되었을 뿐 아니라 이 이질적인 문화 때문에 다양한 충돌과 박해가 자행된 지역이다. 현재 나가사키시는 이를 환기시키는 다양한 문화물들을 제공하고는 있지만, 그 제공 방식이 진정 적절한 것인지에 대해서는 따져봐야 할 문제점들이 분명 존재하고 있다.

나가사키 내항의 새벽 풍경

한 사회가 안고 있는 집단적 고통을 해소하는 가
장 일반적인 방식은 그 고통을 하나의 보편적인
이야기로 재구성함으로써 집단 개개인들로 하여
금 그들의 고통을 그 속에서 씻어 내도록 하는 것
이다. 원인은 동일했지만 그로부터 야기된 고통의
정도와 양태는 개인마다 매우 다를 수밖에 없는 것
이기에 일종의 씻김굿을 행하듯 그들의 개별적 기
억을 하나로 불러 모아 집단적 속죄 의식을 행하는
것이다. 기념관 건립이나 기념공원의 조성을 통해
개인의 고통을 집단적 희망으로 승화시키는 것이
그 대표적인 예다. 하지만 이 과정에서 가장 중
요한 사실은 위로만이 아니라 책임 있는 반성이 내

오무라성당에서 바라보이는 나가사키의 산동네.

부산의 산동네

재되어야 한다는 것이다. 이것이 결여되면 피해자
개개인의 고통은 물론 그 집단의 미래를 향한 행보
는 필연적으로 왜곡될 수밖에 없다.

　히로시마도 그러하지만 나가사키에도 원폭 기록 문화물들은 충분히 많다. 피
폭 당시의 현장을 아직도 그대로 보존하고 있는 우라카미 성당, 당시의 그 끔찍
한 상황을 세세하게 기록하고 재현하고 있는 원폭기념관, 그리고 이를 현재의
시각에서 조형적으로 재구성한 평화공원과 그 기념물들…. 많고 많지만 여기엔
뭔가 가장 중요한 것이 빠져있다. 그것은 바로 이 참상을 책임져야 할 주체이다.
기록하고는 있되 이 기록에 대한 반성은 말끔히 지워져 있는 것이다. 그 때문에
'평화'공원이라 명명된 기념공원의 가장 대표적인 조각인 '평화기념상' 앞에 서
면 예술이라는 이름으로 강요되고 있는 이 폭력적인 기억 조작 방식에 불현듯

화가 치민다.

약 10m 높이의 청동 거인상은 오른손으로는 하늘을, 왼손으로는 땅을 가리키며 이 참상을 기억하고 그 기억으로부터 땅의 평화를 구현하라고 말하고 있다. 하지만 이 거대한 청동상에서는 속죄와 반성의 조형적 흔적을 찾아보기 어렵다. 마냥 위압적일 뿐이어서 마치 피폭의 쓰린 상처를 안고 있는 나가사키 시민으로 하여금 자신을 보호해 줄 더욱 강력한 지배자를 꿈꾸라고 지시하고 있는 듯 보인다.

그러니 원폭의 고통을 직시할 양이라면 평화기념상으로 더러워진 눈을 씻기 위해서라도 지척에 있는 우라카미 성당으로 발걸음을 옮기는 게 옳다. 그곳엔 피폭 당시 파괴된 큰 종을 그대로 보존하고 있고, 세상을 깨웠던 그 종의 시신 앞에 서면 어떤 깨달음을 얻게 된다. 그것은 집단적 기록이 옳지 않다면 개인의 고통은 더욱 시퍼렇게 가슴 속에 묻어두어야 한다는 것, 그리고 그 고통만이 개인의 기억을 조작하는 세상과 싸울 유일한 도구라는 것.

나가사키의 평화공원 내 평화기념상. 양손의 방향이 원폭의 두려움과 땅의 평화를 염원하고 있지만, 정작 피폭의 책임에 대해선 조형적 고민을 보여주고 있지 않다.

원폭 낙하 중심시엔 지금 공원이 조성되어 있고, 이 조각은 이 공원 안에 세워진 추모조각이다.

나가사키 산동네의 가파른 언덕,
부산의 수정동과 무척 닮았다.

왼쪽에 있는 나가사키 사진과 비교해
보면, 비슷한 지형 위에서도 사람 대
접이 얼마든지 다를 수 있다는 걸 잘
보여준다. 집이야 좋을 수도 나쁠 수
도 있지만, 그 집들이 길과 대화하는
방식은 이 두 사진이 전적으로 다르
기 때문이다. 마을이 세상과 만나는
통로가 길이니, 좋은 마을은 집들이
길을 마주보며 힘들을 하나로 모으지
만, 홀대 받는 마을은 길이 집들을 갈
가리 찢어놓는다.

## 역사의 잉여

옛날 임진왜란 때 많은 수의 여성들이 왜군으로부터
성적 유린을 당했다. 유교가 절대적 규범으로 자리잡
고 있던 시절이라 많은 여성들이 피해자임에도 불구
하고 가문의 명예를 더럽혔다는 이유로 스스로 목숨
을 끊거나 내쫓겼다. 이런 사례가 너무 많아지자, 선
조는 포고령을 내려, 강간은 존재한 바가 없으니, 피
해여성의 뱃속에 든 아이는 그 가문의 자식으로 생각
하고 받아들이라고 천명했다. 이후 이 일로 인한 사회
적 물의는 더 이상 빚어지지 않았다. 아마도 이 포고
령이 우리의 역사에 존재했던 집단 망각 프로젝트 제
1호에 해당할 것이다.

우리는 흔히 개인의 기억들이 뭉쳐져 집단적 기억, 즉
역사를 형성한다고 믿는다. 하지만 이는 전혀 사실이
아니다. 선조의 포고령은 역사이지만, 그리고 이 포
고령으로 인해 해당 여성들과 그 자식들은 그 흉악한
기억들로부터 자유로워졌겠지만, 그럼에도 그 여성들
의 가슴 밑바닥에 뱀처럼 똬리를 틀고 있는 기억이 말
끔히 사라지는 것이 아니니, 역사와 기억의 관계는 산
술이나 집합의 문제가 아니다.

제주도 4·3도 마찬가지다. 어처구니없는 국가폭력이 섬 전체를 그야말로
유린했지만, 공식적인 기록은 그 사건을 '공비 토벌'로 불렀고, 그리고 이
공식적 기록은 오랫동안 바뀌지 않았다. 이로 인해 무고한 수많은 죽음은
한라산 자락에서 그저 백골이 되어 갔고, 그 가족들 또한 이 죽임을 발설하
지 못했다. 그러다가 문민정부 들어서면서 국가는 개인의 기억을 불러 모
아, 마치 선조가 그러했듯 집단 망각 프로젝트를 진행했다. 제주4·3평화공
원 내에 4·3기념관을 건립하고, 공비를 피해자로 명명하고, 수십 년의 고

통을 물질적으로 보상했다. 비로소 그들의 고통을 역사 속에 편입한 것이다.

하지만 이 지점에서 반드시 기억해 둘 것은, 개인의 기억을 역사 안으로 포획한다 해서 고통으로서의 기억(몸에 각인된)이 소멸하는 것은 결코 아니라는 점, 그리고 정부가 바뀌면서 진행된 이런 일련의 보상이란 허울만 사죄일 뿐 사죄의 주체가 없다는 점이다. 국가는 고작, '되돌릴 수 없는 과거지사를 파헤쳐 무엇 하겠는가, 그러니 이 지점에서 덮기로 하자'고 위로 아닌 위로를 하지만, 그 때문에 오히려 60년 동안 묵혀둔 상처가 개개인들의 몸속에서 되살아나 꿈틀거린다.

이것이 역사의 잉여이다. 역사는 몇 푼의 보상금과, 변화된 명명(labeling), 몇 개의 의례장치를 제공하는 것으로 제 몫을 다한다. 하지만 예술은 여기서 멈추지 않는다. 망각 프로젝트가 피를 멈추게 했다고 상처가 아무는 것은 아니니, 예술은 고통받는 개인의 기억을 기록함으로써 역사의 부피를 넓혀야 한다. 현기영의 모든 소설 작품이 그러하고, 강요배의 그림이 그렇고, 오멸 감독의 〈지슬〉이 그런 것이다. 이들의 예술적 행위만이 말할 수 없고, 말해지지 않는 역사의 잉여를 존재로서 드러낼 수 있다.

제주 4·3기념관 일부. 하늘을 향해 열려 있는 듯도 하고 땅에 발붙이고 있는 것조차 힘든 피해자의 불안함을 조형적으로 표현한 것도 같은.

## 기억의 지층

프랑스 작가 미셸 투르니에는 '세상에서 가장 잔인한 일은 집을 허물고 그 위에 다시 집을 짓는 일'이라고 말한다. 한국 사람들은 이 말을 도통 이해하지 못한다. 집을 허물지 않고서는 새 집 지을 땅을 마련할 도리가 없고, 벽지만 바래도 이사 갈 궁리를 하고 사니, 도대체 이게 왜 잔인한 일? 하지만 투르니에의 이 말은 조금도 틀린 말이 아니다. 새집이 안락함과 편리를 제공하긴 하지만, 우리를 기억상실자로 만든다. 오로지 현재뿐인 삶. 마

치 어항 속의 물고기 같다. 우스갯소리로 누군가 그랬다. '어항 속의 물고기를 불쌍히 여기지 마. 그들은 지능이 너무 낮아서 부딪히고 돌아서면 잊어버려. 그러니 물고기에게 어항은 바다만큼 넓은 거야.'

도시도 마찬가지다. 과거의 흔적을 지우면 지울수록 속도와 효율은 증대되는 것이라 말끔히 옛것을 지우려 든다. 하지만 이 때문에 우리는 또 다시 기억상실증에 걸린다. 과거 없이 현재만으로도 먹고 사는 건 문제 없지만, 과거가 없으면 우린 자신을 정의할 수 없다. '나'라는 존재는 기억하는 존재, 그 이상이지 않다. 누군가가 내 기억을 조작한다면 난 그 조작된 기억으로부터 오늘의 '나'를 정의할 것이다. 기억을 지우는 도시가 무서운 것은 이 때문이다. 게다가 도시는 기억을 지울 뿐만 아니라 우리들의 기억을 조작하기까지 하니까(영도다리를 새로 만들어 도개교를 재연하는 순간, 과거의 기억은 새로 지어진 다리로 이전하고, 우리의 기억은 이 새 다리로부터 재구성되어 버린다). 그래서 우리는 지우고 조작하려는 힘에 맞서 자신의 기억을 보장할 장소를 사수해야 한다.

데지마의 측면과 데지마 전시관 입구 외국상인들을 섬에 격리시키기 위해 만든 인공섬이 데지마였지만, 지금은 매립해 육지와 이어져 있다. 하지만 수로를 만들어 옛 데지마의 흔적을 분명히 남겨 놓고 있는 것은 현대인이 가져야 할 마땅한 지혜이다.

그런 차원에서 나가사키는 참으로 매력적인 도시다. 긴 세월을 통해 역사적 격변을 워낙 많이 겪었던 곳이고, 이 흔적을 보존해야 할 여러 사회적 경제적 기회가 충분히 제공되었기에 가능했던 일이

나가사키 26성인 순교비. 도요토미 히데요시에 의해 처형된 내·외국인 26명의 순교를 기리기 위해 1962년에 세워졌다.

나가사키 26성인 순교기념관

오무라성당(오른쪽) 옆의 작은 신사 마당에 세워진 황태자전하 탄생기념비. 현재 헤이세이 아키히토의 아들 나루히토가 1960년 생이니 이 기념비는 50여 년 전의 것이다. 일본 군국주의의 충실한 하부기구인 신사의 기능을 이만큼 명징하게 보여주는 상징물이 또 있을까. 탄생 축하와 포탄이라…

원폭돔. 피폭 당시의 참상을 보여주기 위해 당시 뼈대만 남은 건물을 상징적으로 남겨 놓았다.

다. 에도시대의 쇄국정책으로 네덜란드인들을 격리시킨 데지마(出島)와 개항 초기의 서양인들이 거주했던 오란다자카('Holland'의 일본식 발음이 '오란다'이고 '자카坂'는 언덕), 데지마 주변의 근대초기 건축물들, 예부터 중국과의 교역통로였던 신치(新地)중화거리, 푸치니의 나비부인의 배경인 구라바엔, 가톨릭 26성인 순교지, 오무라 성당, 우라카미 성당, 그리고 전차……. 이런 시간의 지층들을 밟으며 나가사키 사람들은 현재의 지층 하나를 새롭게 만들며 살아가고 있다. 과거의 흔적들이 현재 안에 이렇게 풍부하게 깃들어야 사람들은 자신의 미래를 좀 더 겸손하게 설계하게 된다.

## 부산의 원도심, 어제와 오늘

지금은 이런 경계가 거의 무의미해졌지만, 일제강점기에만 해도 부산은 동쪽과 서쪽이 전혀 다른 문화적 지형을 띠고 있었다. 동쪽은 동래읍성을 중심으로 한 조선인의 전통적 삶이 온존하고 있었고, 현재의 부산역을 기준으로 서쪽은 일본인 상업지구와 거류지구로 발전했다. 그리고 해방이 되고 난 후 부산의 중심지는 이 서쪽, 그러니까 자갈치시장을 중심으로 한 남포동과 충무동 주변으로 구획되었다. 하지만 지금 부산의 중심지는 해운대 쪽으로 이전했고, 예전의 남포동 등지는 공동화되기 시작했다. 부산 사람들은 요즘 이 원도심을 재활성화하기 위해 사력을 다하고 있다.

우리가 부산의 원도심에 관심을 기울여야 하는 건, 이곳에 부산 혹은 한국의 근대적 삶의 궤적이 그대로 새겨져 있기 때문이다. 세계에서 공간 변화가 가장 급격한 한국에서 이토록 다양한 시간의 표정을, 그것도 가공되지 않은 채 간직하고 있는 땅을 찾는 건 쉽지 않다. 복원이란 이름으로 과거를 현재의 시각으로 전시하고 있는 공간과는 달리, 부산의 원도심(과 그 주변지역)은 박물관 속 유물이 아니라 여전히 생명을 유지한 채 자신의 과거를 미래로 투사하고 있다. 120층 초고층 빌딩 공사 현장 옆에 식민지근대의 상징물인 영도다리가 세월을 이겨내고 있고, 식민지시기 동안 일본 내

영도 쪽에서 바라본 부산의 구도심. 영도 다리 보수공사와 롯데 월드 공사가 한창 진행 중이다.

지와 조선 식민지를 잇던 최대 교류지로서의 이곳 도시기반시설이 여전히 현재의 산업동력으로 그 맥을 이어가고 있을 뿐 아니라, 한국전쟁과 산업화의 많은 흔적들이 공간적으로 혼재되어 서로를 지탱하고 있는 곳이 바로 부산의 원도심이다.

이 매력적인 공간은, 그러나 이 매력 때문에 항상 훼손의 위험에 노출된다. 100여 년 도심 기능을 수행하는 동안 협소한 해안지형의 특성 때문에 공간적 과부하가 초래되어도 공간적 분산을 꾀하기 어렵고, 그에 따른 재개발의 요구가 비등해지면서 잦은 공간변화가 이곳의 두꺼운 시간층을 지속적으로 지워가고 있기 때문이다. 그 사이 용미산 자락의 옛 부산시청사는 롯데백화점에 자리를 내어주었고, 구 조흥은행(58은행), 남선창고, 부산세관, 부산역사와 우편국 등은 이런저런 이유로 흔적도 없이 사라졌다.

부산 초량동 168계단에서 보이는 부산항

그럼에도 여전히 이 공간은 질긴 생명력으로 미래를 꿈꾸고 있다. 빛나는 유산들은 개발의 논리에 망실되어 가고 있지만, 부산의 새벽을 여는 자갈치가 있고, 중앙동 언덕으로부터 영주동과 수정동으로 이어지는 산동네와, 그 반대편으로 아미동에서부터 감천 태극도마을까지 가닿는 산동네와, 그리고 다리 건너 영도가 여전히 건재하기 때문이다. 말하자면 원도심의 힘은 과거의 멋진 건축물들과 은성했던 도심의 풍요로움을 상상함으로써 얻어지는 것이 아니라 이곳에서 수십 년의 삶을 영위해 온 지역민이 닦아놓은 길 위에 포개진 문화가 복합적이고 유기적으로 교직되어 도출된 것이라는 사실을 깨닫는 순간 비로소 이해된다. 국제시장만 하더라도 이곳의 생명력은 옛 영화를 꿈꿈으로써 주어지는 것이 아니라 미군구호물자시장에서 깡통시장, 일본밀수품시장에서 외국관광객시장으로, 영어와 한국어와 일어와 러시아어가 범람함으로써 얻어진 것이다. 호시절이 있었다고들 믿지만 그건 단지 풍문이었을 뿐 엄청난 노동 강도를 견디며 살아온, 변화를 두려워하지 않고 수긍해 온 이 공간의 생의 강밀도가 힘의 원천이었음에 분명하다. 이 사실은 상해 중국인 거리나 광복동 상가라고 크게 다르지 않다.

부산 수정동 망양로에서 보이는 산복도로

이를 일러 시간의 혼재성이라 부를 수 있을까. 재개발 열풍이 불면 모든 공간을 아낌없이 현재의 시간으로 일천하게 균질화시켜 버리는 많은 지역들과 달리(특히 해운대), 이 지역은 태생적으로 재개발에 저항하는 내발적 힘이 존재하는 듯 보인다. 지형에서 오는 낮은 공간효율성과 높은 지가 때문일 수도 있겠지만, 무엇보다 이 힘은 자본에 의해 분자화되지 않는 영세상인들의 공통의 감성적 지반으로부터 나온다. 이를테면 앞서 언급한 국제시장과 상해 중국인 거리나 광복동 상가 등은 다른 지역에 비해 역사적으로 공유해 온 공동체의식이 상대적으로 강하게 유지되고 있다는 의미이다.

부산 원도심의 부활은 옛 영화를 그리워하고 그것을 회복하고자 하는 욕망으론 가능하지 않다. 부산시청사를 허물고 그 자리에 120층 초고층 빌딩을 꿈꾸며 롯데백화점이 들어섰을 땐, '그들'의 머릿속에 광복동과 중앙동, 수정동과 초량동, 보수동과 대신동, 아미동과 감천동 사람들을 자신의 백화점으로 이끌 욕망의 선분을 이미 완성하고 확신했기 때문이다. 이렇듯 신속하고 강력한 자본의 흐름에 저항할 유일한 방식은 보여지는 대상이 아니라 스스로의 삶을 주체적으로 전환시킬 작은 공동체와 자치력을 회복하는 길뿐이다. 작지만 단단한 이 지반 위에 설 때만 자본의 그물망에 포획되지 않을 자립의 길이 열린다. 광복동 주변을 원도심이라 칭하고 이곳으로부터 시선을 거두지 못하는 이유 또한 여기에 있다. 이곳엔 공동체의 회복을 꿈꿀 저력이, 생을 함께한 시간의 지층들이 여전히 단단하게 남아 있기 때문이다.

부산 수정동 망양로에 있는 중구사회복지관에서 바라본 남항과 영도

너무 사소한 죽음

공유될 수 없기에 어떤 슬픔도 그저 너무 사소할 뿐이다.
그리고 이것이 앞으로 우리가 견디며 살아가야 할 현실이다.
함께 나눌 방법을 찾지 못한다면….

13개월만에 한국에 돌아왔을 때, 가장 먼저 우리 앞에 던져진 사건은 12년을 함께 살아온 개의 죽음이었다. 함께 출국할 수가 없어, 그나마 얼굴을 익히며 지내왔던 큰처남 내외를 집으로 오게 해, 환경변화가 너무 심하지 않도록 애를 썼건만, 지병과 외로움을 견뎌내기가 힘들었던 모양이다. 몇 해 동안 척추협착이 심해 근근이 진통제로 버텨오던 놈이었는데, 열 시간 가까이 사경을 헤매다가 동이 틀 무렵 숨이 멎었다. 오십 줄에 들어선 부부만이 덩그렇게 남은 집이어서 더더욱, 숨소리 하나 사라진다는 건, 결코 하찮은 일이 아니었다.

사람 사이에 진정성의 끈이 약해지면 질수록, 그리고 내 고통과 타인의 고통의 무게가 불균형해지면 질수록 반려동물은 점점 더 현대인의 일상 깊숙이 파고든다. 텅 빈 집에서 하루 종일 이야기를 나누는 것도 그놈들이고, 삼시 세끼 밥을 먹어야 한다는 걸 알려주는 것도 그놈들이다. 오랫동안 그렇게 살아왔던 아내는, 이미 떠나버린 개의 털을 올올이 빗겨주면서, 하염없이 울었다.

이제 세상의 거의 모든 슬픔은 철저히 개인화되어 가고 있다. 예전 같으면 삶을 영위하면서 겪어야 할 크고 작은 슬픔들은 사회적 의례를 통해 해소되곤 했다. 부모를 여의거나 자식을 잃었을 때, 모든 슬픔이란 결국 개인의 것일 수밖에 없음에도, 이웃과 함께라면 쉽게 공적인 것으로 화해 삶의 바닥으로 조용히 내려가 묻히곤 했다. 하지만 요즘 우리에게 닥치는 슬픔은 그것이 지극히 사소한 것일지언정 뼈 속 깊이까지 스며든다. 사랑을 나누지 않고 살아왔기 때문이 아니라 그만큼 사랑을 나누기 어려운 세상이기 때문이다.

그런데도 아내는 누구에게도 자신의 슬픔의 크기를 제 크기대로 내놓지 못해 했다. 시부모에게도 여동생에게도 이웃에게도 오히려 슬픔을 감추기에 급급했다. 섣불리 꺼냈다가는 돌아올 냉랭함이 두려웠던 까닭이고, 그저 하찮은 개였을 뿐이니 그런 것에 쏟는 애절함이란 마치 세상의 가난한 이들에 대한 몰지각한 냉대를 표하는 일과 다를 바 없다고 느껴졌을 것이기 때문이다. 이 무슨 말도 안 되는 저울질이냐 하겠지만, 우리 사회의 반려동물이란 여전히 그 수준에 있는 것 또한 사실이다.

바로 이만큼의 정서적 간극이 가끔 작은 슬픔을 죽음으로 몰기도 한다. 연예인들의 잦은 자살은 말할 것도 없고 어린 학생들의 터무니없는 죽음 또한 그들의 슬픔을 공식화하고 객관화할 수 있는 길이 차단되어 작은 슬픔조차 한없이 증폭되어 버리기 때문이다. 대화가 부족했다고? 그럴지도 모르겠다. 하지만 연예인의 영광은 이미 고립을 대가로 얻어진 것이니, 대화가 필요하다는 말은 원인과 결과를 혼동한 소치이다. 이건 비단 연예인들에게만 해당되는 이야기가 아니다. 경쟁에 내몰린 수험생들이나, 선량함이 팔푼이의 처세일 수밖에 없다고 믿는 모든 현대인들에게도 그대로 적용된다.

이 순간 모든 이들의 삶의 경험은 조각조각 파편화된다. 이것이 누군가의 죽음을 부를지언정, 공유될 수 없기에 어떤 슬픔도 그저 너무 사소할 뿐이다. 그리고 이것이 앞으로 우리가 견디며 살아가야 할 현실이다. 함께 나눌 방법을 찾지 못한다면…

국립중앙도서관 출판시도서목록(CIP)

후쿠오카 밖에서 안으로 / 글쓴이: 박훈하. – 부산 : 비온후, 2014    304p. ;   15x21cm

ISBN 978-89-90969-84-2 03910 : ₩16000

에세이[essay]
한국 현대 문학[韓國現代文學]
후쿠오카현[福岡縣]

818-KDC5
895.785-DDC21                                        CIP2014007106

이 도서의 국립중앙도서관 출판시도서목록(CIP)은 서지정보유통지원시스템 홈페이지(http://seoji.nl.go.
kr)와 국가자료공동목록시스템(http://www.nl.go.kr/kolisnet)에서 이용하실 수 있습니다.(CIP제어번호:
CIP2014007106)